Illustrator CS4 POUR LES NULS

Illustrator CS4 POUR LES NULS

Ted Alspach

FIRST
Interactive

Illustrator CS4 pour les Nuls

Titre de l'édition originale : Illustrator CS4 For Dummies

Publié par Wiley Publishing, Inc.
111 River Street
Hoboken, NJ 07030-5774
USA

Edition française publiée en accord avec Wiley Publishing, Inc.
© 2009 Éditions First
60 rue Mazarine
75006 Paris - France
Tél. 01 45 49 60 00
Fax 01 45 49 60 01
E-mail : firstinfo@efirst.com
Web : www.editionsfirst.fr
ISBN : 978-2-7540-1372-7
Dépôt légal : 2e trimestre 2009

Collection dirigée par Jean-Pierre Cano
Edition : Pierre Chauvot
Traduction : Emmanuelle Burr, Marie-Cécile Balland
Adaptation : Véronique Congourdeau

Imprimé en France

Sommaire

Introduction

Bienvenue à *Illustrator CS4 pour les nuls*. Si vous lisez ce livre, c'est que vous avez envie de découvrir Adobe Illustrator. Excellente idée ! Illustrator est en effet le logiciel de prédilection des graphistes professionnels. Numéro un en termes de ventes, c'est aussi l'outil de création graphique le plus puissant de tous les temps. Avec Illustrator, pour produire des illustrations de qualité, il vous suffira d'un peu de connaissances et d'une bonne dose de talent artistique. À vous de fournir le talent. Ce livre vous offrira l'autre moitié : les connaissances.

La mission de ce livre est de rompre avec l'image intimidante d'Illustrator et de vous initier à son aspect magique. Lorsque vous aurez cessé d'être mystifié par ses options quasi infinies, vous serez à même de créer le type d'illustrations qui laissera votre public pantois d'admiration.

À propos de ce livre

Ce livre a été écrit pour faciliter votre parcours et vous permettre de progresser à votre rythme. Chaque chapitre est aussi autonome que possible. Vous pouvez commencer où vous voulez, en feuilletant le reste du livre si quelque chose vous a échappé. Si votre objectif est de vous documenter sur l'outil Crayon, vous pouvez lire directement le Chapitre 8 et passer outre les autres sans risquer d'être irrémédiablement perdu. En revanche, si vous êtes déterminé à en apprendre le plus possible, vous le lirez de la première à la dernière page. Comme les concepts se complexifient au fur et à mesure, la lecture des premiers chapitres permet de mieux comprendre les suivants.

Utilisez ce livre comme ouvrage de référence et comme manuel d'exercices pratiques. Pour en savoir plus sur une fonctionnalité donnée, recherchez-la dans l'index ou dans la table des matières. Pour l'approfondir, suivez les instructions pas à pas qui accompagnent les informations.

En règle générale, on apprend mieux par la pratique que par la lecture. Adobe Illustrator ne fait pas exception à la règle, bien au contraire. N'essayez pas de mémoriser tout le contenu du livre. Choisissez un concept, travaillez-le dans Illustrator puis revenez au livre quand vous êtes prêt à passer à autre chose. Et surtout, amusez-vous ! Adobe Illustrator est l'un des programmes les plus agréables au monde. Avec un peu de pratique, vous créerez des illustrations qui vous feront jubiler.

Note : Sachant que certains d'entre vous travaillent sur PC et d'autres sur Mac, j'ai essayé de fournir les commandes correspondant aux plates-formes Windows et Macintosh. À l'occasion, j'ai inclus des informations spécifiques à l'un ou l'autre système, notamment les raccourcis clavier.

Comment lire ce livre

L'idée que vous buvez chacune de mes paroles me ravit, mais j'ai également conscience que vous avez une vie. N'hésitez pas à sauter les informations qui vous semblent sans rapport avec vos centres d'intérêt. Celles qui ne sont *vraiment* indispensables à personne (mais qui sont néanmoins incroyablement fascinantes) sont clairement identifiées par un pictogramme (ou encore icône). Vous rencontrerez également ça et là des encadrés qui contiennent des informations intéressantes mais non impératives.

Conditions requises

Partons du principe que les deux conditions suivantes sont réunies :

- **Vous avez du temps, de la patience et une soif insatiable de maîtriser Illustrator.** La courbe d'apprentissage risque d'être un peu abrupte au départ. Qu'à cela ne tienne : une fois les bases acquises, vous trouverez le logiciel relativement simple. Vous risquez au début de devoir faire preuve d'un peu d'endurance et d'éprouver quelque agacement. Soyez patient avec vous-même et avec le programme : tout sera révélé en temps voulu. Dans l'intervalle, ce livre vous aidera à dépasser ce stade initial.
- **Vous avez accès à un ordinateur sur lequel Illustrator CS4 est installé.** Ce livre est un manuel pratique, non un roman. S'il vous appartient en propre, n'hésitez pas à employer des surligneurs et des notes repositionnables, à gribouiller dans les marges, voire à l'ouvrir bien à plat quitte à lui casser le dos. Vous aurez

alors les mains libres pour travailler sur l'ordinateur tout en suivant le texte.

Organisation du livre

Ce livre se compose de vingt chapitres organisés en cinq parties. Chacune d'elles aborde un concept, et se décompose en chapitres pour une meilleure assimilation. Le tout se présente dans un ordre logique et peut se lire de bout en bout si tel est votre choix. Sinon, vous pouvez le consulter ponctuellement pour trouver exactement l'information voulue. Pour vous y aider, voici un aperçu de ce que vous trouverez dans chacune de ces cinq parties.

Première partie : Découverte d'Illustrator

C'est là que vous trouverez les fondamentaux d'Illustrator : sa nature, son fonctionnement et son potentiel. Vous y découvrirez les mystères des pages blanches, des tracés et de l'impossible outil Plume. À l'issue de votre lecture, vous aurez une bonne vue d'ensemble du programme.

Deuxième partie : Dessin et couleur

C'est là que les choses deviennent amusantes : vous allez retrousser vos manches et commencer à créer des illustrations. Que vous sachiez ou non dessiner à la manière traditionnelle, attendez de voir ce que vous allez pouvoir réaliser avec Illustrator !

Troisième partie : Dompter les tracés

Illustrator libère votre créativité. Malheureusement, une créativité débridée génère souvent un beau gâchis. Cette partie explique comment éviter le désastre en modifiant des parties d'un dessin, en répartissant les éléments sur des calques distincts et en appliquant d'autres techniques qui prouvent que création et organisation ne sont pas incompatibles.

Quatrième partie : Texte, impression et fichiers

Illustrator fait merveille en matière de modification des caractères. C'est pourquoi une partie entière est dédiée au texte et à l'impression.

Vous y trouverez tout, du formatage le plus rudimentaire aux fonctions les plus complexes.

Cinquième partie : Les dix commandements

Aucun livre de la collection *Pour les nuls* n'est complet sans ses listes de dix commandements. Vous y trouverez des astuces pour utiliser Illustrator plus efficacement.

Signification des icônes

Ce livre est parsemé d'icônes qui signalent des informations particulièrement utiles, importantes ou spéciales.

Ces paragraphes sont des aide-mémoire. Les informations qu'ils contiennent concernent des éléments récurrents d'Illustrator. Inscrivez-les au dos de votre main pour pouvoir vous y reporter à tout moment, et ne la lavez pas ! Autre solution (préférable) : utilisez un marque-page.

Cette cible annonce des informations qui peuvent vous aider à travailler plus efficacement, à économiser du temps ou de l'espace et à faire l'admiration de tous.

Prenez garde ! Cette icône indique une situation potentiellement explosive autrement dit, les choses à éviter ou à ne faire en aucun cas.

Conventions

Vous trouverez dans ce livre trois conventions typographiques.

Quand il y a lieu de saisir du texte – dans un champ de texte par exemple – **celui-ci est en gras**. Quand vous voyez une construction telle que "Choisissez Edition/Coller", elle signifie "choisissez le menu Edition et cliquez sur la commande Coller". Les raccourcis claviers sont notés Ctrl+Z (Windows) ou ⌘+Z (Mac)

Comment débuter

Illustrator est une aventure graphique qui n'attend que vous pour débuter. Ce livre sera votre guide dans cette aventure. Si vous mourez d'envie de tout savoir dès maintenant, lisez-le au pas de course de bout en bout. Sinon, prenez votre temps, choisissez un point qui vous intéresse, explorez-le à loisir et passez à un autre sujet plus tard. Quelle que soit votre approche, ce livre sera toujours prêt à vous guider dans votre voyage. Il vous suffit d'allumer votre ordinateur, de lancer Illustrator puis de tourner la page. Que l'aventure commence !

Première partie

Découverte d'Illustrator

"Franchement, je ne pense pas que ce soit la meilleure façon d'améliorer les couleurs de nos graphismes."

Dans cette partie...

Vous allez faire la connaissance du principal personnage de ce livre : Adobe Illustrator. Vous allez tout connaître de son passé glorieux, de ses remarquables pouvoirs et de sa place dans l'univers. Plus important encore, vous allez découvrir comment il va améliorer au centuple votre vie. Vous apprendrez la différence entre les vecteurs et les pixels. Vous parcourrez les différents composants d'Illustrator et verrez comment ils fonctionnent. À la fin de cette partie, vous aurez découvert un programme simple, facile d'accès et incomparablement logique sous ses apparences complexes.

Chapitre 1

Bienvenue dans le monde d'Illustrator

Dans ce chapitre :

- Se familiariser avec l'interface d'Illustrator.
- Repérer les différences entre Mac et Windows.
- Créer de nouveaux documents.
- Enregistrer votre travail.

La première fois que vous utiliserez ce logiciel, vous penserez sans doute qu'Adobe *Intimidator* serait un nom plus approprié qu'Adobe *Illustrator*. Ses dizaines d'outils, ses centaines de commandes et sa trentaine de panneaux peuvent transformer le plus calme et le plus confiant des individus en zombi désorienté et baveux.

Ce chapitre va vous aider à dépasser ce stade initial. Puis, dans un état second, vous attendrez avidement de découvrir chaque nouvelle fonctionnalité au lieu de l'appréhender.

Lancer Illustrator et commencer à travailler

Pour lancer Illustrator, double-cliquez sur l'icône de l'application (Mac) ou choisissez Illustrator dans le menu Démarrer (Windows). (Au cas où vous seriez un habitué de Mac contraint de travailler sous Windows, la première méthode fonctionne également sous Windows. Ne vous inquiétez pas, je ne le dirai à personne. Promis, juré !)

Le processus de lancement d'Illustrator affiche l'*écran de démarrage* une image destinée à vous faire patienter pendant que le programme se charge. Il a une jolie teinte orange, très semblable à celle du soleil qui s'est couché sur les concurrents d'Illustrator au fil des ans. Et vous ne pouvez pas manquer l'énorme *Ai* qui signifie (bien sûr) Adobe Illustrator (et qui se trouve être également l'extension que portent les fichiers Illustrator natifs).

Tandis que le processus de démarrage se poursuit, le bloc orange disparaît, remplacé par l'écran de bienvenue (voir Figure 1.1).

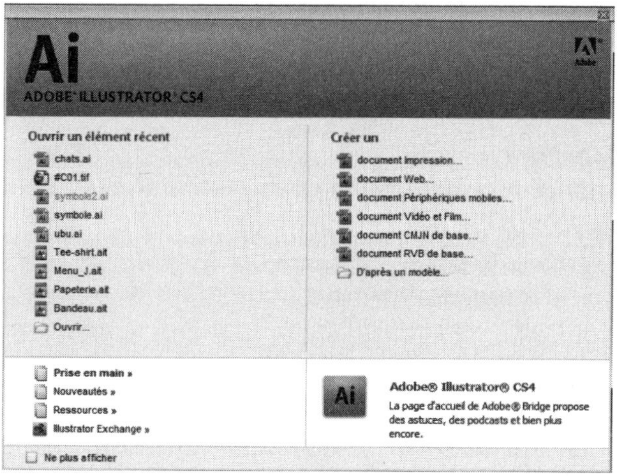

Figure 1.1 : L'écran de bienvenue d'Illustrator.

- **Ouvrir un élément récent.** Cette option affiche la liste des fichiers les plus récemment ouverts. C'est une bonne façon de reprendre votre travail là où vous l'avez laissé sans avoir besoin de rechercher vos fichiers. ***Note :*** Un clic sur l'icône Ouvrir, en bas de la liste, affiche une boîte de dialogue qui vous permet de parcourir les dossiers pour ouvrir un fichier donné.

- **Créer un.** Cette option affiche une liste des structures de fichier courantes pour vous aider à démarrer. Vous pouvez aussi cliquer sur le dossier D'après un modèle pour charger un modèle prédéfini : carte de visite, pochette de CD et autres éléments que vous n'avez probablement pas envie de créer *ex nihilo*. Un clic sur l'une des structures prédéfinies (par exemple Document Impression) affiche le dialogue Nouveau document, comme dans la Figure 1.2.

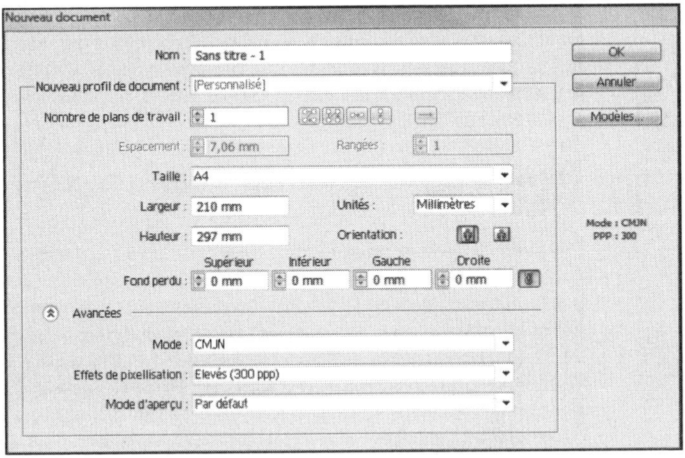

Figure 1.2 : La boîte de dialogue Nouveau document.

- **Prise en main, Nouveautés, Ressources et Illustrator Exchange.** Techniquement, cette partie de l'écran ne vous aide pas à démarrer, mais peut vous permettre de réfléchir à la façon d'optimiser Illustrator. Chacun de ces éléments est un lien vers une page sponsorisée par Adobe et contenant des informations utiles. Formidable pour passer le temps.

Le champ Nom

Vous pouvez attribuer un nom à votre document dans le champ Nom. Sinon, Illustrator le nomme Sans titre-1, et tous les documents suivants seront numérotés séquentiellement – Sans titre-2, Sans titre-3 et ainsi de suite jusqu'à ce que vous quittiez le programme. Quand vous le relancerez, il reviendra automatiquement à Sans titre-1. Si vous ne nommez pas le nouveau document, vous aurez droit à une autre chance lors de la sauvegarde. L'avantage de nommer un document est la clarté : si vous ignorez mon conseil et que vous accumulez un tas de fichiers non sauvegardés (ce qui n'est *pas* recommandé !), vous ne pouvez pas les différencier. De plus, le nom qui apparaît dans la barre de titre (en haut du document) vous rappelle ce que vous êtes en train de faire.

Options des plans de travail

Vous pouvez choisir de travailler avec plusieurs plans de travail dès le départ en spécifiant une valeur supérieure à 1. Après quoi, vous disposez de plusieurs options, comme l'espace entre les plans de travail, leur agencement et le nombre de colonnes dans lequel vous voulez qu'ils apparaissent. Mais la plupart du temps, vous conserverez le 1 et ferez semblant de n'avoir jamais vu ces paramètres.

Taille de page, unités et orientation

La taille de la page sert à deux choses : tester et conceptualiser. Il est fréquent de vouloir imprimer un dessin directement sur papier pour avoir une idée de son aspect final. Dans ce cas, spécifiez la taille du papier chargé dans votre imprimante. En créant un graphisme, gardez à l'esprit la taille de la page ou de l'écran auquel il est destiné. Puis, faites correspondre la largeur et la hauteur à celles de la cible. Pour le Web par exemple, vous pouvez spécifier 1024x768 pixels, une taille minimale relativement standard pour un écran d'ordinateur. En fait, vous pouvez changer cette taille à tout moment, ce qui est l'un des grands avantages d'Illustrator. En outre, il est possible de modifier la valeur du "fond perdu" d'un document – la taille de la surface qui dépasse de votre plan de travail mais qui s'imprimera quand même. Cette possibilité est intéressante si votre fond s'étend jusqu'aux bords de la page. (Cette zone de sécurité améliore l'aspect des bords.)

CMJN ou RVB ?

CMJN ou RVB ? Pour comprendre comment y répondre, un peu d'histoire et de jargon sont nécessaires. (Désolé, je vais essayer d'être bref.)

Illustrator existe depuis longtemps, lorsqu'il était impossible de publier des images en couleur sur le Web et que "multimédia interactif" n'était encore qu'un buzzword. En ce temps-là, on ne créait des documents sur ordinateur que pour pouvoir les imprimer en couleur. Or l'impression couleur applique presque toujours le système ***CMJN*** – ***c***yan, ***m***agenta, ***jaune*** et noir. Ces quatre couleurs, mélangées à différentes doses, produisent toute la gamme de teintes que vous voyez imprimées. À l'époque donc, Illustrator n'utilisait que le codage CMJN.

Puis vint le multimédia interactif : lumière, caméra, action pour les utilisateurs d'ordinateurs. Et peu après naquit le Web. Comme les images utilisées pour le multimédia et le Web n'apparaissent qu'à l'écran, il fallait qu'elles soient en RVB. *Mais qu'est-ce que RVB, déjà ?* OK, j'y viens. Les écrans d'ordinateur affichent les couleurs grâce à des électrons qui frappent des phosphores *r*ouges, *v*erts et *b*leus (d'où RVB) à différentes intensités. Si vous créez des contenus pour des applications multimédia ou web, il vous faut des images RVB qui rendent bien à l'écran, et vous vous moquez complètement de CMJN. Pour faire plaisir à tout le monde, Illustrator a ajouté la possibilité de créer des couleurs en RVB.

Malheureusement, cette nouvelle fonctionnalité n'a pas été du goût de tous. En fait, elle en a ennuyé plus d'un et entraîné un cortège de catastrophes : argent gaspillé, délais explosés, mariages ruinés, vies perdues et empires anéantis. (Bon d'accord, c'est un peu exagéré, mais *seulement* un peu.) En effet, CMJN et RVB ne font pas bon ménage.

L'impression couleur impliquait l'emploi du processus de quadrichromie standard. Comme toute image possède son propre pourcentage de cyan, magenta, jaune et noir, on fabriquait quatre jeux de films (un par couleur) et l'image imprimée finale combinait ces couleurs. Chaque jeu ne comprenait que quatre plaques unicolores (C, M, J et N) et c'était tout ce qu'il fallait pour imprimer. Mais si votre fichier Illustrator comprenait des éléments RVB (ne fût-ce quelques pixels), les gros ennuis commençaient. Il fallait imprimer trois films supplémentaires – souvent au prix de 100 $ ou plus chacun) – pour chaque page contenant des couleurs RVB. Si vous n'y prêtiez pas attention, une telle erreur pouvait vous coûter une somme pharamineuse. Et beaucoup de gens ne faisaient pas attention, parce qu'ils n'avaient jamais eu à s'inquiéter auparavant des couleurs RVB dans un fichier Illustrator. (Vous pouvez être sûr qu'ils retenaient la leçon !) Pour éviter ce gâchis, Adobe a sagement supprimé la possibilité de combiner les deux modes dans un même document. C'est pourquoi vous devez spécifier CMJN *ou* RVB *avant* de commencer. Bien sûr, c'est enquiquinant, mais c'est préférable à tout ce gaspillage.

Alors, que choisir ? CMJN ou RVB ? Vous pourriez penser que vous ne craignez rien en choisissant RVB pour le multimédia et CMJN pour l'édition. D'accord, vous ne craignez rien, mais ce n'est pas nécessairement le *meilleur* choix. Si vous ne connaissez pas le support final, choisissez RVB. Vous pourrez toujours opter pour CMJN plus tard si nécessaire et imprimer directement sur imprimante couleur.

Pour la créativité, choisissez RVB quand :

- **Vous créez pour le Web ou le multimédia.** Dans ce cas, votre travail sera toujours vu en RVB et vous n'avez aucune raison pratique d'utiliser CMJN.
- **Vous créez pour l'édition, MAIS vous n'avez pas besoin de couleurs CMJN précises.** Si vous ne devez pas spécifier de valeurs CMJN exactes, choisissez RVB. Vous pourrez convertir en CMJN avec la commande Fichier/Mode colorimétrique du document *avant d'imprimer.* (N'oubliez pas, surtout !) Je sais que cette approche semble alambiquée, mais je peux vous donner trois bonnes raisons d'utiliser ainsi RVB :

Certaines des fonctionnalités les plus intéressantes d'Illustrator (y compris de nombreux effets de filtre Photoshop) exigent RVB.

Travailler en RVB vous permet d'utiliser toute la gamme de couleurs – des millions – disponibles sur ordinateur. CMJN n'en prend en charge que des milliers. Si vous développez des contenus pour l'impression et pour le Web, une création en RVB vous donne le plus large éventail de couleurs possible en CMJN et en RVB.

Certaines imprimantes couleur à jet d'encre fonctionnent bien en RVB. Par exemple, les imprimantes Epson six couleurs impriment une gamme de couleurs (*gamut*) plus importante en RVB qu'en CMJN.

Pour la précision, choisissez CMJN quand :

- **Vous avez besoin de couleurs CMJN spécifiques.** Certains artistes qui créent pour l'impression utilisent un nuancier CMJN sur papier. Ils n'emploient que les couleurs qui y figurent, convaincus (à juste titre) que c'est le seul moyen de se faire une idée de leur aspect réel une fois imprimées. Si vous devez respecter de telles exigences, travaillez toujours en CMJN. Par ailleurs, certaines entreprises spécifient les couleurs CMJN exactes qu'elles veulent dans leurs publications.
- **Vous imprimez en nuances de gris ou en noir et blanc.** En RVB, les nuances de gris sont par défaut des mélanges de rouge, vert et bleu. Si vous imprimez à l'encre noire, ces mélanges sont une vraie plaie parce que vous devez toujours travailler avec trois couleurs au lieu d'une seule. En CMJN, vous pouvez créer des teintes de gris avec des pourcentages de noir et ignorer toutes les autres couleurs (qui de toute façon ne seront pas visibles).

Après avoir répondu aux trois questions de la boîte de dialogue Nouveau document (nom, spécifications de la page et type de couleurs), cliquez sur OK. Une page vierge s'ouvre et vous invite à réaliser tout votre potentiel créatif (voir Figure 1.3). Vous êtes prêt à commencer. Si le syndrome de la page blanche ne vous affecte pas et que vous voulez aller droit à l'essentiel, passez au Chapitre 2.

Bien entendu, vous pouvez aussi jouer avec le paramétrage des effets de pixellisation et du mode d'aperçu, mais cela ne va pas vous faciliter la vie. Suivez mon conseil et conservez les valeurs par défaut.

Figure 1.3 : Votre première page blanche. Terrifiant, non ?

Explorer l'espace de travail d'Illustrator

Avec plus de 250 éléments de menu à éplucher et une foule de panneaux à réagencer (pour disposer enfin d'une minuscule petite zone dans laquelle pouvoir vraiment travailler), l'environnement d'Illustrator vous semble peut-être un peu intimidant. (Rassurez-vous, vous êtes loin d'être le seul.) Et ça, c'est *après* la suppression d'un menu entier pour la version CS4 (le menu Filtre, dont les jours sont révolus). Les sections suivantes offrent un aperçu de tous ces éléments que les geeks appellent l'*interface utilisateur.*

La boîte à outils d'Illustrator

La plupart des utilisateurs commencent par le panneau Outils d'Illustrator (l'objet étrange de la Figure 1.4). Celui-ci vous montre un ensemble d'outils : des boutons à l'aspect bizarre et de drôles de machins carrés (voir Figure 1.4). Mais ce n'est pas tout : mine de rien, il possède plus de 50 autres outils cachés. Dans la plupart des cas, on sélectionne l'outil souhaité en cliquant dessus (une fois) dans le panneau. Le curseur prend alors la forme de l'outil choisi, ou d'une croix pour certains outils spéciaux (Rectangle, Ellipse, etc.).

Les outils occupent des emplacements qui sont des subdivisions du panneau. Nombre d'entre eux en contiennent plusieurs, comme l'indique la petite flèche noire dans le coin inférieur droit. Pour accéder à un outil caché, cliquez et maintenez le pointeur de la souris sur la case de l'outil. Un groupe d'outils (généralement apparentés) s'affiche (voir l'outil Plume de la Figure 1.4). Pour utiliser l'un de ces autres outils, placez le pointeur de la souris au-dessus puis relâchez le bouton.

TRUC

Faites glisser le pointeur de la souris sur la petite barre à droite des outils cachés et relâchez le bouton quand elle est sélectionnée. Une

Figure 1.4 : Le panneau Outils d'Illustrator

petite fenêtre distincte apparaît, avec tous les outils correspondants. Vous pouvez la détacher du panneau et la placer n'importe où dans l'écran. Cette procédure peut vous empêcher de devenir fou si vous permutez constamment entre deux outils, par exemple Plume et Conversion du point directeur. Pour vous débarrasser de cette fenêtre, cliquez sur la minuscule case blanche Fermer dans le coin supérieur droit (Mac) ou sur le X (Windows).

Quand vous survolez un outil avec le pointeur, son nom apparaît, suivi d'une lettre. Non, ce n'est pas une note qui sanctionne son utilité : les lettres indiquent les touches sur lesquelles vous devez appuyer pour y accéder rapidement. Par exemple, appuyez sur la touche P pour Plume ou R pour Rotation.

Notez que le panneau Outils ne possède pas d'icône Fermer ni Agrandir. Une explication possible : vous en avez presque toujours besoin dans Illustrator, et il est pratiquement impossible de travailler sans lui. Si vous le voulez vraiment, vous pouvez le masquer en sélectionnant Fenêtre/Outils. Pour le réafficher, sélectionnez de nouveau ces commandes.

Des palettes pour tous les artistes

En dehors des Outils, Illustrator possède une multitude de panneaux, également nommés palettes. Vous pensez peut-être qu'une palette est plus étroitement associée à un peintre qu'à un illustrateur. Illustrator en possède pourtant près de trente. À l'instar de la palette d'un peintre qui contient les couleurs qu'il utilise le plus, un panneau Illustrator permet d'accéder rapidement aux commandes et aux fonctionnalités les plus fréquemment employées. Leur contenu est organisé selon leur fonction. Par exemple, le panneau Caractère contient les commandes pour formater du texte, et le panneau Couleur permet de créer et de modifier des couleurs. Même si Illustrator en possède des dizaines, vous avez rarement besoin de les ouvrir tous en même temps. Quand vous saisissez du texte, vous avez besoin du panneau Caractère, mais pas du panneau Dégradé, parce que celui-ci contrôle… les dégradés. (Sans rire.)

On ouvre un panneau en le choisissant invariablement dans le menu Fenêtre (par exemple Fenêtre/Couleur). Pour fermer un panneau, cliquez sur le X dans l'angle supérieur droit.

Heureusement, Illustrator peut à la fois empiler et ancrer les panneaux pour mieux les organiser, ce qui vous donne plus d'espace pour travailler. L'*empilage* (*tabbing*) assemble les panneaux dans une seule zone, de sorte qu'ils se chevauchent comme des fiches d'index.

L'*ancrage* (*docking*) relie le sommet d'un panneau au bas d'un autre : les deux sont visibles mais prennent le moins d'espace possible.

Par défaut, Illustrator affiche les panneaux ancrés sur le bord droit de l'écran (voir Figure 1.5). Remarquez que certains panneaux sont groupés et présentent plusieurs onglets. (Par exemple, les panneaux Contour, Dégradé et Transparence sont empilés ensemble.) Au départ, vous ne voyez que le panneau Contour : les deux autres se trouvent derrière. Pour les faire apparaître, cliquez sur leur onglet.

Figure 1.5 : Le groupe de panneaux par défaut au démarrage d'Illustrator.

Vous pouvez combiner les panneaux à votre convenance. Pour déplacer un panneau, cliquez et faites glisser son onglet dans un autre groupe – ou détachez-le carrément (ce qui crée un nouveau groupe.) Illustrator ne vous limite pas : vous pouvez combiner n'importe quel panneau à n'importe quel groupe, voire placer tous les panneaux dans un seul groupe si vous le souhaitez. Je vous le déconseille cependant, car les onglets se chevaucheraient tellement que vous ne les discerneriez plus.

Il est également possible de réduire les panneaux en icônes en cliquant sur le double triangle au sommet de la pile de panneaux ancrés. Vous générez ainsi une colonne de très belles icônes (sans queue ni tête de prime abord – voir Figure 1.6). (Le panneau Aspect est affiché temporairement car j'ai cliqué sur son icône.) Un clic sur une icône affiche le panneau associé, ce qui vous permet de modifier différents paramètres. Quand vous avez terminé, il se referme et vous laisse beaucoup d'espace utile.

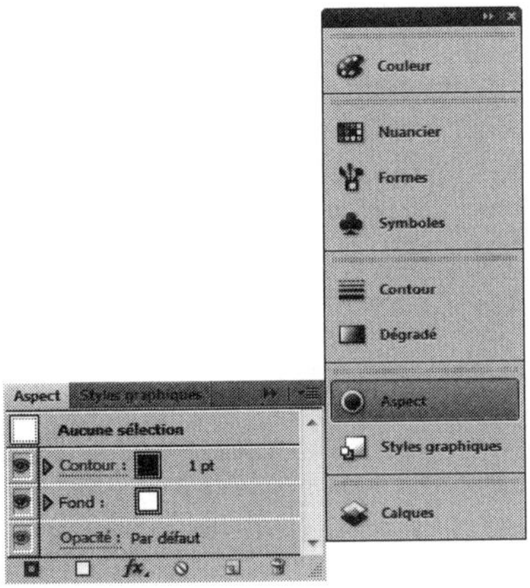

Figure 1.6 : Le groupe de panneaux par défaut sous forme d'icônes.

De nombreux panneaux d'Illustrator ont leur propre menu, qui s'affiche quand vous cliquez dans son angle supérieur droit (voir Figure 1.7).

Les commandes des menus contextuels se rapportent spécifiquement à chaque panneau. Il est donc tout aussi aisé de les ignorer que de les utiliser, une fois que vous aurez maîtrisé le panneau, bien entendu.

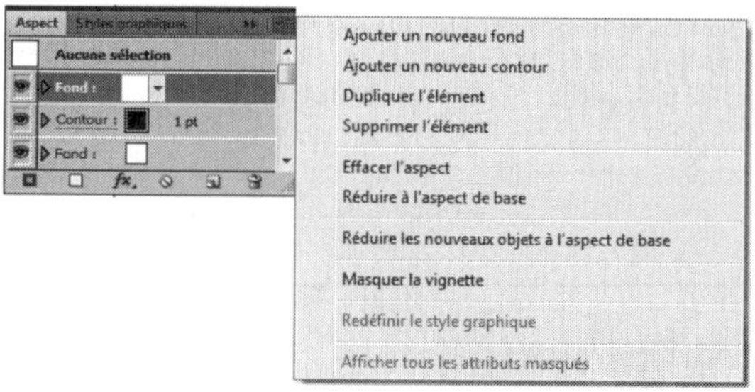

Figure 1.7 : Les panneaux ont aussi leur propre menu.

Menus gastronomiques

Les menus d'Illustrator sont très bien organisés. La fonction de certains saute aux yeux. Par exemple, vous trouverez les différentes commandes qui concernent le texte dans le menu Texte et celles qui affichent votre document dans le menu Affichage. D'autres sont un peu moins intuitifs et n'ont de sens que lorsque vous commencez à les utiliser. Par exemple, après avoir compris que *tout ce qui apparaît dans un écran Illustrator est un objet*, vous découvrez que toutes les options du menu Objet se rapportent aux objets. D'autres menus demandent un peu plus de travail et de manipulations. Croyez-le ou non, ils sont organisés pour simplifier autant que possible la compréhension et l'utilisation d'Illustrator.

Pour utiliser un élément de menu, faites glisser le pointeur dessus et lâchez le bouton de la souris. Quelque chose doit alors se passer (ni explosion ni tsunami, pour autant que je sache) selon ce que vous avez sélectionné. De plus, les commandes s'accompagnent d'indications visuelles. Considérez par exemple les caractéristiques suivantes :

- **Sous-menus.** Bon nombre de menus d'Illustrator contiennent des sous-menus, indiqués par un petit triangle à droite de l'élément de menu. Pour accéder à un sous-menu, faites glisser le pointeur sur son titre, puis sur la commande voulue (voir Figure 1.8).
- **Raccourcis clavier.** La plupart des commandes ont des raccourcis clavier (des combinaisons de touches affichées à droite), qui permettent de les activer.
- **Plus d'infos nécessaires.** Trois points (. . .) indiquent qu'une boîte de dialogue vous demandant des informations supplémentaires apparaîtra quand vous cliquerez.

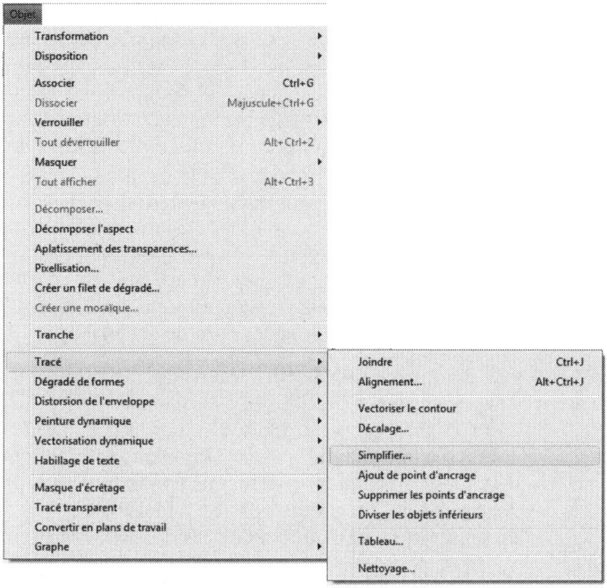

Figure 1.8 : Le sous-menu Tracé dans le menu Objet.

- **Commandes indisponibles.** Une commande grisée indique une commande inapplicable dans le contexte.

Différences entre Mac et Windows

OK, je sais que certaines loyautés dans ce domaine sont farouches. Et si nous en faisions abstraction ? Indépendamment du système que vous aimez, vous travaillerez avec Illustrator pratiquement de la même manière. Quelques petites différences méritent toutefois d'être mentionnées, surtout si vous passez souvent de l'un à l'autre.

- **L'extension .ai.** Les noms de fichiers Windows ont besoin d'une extension, faute de quoi le système refuse de les reconnaître. L'extension d'un nom de fichier Illustrator est .ai. Oui, comme dans *aïe*, mais sans le *e !* La plupart des types de fichiers (sous Windows) ont des extensions de trois lettres, mais Illustrator n'en utilise que deux. Sauvegardez toujours les documents Illustrator avec l'extension .ai pour une compatibilité maximale avec toutes les versions de Windows. Une extension erronée peut causer des problèmes. Si vous mettez par exemple .aif, Windows essaiera d'ouvrir le fichier comme un fichier son, échouera et retournera un message d'erreur.

TRUC

Les utilisateurs Windows sont habitués à des extensions de deux ou trois lettres. Même si les utilisateurs Mac n'en ont pas besoin, ils doivent en prendre l'habitude. Pour commencer, quand vous envoyez des fichiers, cela permet d'identifier d'emblée son type de contenu, ce qui est plus pratique. Illustrator dispose de toute une soupe à l'alphabet pour les différents formats de fichier, comme PDF (`.pdf`), TIFF (`.tif`), EPS (`.eps`) ou JPEG (`.jpg`). Chacun de ces formats possède des propriétés et une finalité uniques. Quand vous voyez l'extension `.eps`, il s'agit très probablement d'un fichier graphique créé pour un programme de mise en page. L'extension `.gif`, signifie que le fichier a été créé pour le Web. Les extensions vous en apprennent beaucoup sur les fichiers, sans qu'il soit nécessaire de les ouvrir.

- **Clic droit *vs.* contrôle-clic** : Dans Illustrator, les utilisateurs Windows font un clic droit à peu près n'importe où pour afficher un menu contextuel (voir Figure 1.9). Les utilisateurs Mac, dont la souris n'a pas de bouton droit, appuient sur la touche Contrôle (Ctrl) tout en cliquant. Les menus contextuels (les petits malins) sont sensibles au contexte. Ils reconnaissent ce qui est proche du pointeur et vous proposent des options. Par exemple :
  - Contrôle-clic (ou clic droit) sur la règle affiche un menu contextuel pour changer l'unité de mesure.

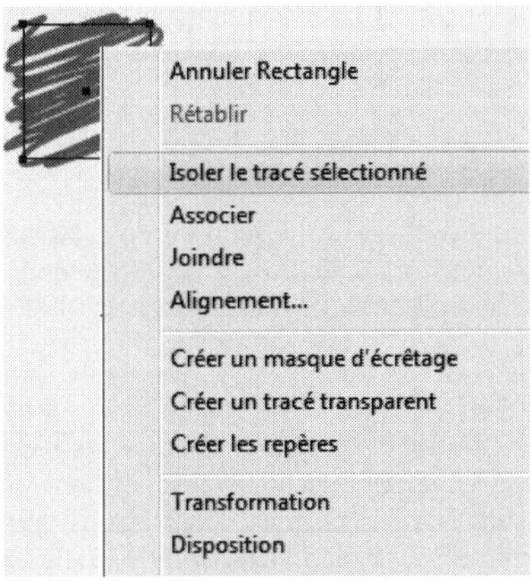

Figure 1.9 : Un clic droit (Windows) ou Contrôle-clic (Mac) affiche un menu contextuel.

  - Contrôle-clic (ou clic droit) sur du texte permet de changer la police, le corps et un grand nombre d'autres options.
  - Cliquez sur un tracé : les options de tracé s'affichent, et ainsi de suite.

TRUC

Comme tous les éléments des menus contextuels se trouvent également dans les menus ordinaires, vous n'êtes jamais obligé de les utiliser. Ils font partie de ces petits luxes (comme un couvre-volant en fourrure par grand froid) qui rendent Illustrator si agréable.

Définir la zone de document

Illustrator utilise la métaphore du plan de travail traditionnel : c'est ce que vous voyez quand vous créez un nouveau fichier (voir Figure 1.10). Il y a la page sur laquelle vous travaillez (le *plan de travail*) et la table sur laquelle elle est posée (la zone de *brouillon*, que les graphistes appellent une *table de montage*). Quand vous créez un nouveau document, le plan de travail apparaît comme un rectangle au milieu d'un vaste espace blanc. La forme et la taille réelles du plan de travail dépendent des valeurs que vous avez saisies en créant le fichier.

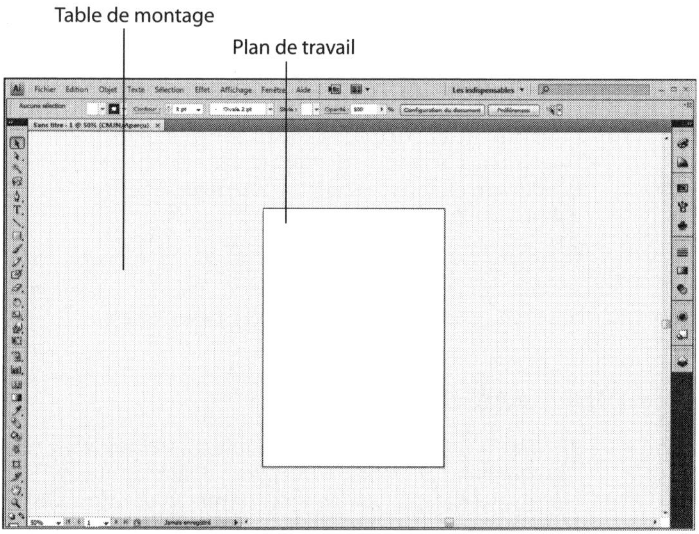

Figure 1.10 : Le plan de travail et la table de montage : les deux premiers éléments que vous voyez quand vous créez un nouveau fichier Illustrator.

Le plan de travail sert de guide et vous montre la taille de votre illustration (par rapport à la taille de page que vous avez choisie en créant le document). Beaucoup trouvent plus facile de créer en se référant à un format donné. Si vous avez un profil de graphiste traditionnel, les concepts de plan de travail et de table de montage vous rassureront peut-être. Vous pouvez créer des éléments et les laisser sur la table, puis les ajouter au graphisme que vous créez sur le plan de travail.

Quand au plan de travail, il n'affecte en rien votre création et ne vous sert qu'à prendre vos repères. Les éléments présents hors du plan de travail s'impriment si votre papier est suffisamment large. Si vous sauvegardez votre travail au format EPS (*Encapsulated PostScript*) pour l'importer dans un programme de mise en page (ou GIF pour l'utiliser sur le Web), tout ce qui se trouve sur la table de montage sera enregistré aussi.

Si le plan de travail vous semble inutile, masquez-le en choisissant Affichage/Masquer les plans de travail.

Pour imprimer un document, vous trouverez peut-être la fonction Limite d'impression un peu plus intéressante que le plan de travail. Illustrator reconnaît l'imprimante sélectionnée et crée une zone d'impression (un rectangle) ayant la forme et la taille de la plus grande surface qu'elle peut imprimer. Les limites d'impression sont matérialisées par de fines lignes pointillées qui apparaissent au bord du plan de travail si vous avez défini la même taille de page que celle de votre papier.

Ouvrir des documents

Pour ouvrir un document Illustrator existant, choisissez Fichier/ Ouvrir dans le menu principal et sélectionnez le fichier voulu (voir la boîte de dialogue Ouvrir de Windows, Figure 1.11 ; celle de Mac est un peu différente).

Vous pouvez également double-cliquer sur le fichier lui-même. Même si Illustrator n'est pas ouvert, il le lance pour vous automatiquement. (Heureusement, ce n'est pas un missile.)

Afficher des documents

Illustrator offre des options d'affichage très souples, notamment des commandes pour zoomer, faire défiler et masquer (ou afficher) certains éléments. Vous pouvez zoomer sur une zone minuscule et apporter des modifications si infimes qu'elles seront invisibles à l'œil nu (mais vous aurez la fierté de savoir que votre graphisme est parfait). Pour avoir une idée de l'effet produit par votre document, affichez-le à sa taille réelle. Vous pouvez également afficher le "squelette" des objets – les points et les tracés qui le constituent – sans vous laisser distraire par les couleurs, et visualiser chaque phase, de la simple esquisse à l'illustration parfaite et prête à imprimer. Moralité : vous devez voir ce que vous faites pour savoir ce que vous faites, et Illustrator vous en donne la possibilité.

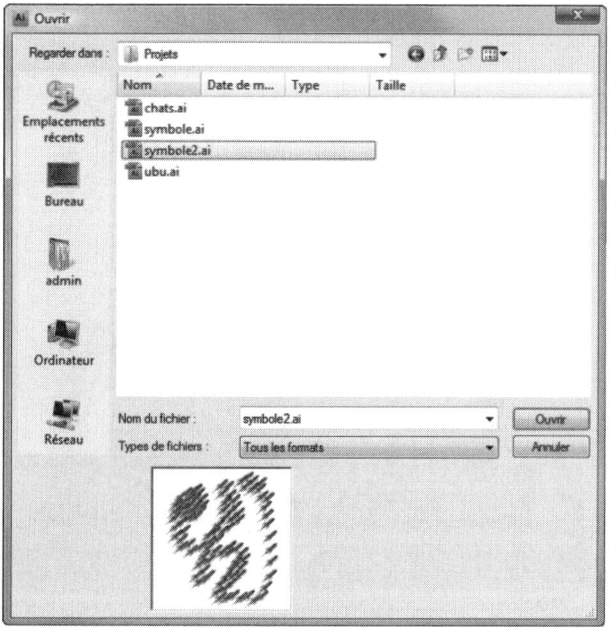

Figure 1.11 : La boîte de dialogue Ouvrir.

Zoom avant et zoom arrière

Vous pouvez afficher votre dessin en grandeur réelle (approximativement celle qu'il aura à l'impression), et l'agrandir ou le réduire considérablement. Cette manœuvre ne modifie que l'apparence de l'image à l'écran, pas sa taille réelle, ni celle qu'elle aura à l'impression ou une fois importée dans une autre application. C'est un peu comme si vous utilisiez des jumelles ou une loupe.

L'outil Zoom

L'outil Zoom est représenté par la loupe qui se trouve en bas du panneau Outils. Quand vous cliquez dessus et que vous déplacez le pointeur dans le document, un signe plus (+) apparaît au centre de la loupe. Chaque nouveau clic agrandit l'affichage, jusqu'à un maximum de 6 400 % (64 fois la taille réelle). ***Note*** **:** si vous imprimez à ce moment-là, la taille de l'image demeure inchangée. La Figure 1.12 montre un document en taille réelle et grossi à 400 %.

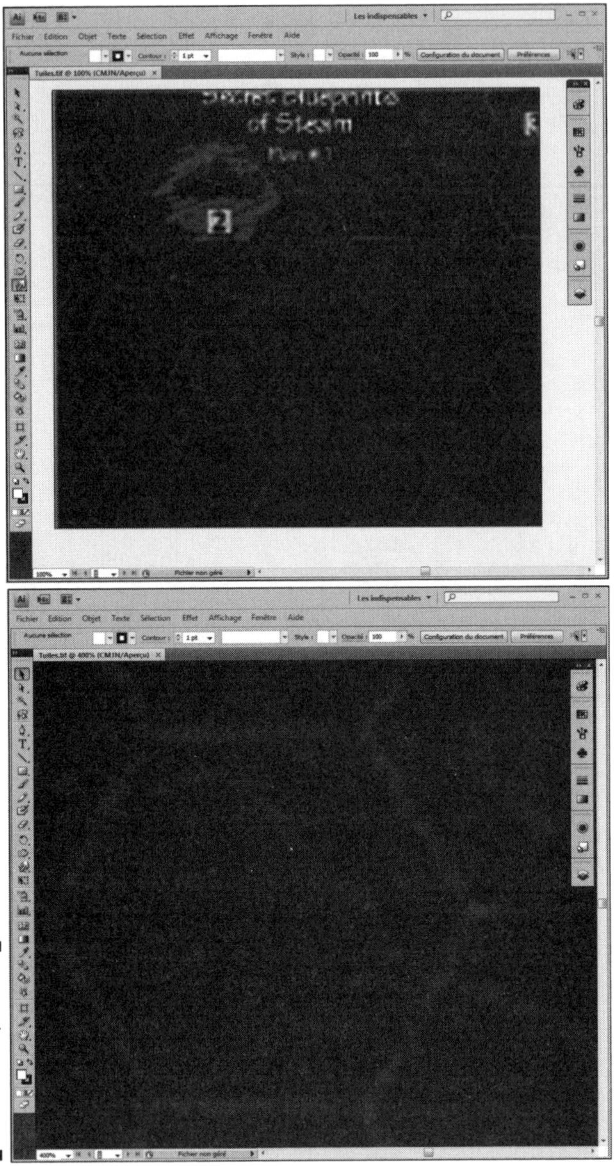

Figure 1.12 : Deux vues d'une illustration : en taille réelle et grossie à 400 %.

La fonction de l'outil Zoom est double. Si vous appuyez simultanément sur la touche Option (Mac) ou Alt (Windows), la loupe contient un signe moins, et chaque clic diminue la taille de l'affichage. Vous pouvez descendre jusqu'à 3,13 % (ce qui est vraiment minuscule). La Figure 1.13 représente le dessin de la figure précédente affiché à 25 %.

Figure 1.13 : Le dessin de la Figure 1.12 à 25 % de sa taille réelle.

Raccourcis clavier

L'emploi du zoom est suffisamment courant dans Illustrator pour justifier les nombreux raccourcis clavier qui lui sont associés. Voici la liste des techniques d'accès rapide au zoom, par ordre d'utilité :

- **Zoom avant avec un autre outil.** Appuyez sur Commande+barre d'espace (Mac) ou Ctrl+barre d'espace (Windows) : l'outil se change en loupe contenant un signe plus. Cliquez sur la zone à grossir. Lorsque vous relâchez les touches, vous retrouvez l'outil que vous étiez en train d'utiliser. Ce raccourci est *vraiment* très pratique.
- **Zoom arrière avec un autre outil.** Appuyez sur Commande+Option+barre d'espace (Mac) ou Ctrl+Alt+barre d'espace

(Windows) : l'outil que vous utilisez se change en loupe contenant un signe moins. Cliquez sur l'image pour réduire l'affichage. Lorsque vous relâchez les touches, vous retrouvez l'outil que vous étiez en train d'utiliser. Ce raccourci est aussi pratique que le zoom avant provisoire.

- **Affichage en taille réelle.** Appuyez sur Commande+1 sur Mac (Ctrl+1 sous Windows) pour revenir à la taille réelle. Vous pouvez également double-cliquer sur l'outil Zoom.
- **Ajuster à la fenêtre.** Appuyez sur Commande+0 sur Mac (Ctrl+0 sous Windows) pour obtenir le facteur auquel votre page s'ajuste à la fenêtre. Vous pouvez également double-cliquer sur l'outil Main.
- **Zoomer en avant et en arrière.** Appuyez Commande++(plus) sur Mac (Ctrl++ [plus] sous Windows) pour monter d'un niveau et sur Commande+– [moins] sur Mac (Ctrl+– [moins] sous Windows) pour baisser d'un niveau.
- **Activer l'outil Zoom.** Appuyez sur Z pour obtenir l'outil Zoom avant. Si vous avez vraiment tout lu jusqu'ici, vous êtes en train de devenir un vrai geek : je vous conseille vivement de prendre quelques jours de congé.
- **Pendant le zoom.** Appuyez sur la barre d'espace pour déplacer le rectangle de sélection dans le plan de travail.

Défiler dans le document

Les barres de défilement servent à naviguer dans le document, mais elles n'autorisent que les déplacements horizontaux et verticaux – et dans un seul sens à la fois. Bien plus pratique, l'outil Main permet de se déplacer dans toutes les directions.

Pour l'utiliser, sélectionnez-le dans le panneau Outils, puis cliquez et faites-le glisser n'importe où dans la page : l'image suit le mouvement. C'est un peu bizarre au début, mais le pouvoir corrompt : vous n'utiliserez plus jamais ces vilaines barres de défilement.

TRUC

Vous pouvez transformer n'importe quel outil en Main. Pour ce faire, cliquez dessus tout en appuyant sur la barre d'espace. Puis procédez exactement comme auparavant. Relâchez la barre d'espace et l'outil reprend sa forme originelle. Cette astuce fonctionne avec tous les outils sauf avec l'outil Texte. Si l'outil Texte est actif, appuyez sur Commande+barre d'espace sur Mac (Ctrl+barre d'espace sous Windows).

Radiographier le document

En général, le dessin que vous voyez à l'écran est très semblable à ce qu'il sera à l'impression (la vue en mode Aperçu). Mais ce n'est pas ce qui intéresse Illustrator et l'imprimante : ils voient votre illustration et les objets qu'elle contient comme une série de tracés, d'éléments textuels et d'images importées (la vue en mode Tracés). Pour afficher ce squelette, choisissez Affichage/Tracés. C'est un outil de diagnostic exceptionnel, qui permet de comprendre comment un document a été réalisé. Il facilite également la sélection d'objets très rapprochés. La Figure 1.14 montre un même dessin affiché en mode Aperçu et en mode Tracés.

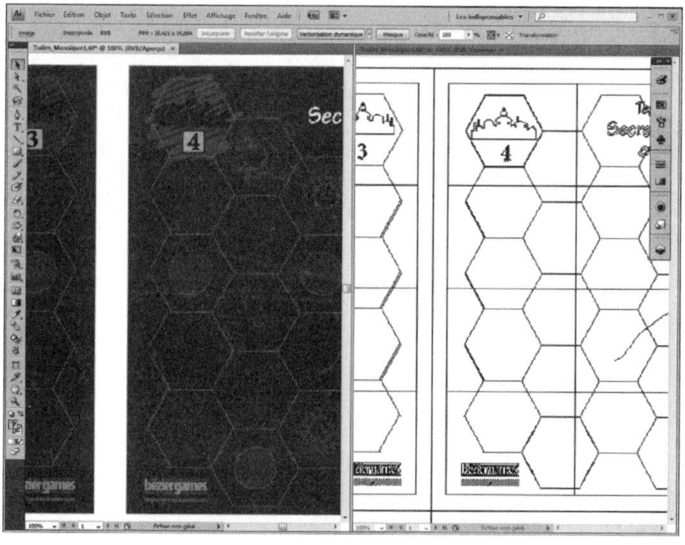

Figure 1.14 : Un dessin en mode Aperçu et en mode Tracés.

Remarquez que certains éléments ne s'affichent pas en mode Tracés, par exemple les griffonnages et les cercles. En effet, ce sont des effets Illustrator, qui ne sont pas des objets définis par des tracés, des lignes ou des points, mais qui sont appliqués aux différents objets. Ce mode de visualisation vous en apprend beaucoup sur un document.

Utiliser des modèles

Peu de choses dans la vie sont aussi effrayantes qu'une page blanche qui vous nargue. Adobe vous offre donc des centaines de modèles pour vous aider à vous lancer facilement et rapidement. Les *modèles*, comme celui de la Figure 1.15, vous fournissent un point de départ entièrement personnalisable. Les possibilités de modification sont si nombreuses, des couleurs aux objets en passant par les fontes, que votre résultat ne ressemblera forcément à aucun autre.

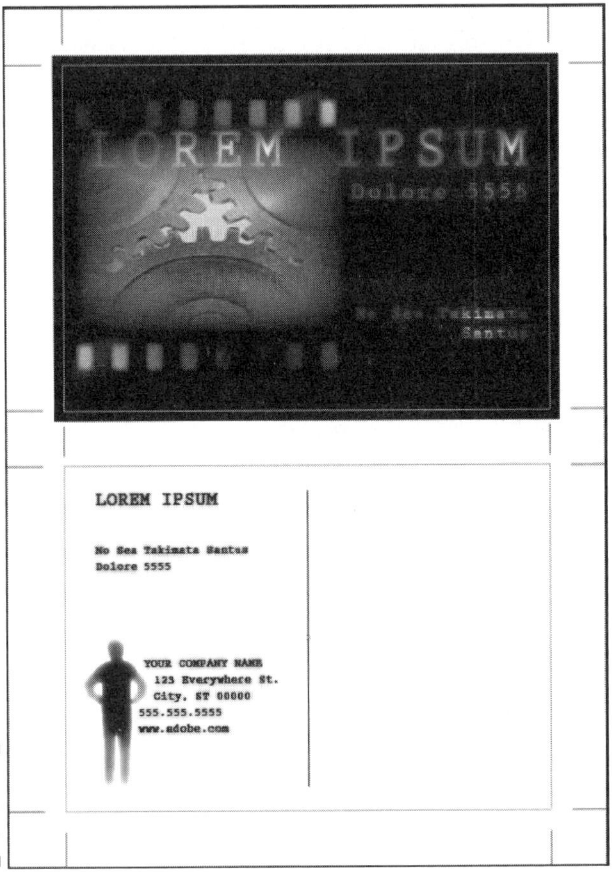

Figure 1.15 : Un modèle de carte postale.

Pour utiliser un modèle, sélectionnez l'option D'après un modèle (sous Créer un) dans l'écran de bienvenue, ou choisissez Fichier/Nouveau d'après un modèle. Celui-ci s'ouvre dans un document sans titre. N'ayez pas peur de l'écraser : en réalité, vous ouvrez une copie du fichier d'origine.

Enregistrer un document

Dès que vous avez obtenu quelque chose qui vous plaît, sauvegardez-le. Et enregistrez régulièrement, même si vous n'êtes pas encore satisfait. Sinon, vous perdrez tout votre travail, et vous devrez recommencer si votre machine plante, si vous quittez accidentellement ou si vous éteignez l'ordinateur par inadvertance. À la différence d'applications comme Word ou InDesign, Illustrator n'a pas de fonction de récupération automatique et tout ce qui n'est pas enregistré est perdu en cas de panne. Cela ne vous prendra qu'une seconde, préservera votre travail, vous économisera du temps et vous permettra de conserver votre santé mentale.

Pour sauvegarder un document, choisissez Fichier/Enregistrer. Si vous ne l'avez pas encore fait, la boîte de dialogue Enregistrer sous... s'affiche (voir Figure 1.16). Choisissez un nom de fichier approprié et évocateur, afin de ne pas perdre de temps plus tard à deviner de quoi il peut bien s'agir.

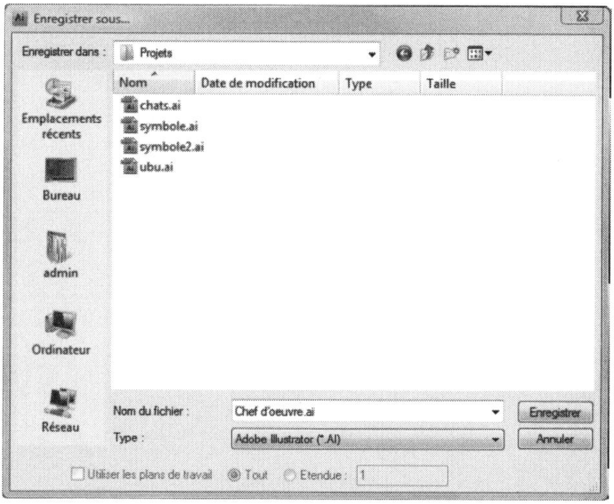

Figure 1.16 : Nommez votre fichier dans la boîte de dialogue Enregistrer sous.

Si vous avez déjà sauvegardé votre document, la commande Enregistrer actualise le fichier existant. Si vous n'en êtes pas sûr, regardez la barre de titre. Si elle contient Sans titre suivi d'un chiffre, le fichier n'a jamais été enregistré. (Il faudrait un curieux sens de l'humour pour nommer un fichier *Sans titre*.) Illustrator est incroyablement intelligent : chaque fois que vous apportez une modification, il affiche un astérisque à droite du nom du fichier pour vous indiquer que celle-ci n'a pas été enregistrée. Dès que vous tapez le bon vieux raccourci Commande+S (Mac) ou Ctrl+S (Windows), l'astérisque disparaît.

Chapitre 2

Suivre le bon tracé

Dans ce chapitre :

- Comprendre le fonctionnement des tracés et des pixels.
- Comprendre les différences entre les tracés et les pixels.
- Savoir quand utiliser des tracés et des pixels.
- Utiliser l'impression PostScript et les tracés.
- Créer des tracés.

Les graphiques composés de tracés (ou *graphiques vectoriels*) sont beaucoup plus simples et plus aisés à comprendre que leurs homologues composés de pixels. Prenez l'exemple d'une image dans un livre de coloriage. Une ligne définit une forme que vous pouvez remplir de couleurs. Grâce à ce système de formes et de couleurs, vous pouvez dessiner tout ce qui vous passe par la tête. Illustrator permet de faire varier la taille des formes, l'épaisseur des contours et la complexité des lignes, voire de les rendre invisibles. Pour remplir les formes, vous disposez d'un choix étonnant de couleurs, de motifs et de dégradés (et même d'images bitmap). En revanche, le principe du livre de coloriage reste le même.

Tracés ou pixels ?

Il existe plusieurs raisons d'opter pour des tracés ou des pixels. Les tracés conviennent mieux à certaines situations, les pixels à d'autres, et chaque approche a ses avantages. Pour savoir s'il vaut mieux employer des tracés (créés dans Illustrator) ou des pixels (issus d'un logiciel tel que Photoshop), vous devez d'abord vous familiariser avec les possibilités de chaque technique. La Figure 2.1 illustre côte à côte un graphique vectoriel et une image bitmap.

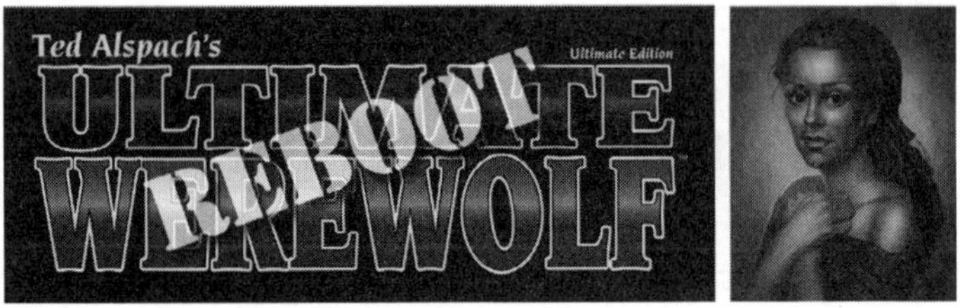

Figure 2.1 : Image vectorielle (à gauche) et bitmap (à droite).

En général, les tracés conviennent mieux au texte, aux logos et aux graphiques de précision. Les pixels, eux, sont mieux adaptés aux photographies, aux illustrations imitant la peinture, aux arrière-plans complexes, aux textures et aux effets d'éclairage simulés. Bien souvent, c'est par une combinaison adéquate de tracés et de pixels que vous obtiendrez les meilleurs résultats. Faire le bon choix s'avèrera bien plus aisé si vous connaissez les avantages et les inconvénients de chaque technique.

Tracés : la souplesse suprême

Les tracés permettent de définir n'importe quelle forme, allant d'un simple carré ou cercle à la carte de l'Amérique du Sud. Comme les tracés se résument simplement au *contour* de ces formes – et non aux formes elles-mêmes – ils sont très légers à stocker. Ainsi, un carré d'un mètre carré ne prend pas plus de place sur votre ordinateur qu'un carré d'un centimètre carré.

Mais comment des carrés de taille si différente peuvent-ils solliciter pareillement la mémoire de votre ordinateur ? L'explication est essentiellement mathématique. En observant comment Illustrator dessine un carré, vous allez comprendre. Pour Illustrator, un carré se définit par un ensemble de quatre positions, celles des quatre *angles* – et par des informations relatives au fond ou au contour. L'emplacement de ces points n'a pas d'importance. Ce qui compte, c'est qu'il y en ait quatre et qu'ils forment un carré une fois reliés.

Qu'en est-il alors des contours complexes ? La représentation grossière de chaque état des États-Unis d'Amérique avec très peu de détails nécessiterait des dizaines de points. Cet exemple contient des courbes mais pas de lignes droites. Or, celles-ci se définissant par plus de données, elles occupent deux fois plus d'espace disque que les lignes droites. Mais que cette carte tienne sur un centimètre carré ou sur un mètre, le poids du fichier est le même puisque le nombre de points est identique. Seuls les calculs mathématiques qui déterminent l'emplacement de ces points ont changé pour les éloigner les uns des autres.

La Figure 2.2 présente côte à côte la carte des États-Unis et un carré orange qui semble trois fois plus grand. Quel est le fichier le plus volumineux (en Ko) ? Celui de la carte des États-Unis, qui est plus détaillé et qui contient donc plus de points.

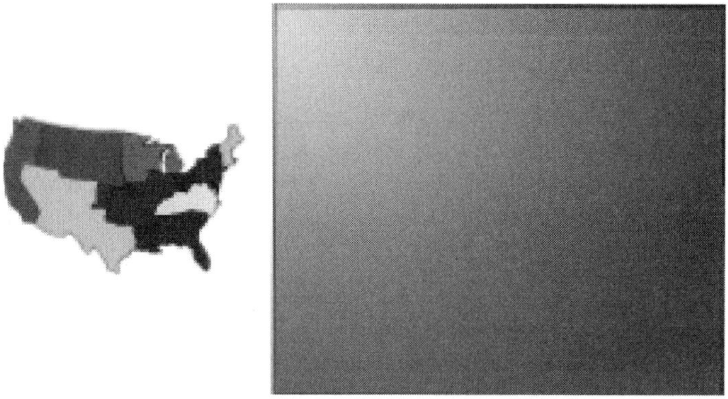

Figure 2.2 : Le fichier de la carte est plus volumineux que celui du carré car il faut plus de points pour définir cette forme.

Pixels : des détails et du réalisme à revendre

Les images bitmap sont utilisées pour les photographies car il est impossible d'approcher le réalisme de la photo à partir de vecteurs. De nos jours, la plupart des images bitmap sont des photographies numérisées. Les autres sont pour l'essentiel des illustrations pour le Web ou pour l'affichage à l'écran.

En revanche, les tracés s'avèrent nettement supérieurs aux pixels pour préserver la qualité d'une image graphique indépendamment de sa taille. Si vous deviez agrandir une mosaïque de faïence, il vous faudrait ajouter des carreaux, à moins de pouvoir agrandir ceux déjà en place. Or, avec ce procédé, les carreaux risquent de se voir de loin.

Il en va de même pour les images composées de pixels. Pour augmenter la taille d'une image, vous devez ajouter plus de "carreaux" (pixels) car dans le cas contraire, les pixels dont vous disposez déjà apparaîtront à l'écran sous la forme de gros carrés. L'ajout de pixels est la pire des solutions : non seulement il augmente la taille du fichier mais il nuit à la qualité.

Un artisan saurait choisir soigneusement les carreaux à ajouter à une mosaïque tout en préservant la qualité, mais un ordinateur se contente de deviner les pixels à ajouter pour agrandir l'image (les professionnels parlent d'*interpolation*). Il n'existe aucun moyen d'agrandir une image composée de pixels sans nuire à la qualité. Si vous êtes sceptique, observez la Figure 2.3. Voyez ce qui se produit si j'augmente l'échelle de l'image de gauche pour obtenir celle de droite : d'horribles pixels se dessinent !

De même, la réduction de taille d'une image bitmap nuit également à la qualité puisqu'il y a moins de pixels pour décrire les détails. Dans un langage plus technique, la modification du nombre de pixels dans une image est appelée *rééchantillonnage*.

Figure 2.3 : L'image d'origine (à gauche) et agrandie (à droite).

Une image composée de plusieurs milliers de pixels s'agrandit aussi bien à l'écran que sur papier beaucoup mieux qu'une image de seulement 900 pixels. Bien entendu, tous ces pixels occuperont beaucoup plus d'espace sur votre disque. En revanche, les images composées de tracés ne sont soumises à aucune de ces limitations.

Comment comparer des tracés et des pixels

Voici la réponse définitive que vous attendiez : utilisez les pixels pour manipuler des photographies. Les fichiers sont assez lourds mais plus légers que s'il fallait reproduire tous les détails par des tracés. Les images bitmap destinées à l'impression ou à un affichage grand format correspondent à des fichiers plus volumineux que ces mêmes images en version petit format. Utilisez des graphiques vectoriels pour créer tous types de graphiques ; leurs fichiers sont bien moins volumineux que ceux des images bitmap. En outre, il est toujours possible de créer des images bitmap à partir de graphiques vectoriels, quelles que soient leur taille et leur résolution. Un graphique vectoriel peut s'afficher ou s'imprimer à toutes les dimensions, allant d'un point microscopique à un panneau d'affichage : non seulement la taille du fichier n'est pas altérée mais la qualité est préservée. De surcroît, les graphiques vectoriels sont aisément modifiables, contrairement aux images bitmap pour lesquelles "chaque pixel correspond à une couleur".

Comparer les versions bitmap et vectorielle d'un document

La meilleure façon d'évaluer les avantages de chaque formule consiste à observer un même graphique créé avec des tracés et des pixels. L'illustration présentée à la Figure 2.4 est un logo dessiné avec des tracés destiné à la bande dessinée *Board 2 Pieces*. L'idée consiste ici à utiliser ce logo sur tous les produits dérivés associés à *Board 2 Pieces* ainsi que sur toutes les affiches, brochures et autres.

Figure 2.4 : Un logo pour Board 2 Pieces dessiné avec des tracés.

Première constatation : ce logo se compose surtout de texte. Les tracés sont parfaits pour le rendu de texte et présentent l'avantage d'être très évolutifs. Vous pouvez agrandir ou réduire le logo à votre convenance sans altérer la qualité de l'image. Comparez la Figure 2.4 (dont la taille est de 188 K) à celle de la Figure 2.5, qui est une version pixélisée du logo (la taille atteint 1,2 Mo). On pourrait les croire en tous points semblables, n'est-ce pas ? Mais les apparences peuvent être trompeuses.

Figure 2.5 : Le même logo pour Board 2 Pieces, créé avec des pixels.

Avec une résolution suffisamment élevée, le logo pixélisé semble être d'aussi bonne qualité que sa version vectorielle, mais son fichier pèse 1,2 Mo (soit presque dix fois celle du graphique vectoriel). Même avec un disque dur géant, voyez ce qui se produit si vous changez la taille du logo. Un agrandissement à 500 % de la version vectorielle (voir Figure 2.4) produit l'image de la Figure 2.6.

Figure 2.6 : Portion du logo Board 2 Pieces agrandi à cinq fois sa taille d'origine.

Seule une petite portion du logo s'est affichée, l'ensemble faisant environ 6 m^2. Vous constaterez pourtant que les bords restent parfaitement lisses et nets dans la version vectorielle. La taille du fichier, elle, est toujours de 188 K ! Par ailleurs, si vous agrandissez la version pixélisée, vous obtenez l'image de droite. Notez les bords terriblement crénelés. Pire encore, le fichier d'un logo de cette taille serait gigantesque – plus de 25 Mo, soit plus de 100 fois la taille du fichier de la version vectorielle !

Il est très difficile d'obtenir avec des tracés des dessins aussi réalistes qu'une photographie, mais cela est possible. La Figure 2.7 présente une image de Vénus entièrement créée dans Illustrator et composée uniquement de tracés.

Bien que cela soit difficile, Illustrator permet d'obtenir des effets hyperréalistes proches de ceux de la photographie, comme l'œil de Vénus illustré à la Figure 2.8 qui a été agrandi plusieurs fois par rapport à sa taille d'origine.

Quand utiliser des tracés ou des pixels

Le Tableau 2.1 récapitule les éléments qui rendent mieux en tracés ou en pixels.

TRUC

Pour de meilleurs résultats, vous aurez souvent à associer des pixels à des tracés (ou vecteurs) au sein d'une même création. Illustrator est l'outil idéal pour ce genre de manipulation. La commande Fichier/

Importer permet d'importer une image bitmap dans Illustrator afin de la combiner à un dessin vectoriel.

Figure 2.7 : Un gros plan de Vénus.

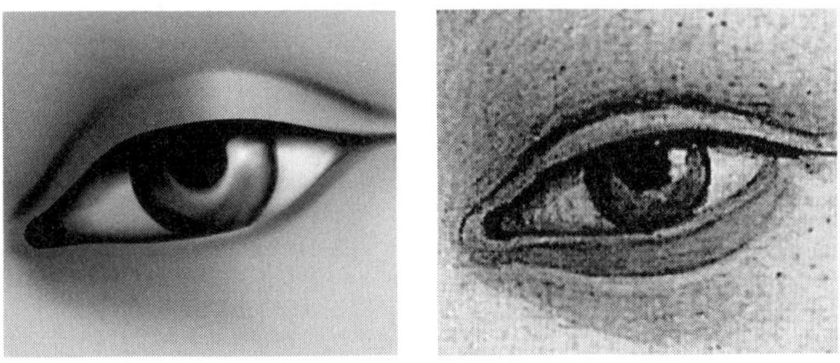

Figure 2.8 : La version vectorisée de l'œil de Vénus comparée à l'original de Botticelli à la même échelle.

Tableau 2.1 : Avantages respectifs des tracés et des pixels.

Préférez des tracés si votre illustration contient	Préférez des pixels si votre illustration contient
Beaucoup de texte	Des photographies
Des formes géométriques	Des textures complexes et naturalistes
Des traits fins	Des détails aléatoires aux bords adoucis

Tracés et impression

Pour imprimer des images aux contours réguliers, Illustrator envoie les tracés directement aux imprimantes. C'est pour cette raison que l'on obtient de si bons résultats. En effet, la plupart des imprimantes sont conçues pour les images vectorielles.

Les imprimantes matricielles des années 1980 ont été remplacées par les imprimantes laser et à jet d'encre, considérablement plus rapides (et moins bruyantes).

Rapidité d'impression

Dans le cas de formes simples, les graphiques vectoriels s'impriment plus vite qu'une image bitmap. Par exemple, un carré de dix centimètres sur dix en dessin vectoriel s'imprime en une fraction de seconde par rapport à sa version pixélisée. Pourquoi cela ? L'imprimante se contente de recueillir l'emplacement des quatre angles pour imprimer le carré composé de tracés alors qu'il lui faut examiner un à un tous les pixels de l'autre.

Impression des tracés : l'évolution des courbes de Bézier

Les imprimantes emploient la même technique qu'Illustrator pour créer des tracés : elles utilisent des points reliés par des segments. Rappelez-vous de ce jeu de votre enfance qui consistait à relier des chiffres pour voir apparaître un dessin. Au lieu de traiter tous les pixels, le code d'impression d'Illustrator indique "relier tel point à tel autre, ce point-ci à celui-là, et ainsi de suite". Il suffit ensuite d'un autre fragment de code pour commander le remplissage de la forme.

Cette formule est efficace avec des objets délimités par des segments. Quant aux courbes, c'est une autre paire de manches. Pour rendre l'effet d'une courbe, il faudrait relier une infinité de points. C'est ici que l'intelligence d'Illustrator entre en jeu. Plutôt que de relier les points par des droites, PostScript les relie par des *courbes de Bézier* (d'après le nom du célèbre mathématicien Pierre Bézier).

L'idée sous-jacente est qu'il faut quatre points pour définir une ligne courbe : un point d'ancrage pour indiquer le début du tracé, un autre pour en matérialiser la fin et deux points de contrôle intermédiaires. L'emplacement des points de contrôle par rapport aux extrémités détermine la pente et la direction de la courbe. La Figure 2.9 illustre un tracé de courbe où les poignées sont visibles.

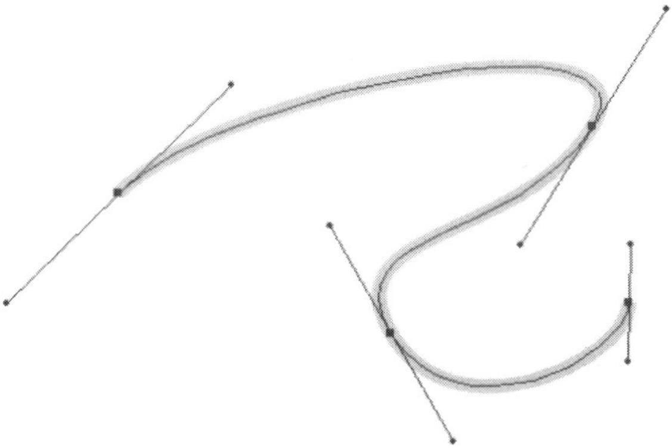

Figure 2.9 : Une courbe (en jaune) est définie par un tracé, des points d'ancrage (sur la ligne) et des points de contrôle (qui dépassent de la ligne).

Heureusement, Illustrator se charge de tous les calculs mathématiques nécessaires : une petite poignée magnétique (le *point de contrôle* de Bézier) vous permet de modifier la direction de la courbe. Son utilisation est loin d'être intuitive, mais Illustrator est ainsi capable de générer de belles courbes aux formes complexes.

Qu'est-ce qu'un vecteur ?

On désigne souvent par *graphiques vectoriels* les types de créations réalisées dans Illustrator. En mathématiques, un *vecteur* est une quantité – une force ou une vitesse par exemple – dotée d'une grandeur et d'une direction – et la ligne qui représente cette valeur. En termes artistiques, un *vecteur* est une ligne d'une taille donnée dessinée à un emplacement spécifique. Donc, les graphiques vectoriels sont uniquement composés de lignes ! Les blocs de construction de tout graphique Illustrator sont des groupes de lignes auxquels peuvent être associées d'autres informations (couleur et largeur, par exemple).

Alors, pourquoi ne pas donner à ces graphiques le nom de *dessin au trait* ? Malheureusement, ce terme existe déjà. Le dessin au trait est un type spécifique de graphisme traditionnel. On aurait pu choisir le nom d'illustrations Illustrator, mais cette formule est redondante et imprécise. Ce livre suit donc la convention et emploie le terme de graphiques vectoriels pour désigner ceux créés dans Illustrator. Très bientôt, vous y viendrez aussi !

Anatomie d'un tracé

La notion de tracé peut faire penser à une épine dans le pied lorsqu'on essaie d'avancer dans Illustrator. Au début, les points vous sembleront un mal nécessaire, mais mieux vous en comprendrez la structure et plus vous les manipulerez avec facilité. Vous finirez peut-être même par arrêter de vous en prendre à votre pauvre moniteur sans défense.

Points d'ancrage

Chaque tracé se compose d'une série de points appelés *points d'ancrage* car ils ancrent le tracé. Un autre type de points, le *point directeur*, détermine la direction et l'inclinaison de la courbe. Par défaut, un point est le plus souvent un point d'ancrage, qui n'apparaît que dans le tracé d'une courbe. Un tracé compte au moins deux points d'ancrage, un pour chaque extrémité (voir Figure 2.9).

À pleines poignées

Le tracé de formes de base composées de lignes droites ne contient que des points. Dès que vous introduisez des courbes, vous avez besoin de *points directeurs* (également nommés *poignées*). Ces derniers sont reliés aux points d'ancrage par des lignes directrices. Ils définissent la forme de la courbe. La Figure 2.10 illustre le tracé de l'exemple précédent avec ses points directeurs visibles.

Pour afficher les points directeurs, vous devez sélectionner la courbe avec l'outil Sélection directe.

Les poignées agissent comme des aimants. Plus vous éloignez une poignée du tracé et plus ce dernier se courbe vers la poignée. La Figure 2.11 illustre quelques variations d'un tracé entre deux points. Seule la poignée de droite a été déplacée.

Pour manipuler les poignées d'un tracé, utilisez l'outil Sélection directe (la flèche évidée en haut du panneau Outils).

1. **Cliquez sur la courbe à ajuster.**

   La courbe est sélectionnée et les points directeurs s'affichent.

   Les points directeurs ne sont visibles que si l'outil Sélection directe est sélectionné.

2. **Une fois le point directeur visible, cliquez et faites glisser la poignée.**

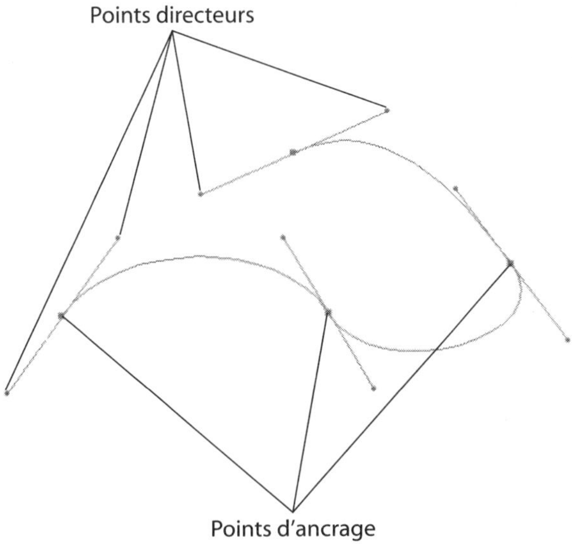

Figure 2.10 : Un tracé avec des points directeurs et des lignes directrices visibles.

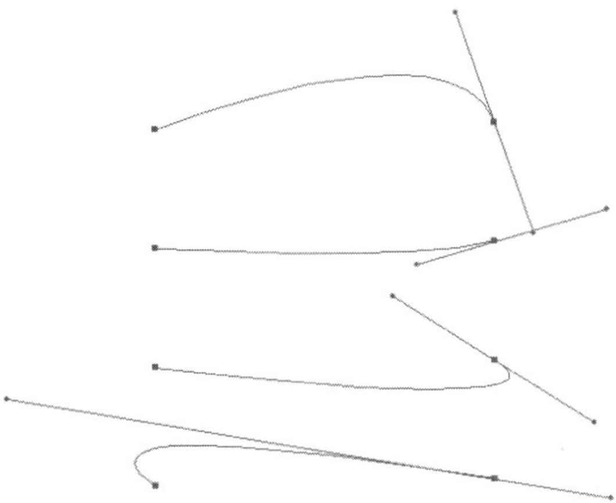

Figure 2.11 : Variations d'un tracé. Les changements dans la courbure du tracé sont dus à un déplacement de la poignée de droite.

La Figure 2.12 illustre un cercle avec ses points directeurs apparents.

On utilise des poignées pour créer des courbes, même pour les formes les plus basiques.

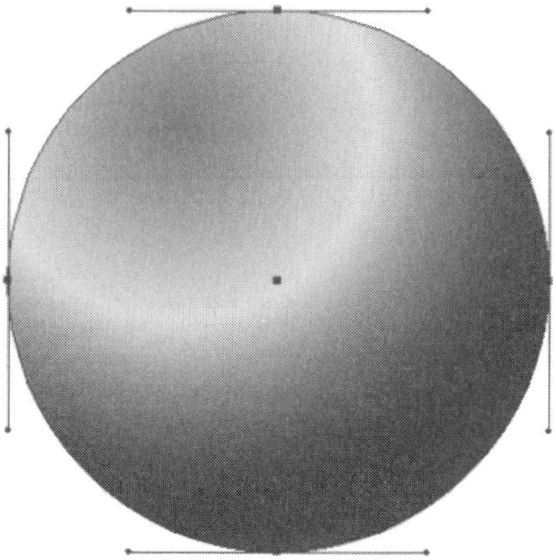

Figure 2.12 : Un cercle où toutes les poignées (points directeurs) sont apparentes.

Chapitre 3

Tâches courantes avec Illustrator

Dans ce chapitre :

- Sélectionner des objets pour les modifier.
- Déplacer des objets dans un document.
- Faire pivoter et redimensionner des objets.
- Examiner des fonctionnalités géniales comme les masques, les effets de transparence et les dégradés.

Pour les novices, le plus dur dans Illustrator est d'en comprendre les fonctions. Celles-ci sont si nombreuses et variées que leur emploi est loin d'être évident. Même les utilisateurs expérimentés découvrent souvent une commande masquée capable d'effectuer en une seule opération ce qui leur demandait d'ordinaire de nombreuses opérations alambiquées. Ce chapitre expose une partie de ce que vous pouvez accomplir dans Illustrator (dans la limite d'un seul chapitre).

Sélectionner et déplacer des éléments

Pour travailler avec un objet d'Illustrator, vous devez d'abord le sélectionner. Une fois que vous aurez fait vôtre ce principe, vous comprendrez beaucoup mieux les fonctions du programme.

Illustrator offre un vaste choix de méthodes de sélection, dont cinq outils, un jeu de raccourcis clavier et plusieurs commandes de menu. Heureusement, il suffit de maîtriser une ou deux techniques pour s'en sortir comme un pro. Gardez simplement à l'esprit que les outils de sélection permettent de sélectionner presque tout dans votre document.

Au Chapitre 6, je traiterai plus en détail les techniques de sélection de tracés et d'objets. Dans ce chapitre, vous allez découvrir toutes les méthodes de sélection : outils, commandes et éléments de menu.

Comparer les outils de sélection

Illustrator propose cinq outils de sélection dont le choix dépend du type du ou des objet(s) à sélectionner. En voici une liste :

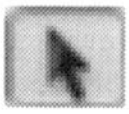

- **Sélection.** Cette flèche noire unie représente l'outil de sélection général. Pour sélectionner des tracés ou des groupes entiers, cliquez sur ces éléments ou entourez-les. Si l'objet sur lequel vous avez cliqué ou que vous avez entouré appartient à un groupe, tous les tracés et les objets de ce groupe sont également sélectionnés. (Vous en saurez plus sur les tracés et les groupes plus loin dans ce chapitre). L'outil Sélection, situé en haut du panneau Outils, est simple mais puissant.

- **Sélection directe.** Également appelé *flèche évidée* ou *flèche blanche*, cet outil permet de sélectionner des *portions* de tracés – points ou segments – en cliquant sur ces éléments ou en les entourant. Il sert également à sélectionner d'autres objets, comme des images ou du texte insérés. L'outil Sélection directe, situé vers le haut du panneau Outils, sélectionne uniquement les portions du tracé sur lesquelles vous avez cliqué ou que vous avez entourées.

- **Sélection directe progressive.** Cet outil ressemble à l'outil Sélection directe (une flèche évidée) orné d'un signe plus. Utilisez-le pour effectuer des sélections à l'intérieur de tracés ou de groupes. Le premier clic sélectionne l'ensemble du tracé ; le deuxième sélectionne le groupe auquel appartient le premier tracé. Si vous cliquez de nouveau, vous sélectionnez alors un groupe de groupes contenant celui où se trouve le premier groupe. L'outil Sélection directe progressive se situe au même endroit que l'outil Sélection directe. Pour y accéder, maintenez enfoncé le bouton de la souris.

- **Lasso.** Cet outil ressemble à une fine boucle. Utilisez-le pour sélectionner des points et des segments au sein d'une zone délimitée par glissement. L'outil Lasso est une variante plus souple de l'outil Sélection directe.

- **Baguette magique.** Les utilisateurs de Photoshop reconnaîtront là ce merveilleux outil. Il permet de sélectionner plusieurs objets ayant des attributs similaires (de fonds, de contours, de transparence) dans une plage de tolérance spécifique. Par exemple, vous pouvez sélectionner tous les objets dont l'épaisseur du contour se situe entre cinq et dix points. Le panneau Baguette magique contrôle les différents attributs et paramètres de tolérance. Pour plus d'informations sur la Baguette magique, reportez-vous au Chapitre 6.

Illustrator offre deux moyens d'utiliser les outils Sélection, Sélection directe et Sélection directe progressive :

- Cliquez sur l'objet ou le groupe à sélectionner puis relâchez le bouton de la souris.
- Tracez un rectangle de sélection autour des objets à sélectionner.

Le menu Sélection est une commande pratique pour réaliser des sélections : toutes les commandes de sélection d'Illustrator y sont centralisées. (Vous en saurez plus sur le menu Sélection au Chapitre 6).

Dans Illustrator, les objets sélectionnés affichent leur "squelette" – le tracé et tous les points nécessaires. Le texte et les images insérées affichent également des points (et parfois des tracés) lorsqu'ils sont mis en surbrillance, même s'ils ne sont pas constitués de tracés et de points (étrange, n'est-ce-pas ?). La Figure 3.1 illustre deux dessins d'une ampoule. Celui de gauche n'est pas sélectionné, contrairement à celui de droite. Observez les points et les tracés (en bleu) qui apparaissent sur l'objet sélectionné.

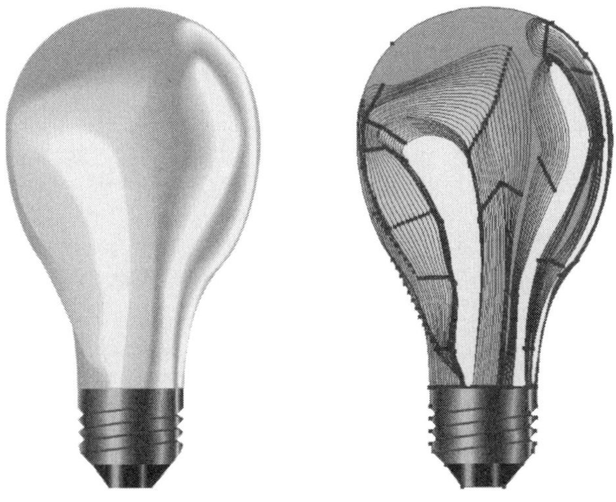

Figure 3.1 : L'ampoule de gauche n'est pas sélectionnée ; l'ampoule de droite est sélectionnée.

Une fois que vous avez sélectionné un objet, toutes sortes d'opérations sont possibles, comme changer sa couleur, le déplacer, le transformer, voire le supprimer.

Déplacer et transformer des objets

Pour déplacer un ou plusieurs objets sélectionnés, suivez ces étapes :

1. **Sélectionnez le ou les objets à déplacer à l'aide d'un outil de sélection.**
2. **Avec l'outil Sélection ou Sélection directe, cliquez sur l'objet et faites-le glisser à l'emplacement de votre choix.**

   Lorsque vous cliquez sur un objet déjà sélectionné et que vous le déplacez en utilisant l'outil Sélection ou Sélection directe, vous n'ajoutez rien à la sélection pas plus que vous ne la désactivez. L'opération ne fait que déplacer l'élément sélectionné.
3. **Relâchez le bouton de la souris une fois que l'objet est en place.**

   L'objet se trouve bien à son nouvel emplacement.

Au lieu d'utiliser la souris, vous pouvez employer les flèches directionnelles du clavier pour déplacer progressivement les éléments sélectionnés. Cette astuce fonctionne indépendamment de l'outil sélectionné.

Dans le jargon des habitués du produit, les autres actions qui s'appliquent aux objets s'appellent des *transformations*. Elles comprennent la rotation, la mise à l'échelle, la copie miroir et l'inclinaison. Illustrator regroupe tous ces outils de transformation au centre du panneau Outils. Indépendamment de l'outil de transformation utilisé, le processus décrit dans la Figure 3.2 s'apparente à celui du déplacement d'objet. Suivez ces étapes :

1. **Sélectionnez l'objet à transformer à l'aide d'un outil de sélection.**

2. **Choisissez l'outil Rotation (ou tout autre outil de transformation) dans le panneau Outils.**
3. **Cliquez sur l'objet sélectionné et faites glisser le pointeur.**

   Pendant le glissement, les contours de l'objet donnent un aperçu du résultat de la transformation.
4. **Relâchez le bouton de la souris quand l'aperçu vous convient.**

Figure 3.2 : L'objet d'origine (à gauche), pendant la rotation (au milieu) et après la rotation (à droite).

Une fois le bouton relâché, l'objet est transformé.

Pour plus d'informations sur la transformation d'objets, voir le Chapitre 12.

Déformer des tracés par distorsion

Le déplacement et la transformation de tracés modifient leur apparence, mais ils demeurent reconnaissables même sous un angle différent, à une autre échelle ou à une autre taille. En revanche, les *distorsions* les transforment radicalement. (Pour plus d'informations sur les tracés, reportez-vous au Chapitre 2).

Illustrator offre plusieurs techniques de distorsion des tracés qui sont pour la plupart basées sur des effets. Celles-ci se trouvent dans le menu Effet/Distorsion (voir Figure 3.3) et permettent de créer toutes sortes d'effets intéressants (et d'autres franchement affreux).

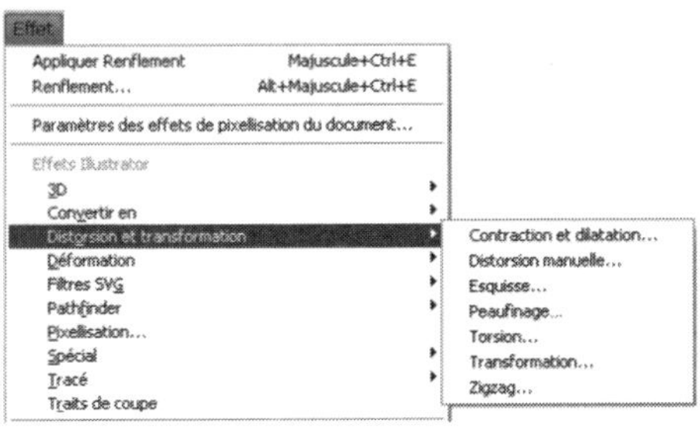

Figure 3.3 : Les options du menu Distorsion et transformation.

Il n'existe pas de "bons" réglages pour les effets de déformation, mais ils produisent des changements immédiats et radicaux. Une option d'*aperçu* vous permet également de visualiser les modifications avant de les rendre permanentes.

La Figure 3.4 présente un tracé rudimentaire grossièrement déformé de plusieurs manières grâce à divers effets de distorsion.

Figure 3.4 : Le tracé d'origine (à gauche) avec les distorsions Contraction, Esquisse, Zig-zag et Griffonnage.

Pour utiliser un effet de distorsion, procédez comme suit :

1. **Sélectionnez votre création à l'aide d'un outil de sélection.**
2. **Choisissez Effet/Distorsion et transformation/Contraction et dilatation (*ou tout autre effet*).**

   Une boîte de dialogue s'ouvre avec des options différentes en fonction de l'effet de distorsion choisi. (Par exemple, la Figure 3.5 présente les options de l'effet Contraction et dilatation). Cochez la case Aperçu pour prévisualiser le résultat de cet effet sur votre illustration.

3. **Faites glisser le curseur (un petit triangle situé sous la barre horizontale) pour définir l'ampleur de la distorsion.**

   Faites glisser le curseur vers la gauche et observez le résultat (la valeur diminue et l'objet se modifie). Faites-le glisser vers la droite (augmentez la valeur) et observez de nouveau – le changement est d'une tout autre nature.

4. **Lorsque le résultat vous convient, cliquez sur OK.**

   Si le résultat obtenu ne vous convient pas, cliquez sur Annuler pour quitter l'effet sans modifier votre illustration.

   TRUC

   N'OUBLIEZ PAS

   Tous les effets agissent uniquement sur *l'apparence* de votre illustration et non sur l'illustration elle-même. Vous pouvez sélectionner à tout moment l'objet d'origine et supprimer l'effet dans le panneau Aspect. (Pour plus d'informations sur les effets et le panneau Aspect, reportez-vous au Chapitre 11).

Pour modifier de façon définitive une illustration après lui avoir appliqué une distorsion, utilisez le jeu d'outils Déformation accessible

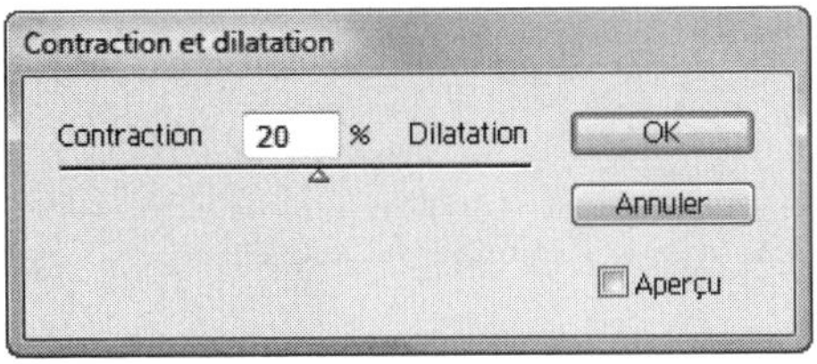

Figure 3.5 : La boîte de dialogue Contraction et dilatation.

depuis le panneau Outils. L'outil Déformation et tous les outils sous-jacents modifient rapidement des tracés de manières souples et très complexes.

Organiser les objets

Illustrator offre de nombreux outils pour agencer votre travail. Vous pouvez changer l'ordre de superposition des objets, les grouper ou les répartir sur plusieurs calques pour une organisation complexe.

Pour placer un objet à l'arrière-plan, derrière tous les autres, comme dans la Figure 3.6, suivez ces étapes. À gauche, la grille verte se trouve devant le Meeple, à droite, elle se place derrière.

Figure 3.6 : Déplacer un objet à l'arrière-plan.

1. **Utilisez un outil de sélection pour sélectionner l'objet à placer derrière un autre.**

2. **Choisissez Objet/Disposition/Arrière-plan.**

   L'objet sélectionné passe derrière tous les autres objets du document.

À l'inverse, choisissez Objet/Disposition/Premier plan pour ramener l'objet sélectionné à l'avant de *tous* les objets du document. Pour déplacer un objet sélectionné *d'un seul niveau* vers l'avant ou vers l'arrière d'une pile de trois objets ou plus, utilisez les options En avant ou En arrière. La commande Envoyer vers le calque sélectionné place l'objet sélectionné sur le calque actif dans le panneau Calques.

Ces commandes contrôlent la superposition des objets dans un document. Il est également possible de grouper une série d'objets afin qu'ils restent liés (et tous les sélectionner en même temps). Voici comment procéder :

1. **Sélectionnez les objets à grouper.**

   Tracez un rectangle de sélection autour des objets ou maintenez enfoncée la touche Maj et cliquez sur chaque objet à insérer dans le groupe.

2. **Choisissez Objet/Associer.**

   Les objets sont désormais groupés. La prochaine fois que vous cliquerez sur l'un de ces éléments avec l'outil de sélection classique, ils seront tous sélectionnés.

TRUC

Il est possible d'associer deux ou plusieurs groupes pour former un groupe plus important. Vous pouvez sélectionner des objets avec un ou plusieurs groupe(s) et créer ainsi un groupe indépendant. Associez ensuite ce groupe à d'autres groupes ou objets. Si vous n'avez pas encore perdu complètement la tête, vous pouvez encore associer ce dernier groupe à d'autres groupes ou objets. Et ainsi de suite jusqu'à ce que l'on vous conduise dans un asile de fous.

Pour organiser votre travail, une autre solution encore plus efficace consiste à placer des objets liés sur des calques. Ces derniers reprennent le principe des feuilles de papier-calque transparent. Voici quelques informations utiles sur les calques :

- Un calque peut contenir autant d'éléments que vous le souhaitez.
- Vous pouvez sélectionner simultanément tous les éléments d'un calque.
- Vous pouvez verrouiller des calques pour empêcher leur sélection ; toutefois, ceux-ci restent visibles à l'écran.
- Vous pouvez masquer un calque (et tout ce qu'il contient) pour faire disparaître son contenu comme si vous l'aviez supprimé. En revanche, vous pouvez à tout moment revenir en arrière.
- Il est possible d'appliquer des apparences et des styles directement à des calques.
- Vous créez, sélectionnez et masquez (entre autres) des calques grâce au panneau Calques (voir Figure 3.7).

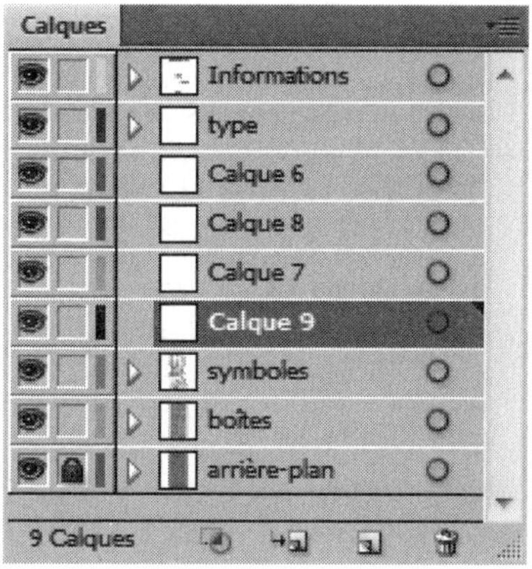

Figure 3.7 : Le panneau Calques.

Passer aux choses sérieuses

Vous est-il déjà arrivé de regarder une illustration avec perplexité en vous demandant : Mais comment ont-ils fait *ça* ? Il est fort probable que la technique ne soit pas aussi complexe qu'il n'y paraît. Illustrator propose en effet une multitude de fonctions spéciales pour réaliser des effets surprenants sans effort. Seul problème : avant de courir, vous devez apprendre à marcher. Dans Illustrator, cela signifie être capable de créer des formes simples, de leur appliquer des couleurs et de les placer devant ou derrière une autre forme (voir les Chapitres 4, 5 et 6, respectivement).

Une fois ces compétences acquises, vous pouvez passer à des choses plus amusantes. Vous serez étonné de voir tout ce que vous pouvez faire à l'aide d'une commande ou deux.

Transparence

Dans Illustrator, les formes remplies de couleurs unies ou de dégradés recouvrent les objets situés à l'arrière-plan. Comme on l'a vu à la section précédente, il est possible de placer un objet sous d'autres objets en le sélectionnant à l'aide d'un outil de sélection et en choisissant Objet/Disposition/Arrière-plan. Toutefois, on ne peut pas voir à travers une forme.

La transparence vient contrecarrer ces règles en autorisant une opacité partielle (de 0% pour une transparence totale à 100% pour une opacité totale en passant par toutes les valeurs intermédiaires) qui laisse voir les objets à l'arrière-plan. La Figure 3.8 montre cette transparence de base à l'œuvre avec un logo translucide qui apparaît à l'avant-plan d'une image représentant une ville.

Figure 3.8 : Le logo de Moolaville est partiellement transparent.

N'OUBLIEZ PAS

Utilisez cette fonction pour créer des zones plus ou moins transparentes ou pour obtenir des effets intéressants en fusionnant les couleurs de formes superposées. Pour plus d'informations sur la transparence, reportez-vous au Chapitre 10.

Dégradés de forme

Dans les années 1990, le *morphing* était très tendance, tant au cinéma qu'à la télévision. Cette technique consiste à opérer une transition progressive entre deux images, de sorte que la première semble se fondre comme par magie dans la deuxième. Dans Illustrator, il existe une technique similaire – le *dégradé de formes* – pour transformer un objet en un autre. Vous choisissez le nombre d'étapes.

Le dégradé modifie la couleur, la forme et la taille d'un objet pour produire des effets épatants. Les dégradés de forme définis dans Illustrator se font "en direct", ce qui signifie que vous pouvez effectuer un dégradé de forme entre des objets et les modifier ensuite. Les objets intermédiaires s'actualisent automatiquement pour refléter les changements apportés aux objets d'origine. Vous pouvez ainsi améliorer l'apparence du dégradé sans répéter l'opération. La Figure 3.9 illustre un dégradé de forme entre une ellipse violette et une étoile jaune. Seuls les objets de gauche et de droite ont été dessinés. Les formes intermédiaires sont générées par l'outil Dégradé de formes qui calcule une moyenne entre les objets de départ et d'arrivée. Je traiterai les dégradés de forme plus en détail au Chapitre 12.

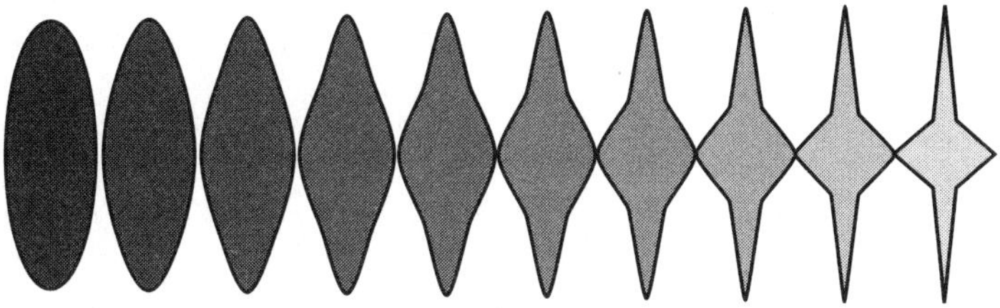

Figure 3.9 : Un exemple de dégradé entre deux objets.

Masques d'écrêtage

Dans Illustrator, un *masque d'écrêtage* (appelé simplement masque par les utilisateurs expérimentés) est un tracé qui sert à masquer des objets situés à l'extérieur de son champ. Par exemple, il est possible de masquer sur un dessin la zone située à l'extérieur d'un tracé. Seule la zone contenue dans les limites du tracé est visible. La création d'un masque d'écrêtage, comme le montre la Figure 3.10, est très simple. Voici comment procéder.

1. **Créez l'image d'origine ou l'illustration que vous souhaitez masquer.**

2. **Créez le dessin ou le texte à utiliser en guise de masque.**

   Le dessin situé en dessous du masque d'écrêtage peut contenir autant d'éléments que vous le souhaitez et être très complexe. Le tracé supérieur masque tous les tracés sous-jacents. Vous pouvez utiliser n'importe quel outil pour créer ce tracé (comme l'outil Plume, Crayon ou Rectangle).

3. **Sélectionnez l'objet qui servira de masque et l'illustration à masquer, puis choisissez Objet/Masque d'écrêtage/Créer.**

   Toutes les portions de la section en dehors du tracé du masque sont cachées et le tracé du masque devient visible. Rappelez-vous que lorsque vous créez un masque, rien n'est supprimé. Les objets sont juste cachés. Vous pouvez restaurer votre création à son état initial en choisissant Objet/Masque d'écrêtage/Annuler. (Vous en saurez plus sur les masques d'écrêtage au Chapitre 10).

Figure 3.10 : Masquer une image avec du texte.

Tracés composés

Les *tracés composés* associent deux ou plusieurs tracés de sorte que l'un des tracés se combine à un autre tracé invisible. Ils peuvent paraître compliqués mais, si vous avez déjà saisi du texte dans un programme informatique, vous les employez depuis longtemps sans même le savoir. Pour superposer un dessin à un autre objet et voir à travers les vides du dessin, vous utilisez des tracés composés, comme dans la Figure 3.11.

Le chiffre huit se compose de trois tracés. Les deux tracés du milieu sont des *ouvertures* – des zones transparentes qui laissent voir l'arrière-plan.

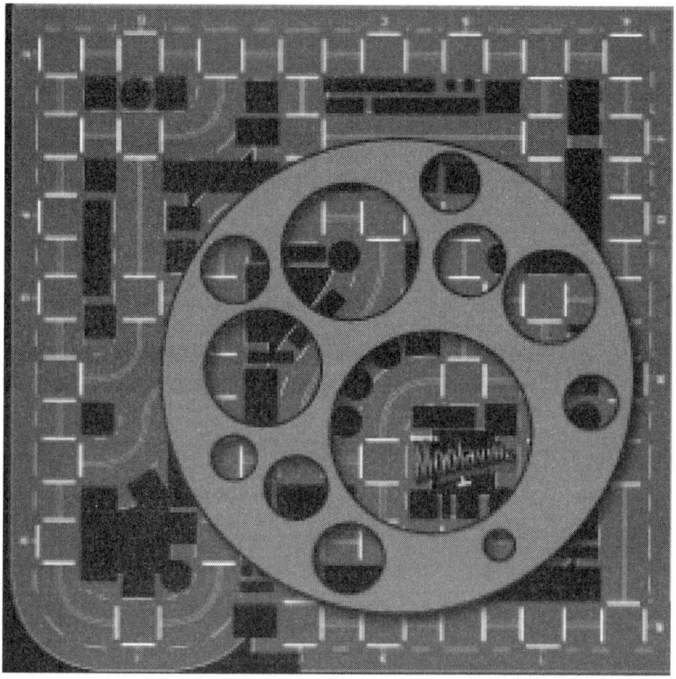

Figure 3.11 : Un grand tracé composé rond est superposé à un arrière-plan (visible à travers les nombreux trous circulaires).

Comme vous pouvez l'imaginer, les caractères d'imprimerie possèdent de nombreuses ouvertures : ce sont tous des tracés composés. Par exemple, de nombreuses lettres sont de vrais tracés composés, comme les lettres *B* ou *O*. Un caractère classique, comme un *a* minuscule, se compose de deux tracés : l'ouverture du milieu en est un. Pour transformer comme par magie du texte en objet graphique formé de tracés :

1. **Sélectionnez le texte avec un outil de sélection.**
2. **Choisissez Texte/Vectoriser.**

   L'objet texte se transforme en une série de tracés composés (que vous pouvez modifier comme n'importe quel autre tracé).

Vous pouvez ensuite créer autant de tracés superposés que vous le souhaitez. Pour ce faire, sélectionnez-les et choisissez Objet/Tracé transparent/Créer. À l'inverse, pour convertir le tracé composé en deux (ou plusieurs) tracés individuels, sélectionnez le tracé composé et choisissez Objet/Tracé transparent/Annuler. La Figure 3.12 montre ce qui se produit lorsque vous annulez des tracés transparents qui étaient au départ des objets texte. Les parties creuses des lettres se remplissent car l'objectif du tracé composé était de les rendre transparentes.

Figure 3.12 : Mot sous forme de texte (en haut), de tracés composés (au milieu) et de tracés composés après annulation (en bas).

Les tracés composés fonctionnent mieux si vous restez dans la simplicité. Si vous empilez trop d'objets et que vous créez un tracé composé, les ouvertures peuvent apparaître là où vous ne l'attendiez pas. En revanche, si vous vous limitez à la superposition de deux objets en un même point, vous obtiendrez des résultats splendides.

Grâce aux formes composées, Illustrator s'est encore amélioré et vous offre un moyen simple et efficace de créer des tracés composés. Vous les retrouverez dans toute leur splendeur au Chapitre 4.

Halos

L'outil Halo permet de créer des effets aussi réalistes que ceux d'une photographie, bien qu'ils soient entièrement vectoriels (voir Figure 3.13). Vous pouvez donc aisément les modifier, les déplacer et les mettre à l'échelle, pour obtenir précisément le résultat attendu.

Pour créer votre propre halo, commencez par concevoir un dessin attractif, remplissez-le des couleurs de votre choix puis suivez ces étapes :

1. **Sélectionnez l'outil Halo.**

   Celui-ci partage le même emplacement que l'outil Rectangle.

2. **Double-cliquez sur l'outil Halo pour afficher sa boîte de dialogue Options (voir Figure 3.14) ; jouez sur les différents paramètres puis cliquez sur OK.**

Figure 3.13 : Un soleil banal (à gauche) est transformé en une étoile éblouissante avec ses rayons et ses auréoles.

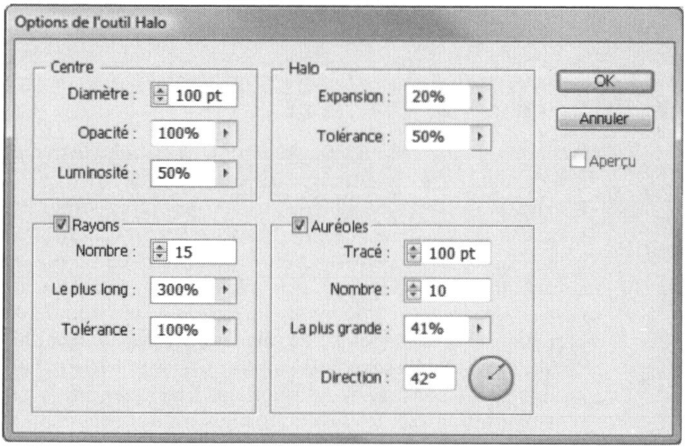

Figure 3.14 : La boîte de dialogue Options de l'outil Halo.

Voici les paramètres utilisés pour la Figure 3.14 :

Centre	Opacité 100% et Luminosité 50%
Halo	Expansion 20% et Tolérance 0%
Rayons	Nombre 15, Le plus long 300% et Tolérance 100%
Auréoles	Tracé 100 pt, Nombre 10, La plus grande 41% et Direction 42°

3. **Placez le curseur là où vous souhaitez définir la source de lumière puis cliquez et faites glisser le pointeur.**

   De belles lignes et des cercles devraient apparaître. Il s'agit des rayons et du halo.

Utilisez les flèches directionnelles pour augmenter ou diminuer de manière interactive le nombre de rayons.

4. **Placez le curseur à l'endroit où vous souhaitez centrer vos auréoles. Cliquez et faites glisser le pointeur.**

   En glissant, vous déterminez également la longueur du halo.

   Des cercles de taille et d'opacité diverses apparaissent comme par magie sur votre image. Votre soleil devrait maintenant être paré d'un magnifique halo lumineux.

5. **Désélectionnez le halo en cliquant sur une zone vide de votre document à l'aide d'un outil de sélection puis admirez le résultat. Si vous n'êtes pas pleinement satisfait, sélectionnez le halo que vous venez de dessiner, double-cliquez sur l'outil Halo et modifiez les paramètres.**

Sauvegarder la planète

D'accord, peut-être que la sauvegarde de la planète est une exagération, mais celle de votre travail est sans conteste la chose la plus importante à faire dans Illustrator. Et vous vous sentirez certainement l'âme d'un sauveur lorsque votre client vous informera – après 40 heures de travail – qu'il a besoin que les graphiques fonctionnent sous AutoCAD. Ce à quoi vous lui répondrez : "Bien entendu, pas de problème !" au lieu de fondre en larmes. Ou lorsque la moindre parcelle de votre graphique se présentera aussi bien sur le Web qu'à l'impression. Ou lorsque vous subirez une panne d'ordinateur sans perdre de données. Tous ces scénarios héroïques reposent entièrement sur les puissantes fonctionnalités d'enregistrement d'Illustrator qui se trouvent dans le menu Fichier : Enregistrer, Enregistrer sous, Enregistrer une copie, Enregistrer pour le Web et Exporter.

Enregistrer

La commande Enregistrer écrit le fichier sur votre disque dur, ce qui représente la méthode la plus rapide pour enregistrer un document. Les fichiers Illustrator portent l'extension `.ai`.

L'enregistrement crée non seulement un fichier qu'Illustrator pourra lire, mais également un fichier PDF du meilleur aloi. Ainsi, quiconque possède Acrobat ou Adobe Reader pourra le lire et l'imprimer.

Si vous ouvrez un fichier d'une ancienne version d'Illustrator et que vous cliquez sur le bouton Enregistrer d'Illustrator CS4, il est enregistré comme un fichier Illustrator CS4. Pour enregistrer un fichier de sorte qu'il soit compatible avec une ancienne version, utilisez la commande Exporter.

Deuxième partie

Dessin et couleur

"C'est une très belle image numérisée du portrait de ta sœur. Maintenant, tu ferais mieux d'enlever celle du boa constricteur avant qu'elle ne revienne."

Dans cette partie...

Vous allez découvrir les fondamentaux du dessin et de la couleur dans Illustrator. Rappelez-vous cette énorme boîte de 64 pastels que votre tante Lucie vous avait offerte pour votre premier anniversaire ? Vous souvenez-vous qu'ils avaient un goût de cire et que vous vous demandiez ce que pouvaient bien vouloir dire "Terre de Sienne" et "Vert Véronèse" ? Et l'excitation que vous avez éprouvée lorsque vous avez tracé votre premier trait et imaginé l'artiste que vous seriez un jour ? D'accord, vous avez sans doute tout oublié. Mais vous étiez probablement aussi enthousiaste qu'à ce jour, avec tout l'univers de formes et de couleurs qui s'ouvre à vous. Cette fois, il se présente sous une forme numérique et il a meilleur goût (même si les noms des couleurs sont tout aussi étranges).

Chapitre 4

Formes de base

Dans ce chapitre :

- Créer facilement des objets.
- Personnaliser des objets de base.
- Combiner des objets pour en créer de nouveaux.

Dans ce chapitre, vous allez apprendre à utiliser les outils de création de formes et acquérir de bonnes bases pour comprendre et exploiter des fonctionnalités plus complexes. Vous verrez également comment combiner des formes simples. Même si ces outils servent à générer des formes élémentaires, ils ne sont aucunement limités, surtout si vous les employez en conjonction avec le panneau Pathfinder – une fonctionnalité qui vous permet de combiner des formes de toutes sortes de façons intéressantes. En découvrant les possibilités surprenantes qu'ils offrent, certains en viennent même à se passer d'outils plus complexes, comme la Plume et le Crayon.

Créer des formes de base

Illustrator dispose de six outils pour créer des formes. Vous pourriez employer en lieu et place la Plume, mais ce serait vous infliger des tourments inutiles : ces outils sont spécialisés et facilitent la création. Ils portent le nom (et ont l'aspect) des formes qu'ils dessinent. Ils se trouvent dans une seule case du panneau Outils. Pour les faire apparaître, cliquez longuement sur l'outil Rectangle (voir Figure 1.1).

- **Rectangle.** Utilisez cet outil pour tracer des rectangles et des carrés. Pour obtenir un carré parfait, maintenez la touche Maj enfoncée.
- **Rectangle arrondi.** Comme son nom l'indique, il arrondit les angles des rectangles et des carrés qu'il dessine. Bon d'accord,

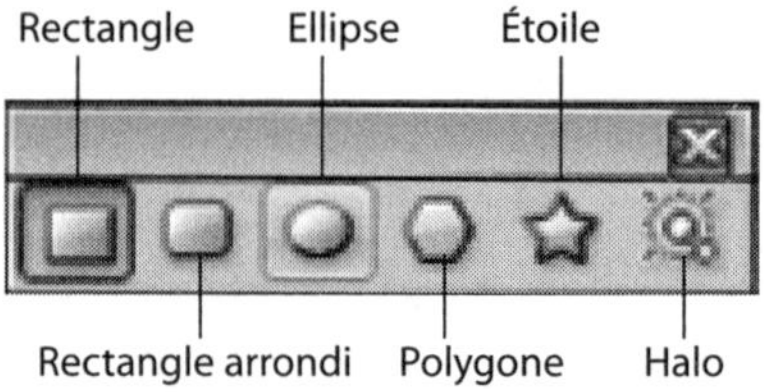

Figure 4.1 : Les six outils de création de formes.

il y a contradiction dans les termes : par définition, un rectangle est un quadrilatère qui possède quatre angles droits. Mais Euclide devrait nous pardonner.

- **Ellipse.** Utilisez cet outil pour dessiner des ellipses et des cercles. Pour obtenir un cercle parfait, maintenez la touche Maj enfoncée.
- **Polygone.** Utilisez cet outil pour créer des objets d'un nombre de côtés quelconque – de 3 à 1000 plus précisément – chaque côté ayant la même longueur (équilatéraux). Vous obtiendrez des triangles, des pentagones, des hexagones, etc.
- **Étoile.** Cet outil dessine des étoiles ayant de 3 à 1000 branches (points).
- **Halo.** Utilisez-le pour obtenir des effets de halo et des reflets photoréalistes, bien qu'entièrement vectoriels. Tous les détails sur cet outil sensationnel au Chapitre 3.

Dessiner des rectangles et des carrés

Illustrator offre des outils simples pour dessiner plusieurs types de rectangles et des carrés. Choisissez votre forme et utilisez le bon outil.

Rectangle

Sélectionnez l'outil Rectangle dans le panneau Outils, puis cliquez et faites glisser le pointeur à l'emplacement voulu. Un rectangle apparaît lorsque vous relâchez le bouton de la souris.

Carré

La procédure est légèrement différente :

1. **Choisissez l'outil Rectangle dans le panneau Outils.**

2. **Cliquez et glissez avec l'outil. Ne relâchez pas encore le bouton de la souris.**

   Vous obtenez un rectangle.

3. **Appuyez sur la touche Maj.**

   Le rectangle se transforme en carré.

4. **Maintenez la touche Maj enfoncée et relâchez le bouton.**

   ATTENTION !

   N'arrêtez pas d'appuyer sur Maj avant d'avoir lâché le bouton, sinon le carré redeviendrait un rectangle.

   Un carré apparaît.

5. **Relâchez la touche Maj.**

Rectangle aux coins arrondis

Choisissez le Rectangle arrondi (caché derrière l'outil Rectangle) et procédez comme avec ce dernier. Pour obtenir un carré aux angles arrondis, appuyez simultanément sur la touche Maj.

N'OUBLIEZ PAS

Vous pouvez accéder à n'importe quel outil caché en cliquant sur l'outil visible pendant une seconde, ce qui fait apparaître tous les autres.

Rectangle d'une taille précise

Pour tracer un rectangle de dimensions précises (par exemple 28 points sur 42), sélectionnez l'outil Rectangle, cliquez et relâchez le bouton de la souris, mais ne faites pas glisser le pointeur. La boîte de dialogue de la Figure 4.2 s'affiche.

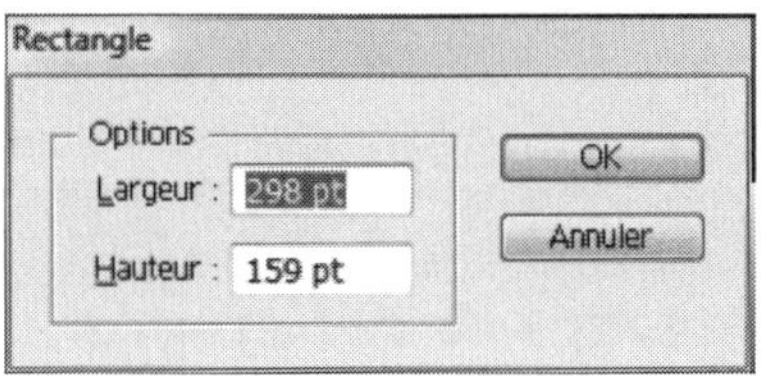

Figure 4.2 : Définissez ici les dimensions du rectangle.

Tapez des valeurs dans les champs Largeur et hauteur et cliquez sur OK. Illustrator trace un rectangle selon ces spécifications. Pour créer un carré, il suffit de définir une hauteur et une largeur identiques.

Note : vous pouvez déplacer chaque forme en cliquant dessus et en la faisant glisser avec l'outil Sélection ordinaire (noir).

Illustrator place l'angle supérieur gauche du rectangle à l'endroit où vous avez cliqué avec l'outil Rectangle. Si vous appuyez simultanément sur la touche Option (Mac) ou Alt (Windows), il place le *centre* du rectangle à l'emplacement où vous cliquez.

Dessiner des ellipses et des cercles

Avec Illustrator, dessiner une ellipse ou un cercle est un jeu d'enfants.

- **Pour tracer une ellipse.** Choisissez l'outil Ellipse, cliquez et faites-le glisser dans votre document. Une ellipse apparaît lorsque vous relâchez le bouton de la souris.
- **Pour tracer un cercle parfait.** Appuyez sur la touche Maj tout en dessinant avec l'outil Ellipse.

Si vous appuyez sur la touche Options (Mac) ou Alt (Windows) en même temps que vous cliquez (mais sans glisser) avec l'outil Ellipse, Illustrator place le centre de l'objet à partir de l'endroit où vous cliquez au lieu de prendre comme repère son bord supérieur gauche.

Comme avec l'outil Rectangle, cliquer (sans glisser) provoque l'affichage de la boîte de dialogue Ellipse (voir Figure 4.3). Vous pouvez y saisir les dimensions souhaitées. Ces valeurs représentent le grand et le petit axe. Si vous entrez deux nombres identiques (comme à la Figure 4.3), vous obtenez un cercle.

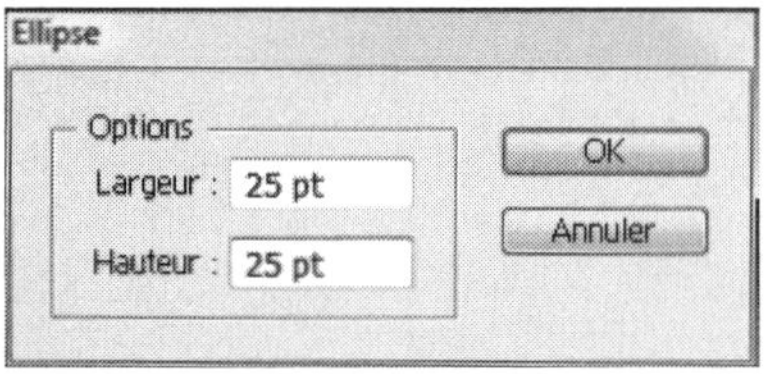

Figure 4.3 : Définissez ici les dimensions de l'ellipse.

Créer des polygones et des étoiles

Illustrator possède des outils spécialement conçus pour les polygones et les étoiles. Comme pour les rectangles et les ovales, vous pourriez les dessiner avec l'outil Plume, mais des outils dédiés facilitent le processus et apportent rapidité et précision. Leur emploi est très simple et similaire à celui des outils précédents. Il suffit de cliquer, de faire glisser l'outil et de relâcher le bouton de la souris quand la forme a la taille voulue. De même, un clic (sans glisser) sur l'outil Polygone ou Étoile ouvre sa boîte de dialogue, qui permet de spécifier la taille exacte de la forme (ainsi que d'autres attributs).

Polygones

Pour créer des polygones, il suffit de cliquer-glisser avec l'outil Polygone. Quand la forme a la taille désirée, relâchez le bouton de la souris. Le nouveau polygone apparaît. Comme ces objets sont plus complexes que les ellipses ou les rectangles, vous accédez à des fonctions spéciales en appuyant sur certaines touches. Pour personnaliser votre figure, appuyez sur l'une d'elles en faisant glisser le pointeur :

- **Maj.** Aligne l'un des côtés du polygone parallèlement au bas de la page.
- **Touches directionnelles.** Augmentent ou diminuent le nombre de côtés du polygone.
- **Barre d'espace.** Déplace le polygone pendant que vous le tracez (au lieu de changer sa taille).
- **Pourcentage (%).** Crée plusieurs polygones pendant que vous tracez. Les polygones peuvent être si nombreux qu'ils ont l'air de ne former qu'une seule figure mais chaque forme est une entité séparée que vous pouvez détacher et placer n'importe où. Cette fonction crée des effets tout à fait étonnants, comme le montre la Figure 4.4.

Figure 4.4 : Pour produire un effet unique, appuyez sur la touche pourcentage (%) en dessinant votre polygone.

TRUC

Pour utiliser cette fonction, relâchez le bouton de la souris avant de relâcher la touche, ou toutes les formes dupliquées disparaîtront. Cette technique fonctionne aussi avec les autres formes !

Pour obtenir l'effet de tournoiement, faites glisser la souris alternativement dans le sens horaire et antihoraire.

Cliquer (sans glisser) avec l'outil Polygone ouvre sa boîte de dialogue (voir Figure 4.5). La taille d'un polygone n'est pas définie par une largeur et une hauteur, mais par un rayon. Tous ses côtés sont à égale distance du centre : c'est la valeur du rayon. Pour créer un polygone d'une largeur donnée, tapez une valeur égale à la moitié de la largeur voulue dans le champ Rayon. Vous pouvez choisir un nombre de côtés compris entre 3 et 1000.

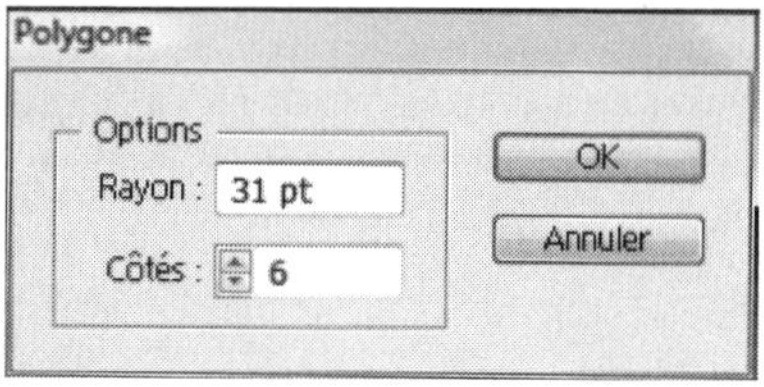

Figure 4.5 : Définissez ici les dimensions du polygone.

Étoiles

Pour créer une étoile, il suffit de cliquer et glisser avec l'outil Étoile. Relâchez le bouton de la souris : une étoile est née. Les étoiles sont encore plus complexes que les polygones. Heureusement, vous disposez de plusieurs touches pour les personnaliser. En voici la liste :

- **Maj.** Aligne les deux points du bas parallèlement aux bords de la page.
- **Touches directionnelles.** Augmentent ou diminuent le nombre de branches.
- **Commande (Mac)/Ctrl (Windows).** Contraint le rayon interne, le rayon externe continuant à varier.
- **Barre d'espace.** Déplace l'étoile (au lieu de changer sa taille).
- **Pourcentage (%).** Crée plusieurs étoiles identiques.

Cliquer (sans glisser) avec l'outil Étoile ouvre sa boîte de dialogue (voir Figure 4.6). Les étoiles ont deux rayons, que vous pouvez spécifier. Le premier détermine la distance des points internes par rapport au centre. Le second détermine celle des points externes. Vous pouvez également définir le nombre de points. Une fois les paramètres définis, cliquez sur OK.

Quand vous avez créé une étoile en remplissant la boîte de dialogue Étoile, chaque étoile que vous créez par glissement reprend plus ou moins les mêmes paramètres. Indépendamment de sa taille, elle a le même nombre de branches (sauf si vous le modifiez avec les touches

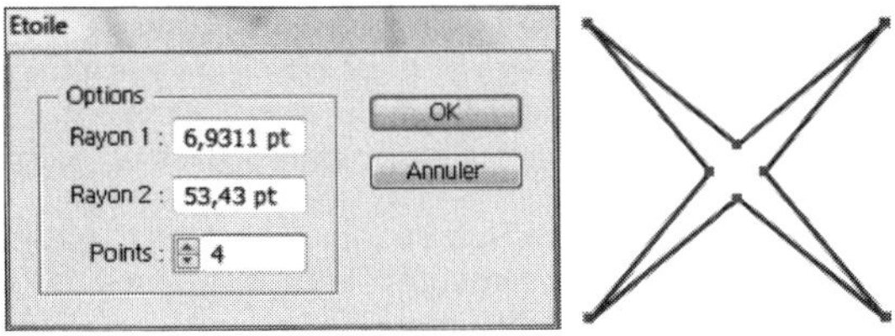

Figure 4.6 : Choisissez le nombre et la longueur des branches.

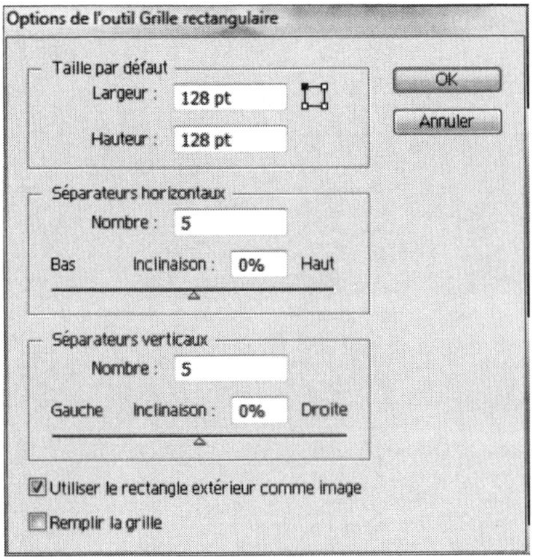

Figure 4.7 : La boîte de dialogue Options de l'outil grille rectangulaire.

directionnelles), et les deux rayons conservent les mêmes proportions, sinon la même taille. Par exemple, si vous entrez 40 mm pour le premier rayon et 20 pour le second, ce dernier sera toujours inférieur de 50 % pour toutes les étoiles, quelle que soit leur taille.

Créer des grilles

Utilisez l'outil Grille rectangulaire, qui partage un emplacement avec l'outil Trait, pour créer des grilles de toutes sortes de tailles et de configurations. Double-cliquez sur l'outil Grille rectangulaire, ou cliquez simplement avec sur votre plan de travail, pour accéder à la boîte de dialogue Options de l'outil Grille rectangulaire de la Figure 4.7.

Entrez des valeurs pour la taille de la grille, et pour le nombre de lignes (Séparateurs horizontaux) et de colonnes (Séparateurs verticaux) – par exemple cinq séparateurs horizontaux pour six lignes et cinq verticaux pour six colonnes. Vous pouvez également définir une valeur d'*inclinaison*, qui augmente ou diminue progressivement la taille des lignes et des colonnes. Si elle n'est pas cochée, l'option Remplir la grille génère une grille sans fond. L'option Utiliser le rectangle extérieur comme image entoure les lignes de la grille d'un rectangle.

L'outil Grille à coordonnées polaires, caché derrière l'outil Trait à droite de l'outil Grille rectangulaire fonctionne de manière similaire à ce dernier. Dans la boîte de dialogue Options de l'outil Grille à coordonnées polaires (voir Figure 4.8), vous trouverez des options liées à la taille et au nombre de séparateurs concentriques (les petits cercles inscrits dans le cercle extérieur) et les séparateurs radiaux (les lignes qui rayonnent depuis le centre).

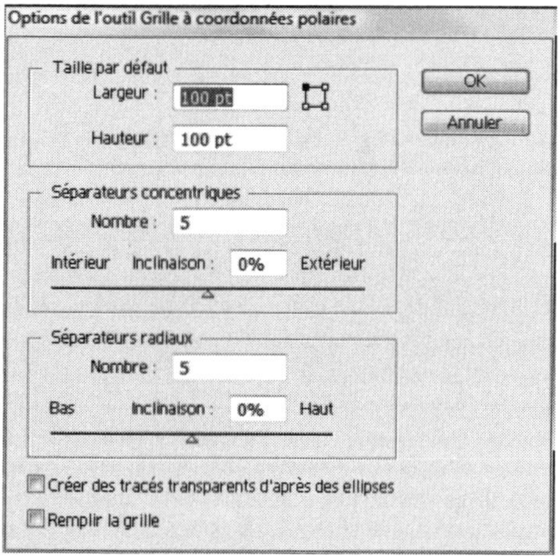

Figure 4.8 : La boîte de dialogue Options de l'outil Grille à coordonnées polaires.

L'emploi des séparateurs concentriques et radiaux crée un effet de toile d'araignée (voir Figure 4.9, partie droite). Vous disposez des mêmes options Inclinaison et Remplir la grille que pour l'outil Grille rectangulaire. L'option Créer des tracés transparents d'après des ellipses génère une grille dont un cercle concentrique sur deux est transparent. Le résultat a l'aspect d'une cible, comme à la Figure 4.9 (partie gauche).

Illustrator peut également transformer votre arrière-plan en papier millimétré électronique. Pour ce faire, choisissez Affichage/Afficher la grille. (Notez que la grille elle-même ne s'imprime pas : elle ne sert qu'à aligner et espacer les objets.) La Figure 4.10 montre un document affiché avec une grille.

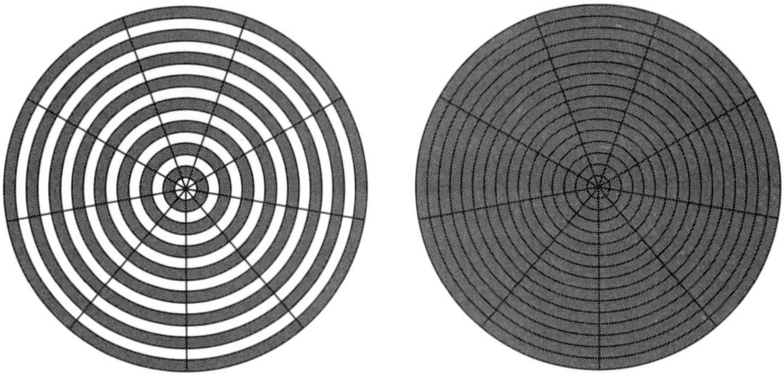

Figure 4.9 : Une grille à coordonnées polaires avec et sans l'option de tracés transparents sélectionnée.

Figure 4.10 : Une carte de Ultimate Werewolf superposée à une grille.

Assembler des formes

Les outils qui créent des formes de base sont de bons points de départ pour produire des illustrations plus élaborées, car les formes complexes ne sont que des combinaisons de formes simples. Les possibilités offertes vous étonneront. L'une des techniques les plus simples et les plus rapides consiste à utiliser le panneau Pathfinder.

Malgré son nom trompeur, celui-ci se contente de combiner ou de séparer deux ou plusieurs formes de différentes façons. Vous pouvez notamment l'utiliser pour fusionner des objets, soustraire la forme d'un objet à un autre ou découper des formes là où elles se chevauchent. Pour y accéder, choisissez Fenêtre/Pathfinder. Le panneau s'affiche, comme le montre la Figure 4.11.

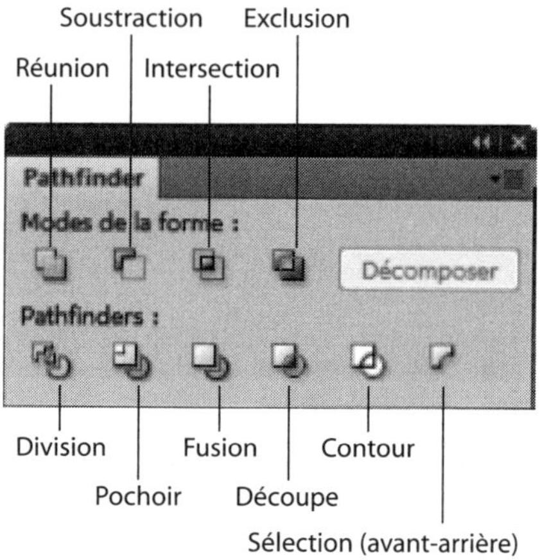

Figure 4.11 : Le panneau Pathfinder offre de nombreuses possibilités pour créer des formes complexes.

Son emploi est la simplicité même. Il suffit de sélectionner les objets voulus avec un outil de sélection quelconque (en maintenant la touche Maj enfoncée) et de cliquer dans le panneau sur le bouton correspondant à l'opération désirée.

N'OUBLIEZ PAS

Savoir sur quel bouton cliquer n'est pas toujours évident. Ne vous inquiétez pas : retenez simplement que vous en trouverez toujours un pour vous aider quand vous devrez combiner ou séparer deux ou plusieurs objets. Cliquez sur un bouton : si le résultat ne vous donne pas satisfaction, choisissez Édition/Annuler et essayez-en un autre. Si vous prenez le temps de lire les sections suivantes, vous aurez une bonne idée de chaque fonction.

Les résultats dépendent du positionnement des objets : à l'avant ou à l'arrière. Pour changer l'ordre d'empilage des objets, sélectionnez-en un et choisissez Objet/Disposition. Le sous-menu Disposition permet d'envoyer l'objet à l'arrière-plan, de le ramener au premier plan, de l'avancer et de le reculer. Pour mieux comprendre les fonctions du panneau Pathfinder, voyez comment je l'utilise sur deux objets de base (en l'occurrence le cercle et l'étoile de la Figure 4.12). Les prochaines sections décrivent les effets magiques que Pathfinder permet d'obtenir à partir de quelques formes simples.

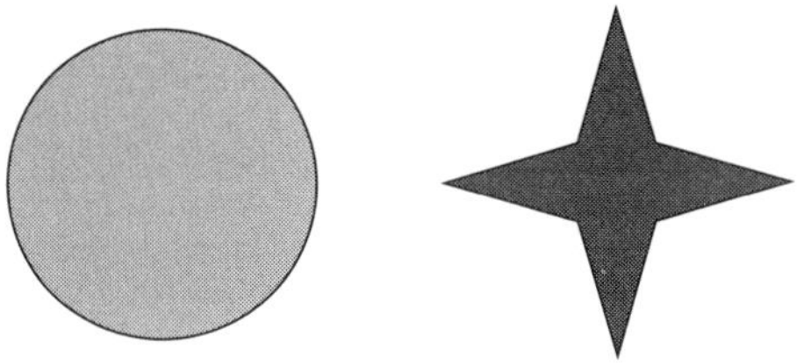

Figure 4.12 : Commencez avec ces deux formes de base.

Modes de forme

Le panneau Pathfinder ne vous permet pas seulement d'obtenir des dessins complexes à partir de formes simples : tout ce que vous créez est aisément modifiable si vous appuyez sur Option (Mac) ou Alt (Windows) en cliquant sur le bouton approprié. Superposez deux objets : sélectionnez-en un, faites-le glisser sur l'autre, puis sélectionnez le tout et cliquez sur le bouton qui produit l'effet souhaité. Voici les boutons Modes de la forme – la première rangée du panneau Pathfinder.

- **Réunion.** Groupe plusieurs objets de sorte qu'ils soient sélectionnables ensemble, mais aussi individuellement avec Sélection directe. L'objet résultant prend le type de contour et de fond de celui qui était au premier plan. En appuyant simultanément sur Option (Mac) ou Alt (Windows), vous obtenez une forme composée : elle sera traitée comme une seule entité par la plupart des opérations d'Illustrator, mais les formes pourront toujours être dissociées.

TRUC

Dans tous les modes de forme, la commande Créer une forme composée transforme la forme composée en un tracé unique dont les formes d'origine sont inséparables.

Utilisez l'outil Sélection directe pour modifier un tracé ou un point d'ancrage de la forme composée.

- **Soustraction.** Soustrait de l'objet à l'arrière-plan tous les objets qui le recouvrent et y découpe des ouvertures de la même forme. À la Figure 4.13, Soustraction supprime l'étoile placée devant le cercle et crée quatre sections séparées.

- **Intersection.** Découpe toutes les parties qui dépassent de la forme en arrière-plan (voir Figure 4.14). L'objet résultant prend le type de contour et de remplissage de celui qui était au premier plan. Ici, Intersection groupe le cercle et l'étoile, et conserve la couleur de tracé et de remplissage de l'étoile (qui se trouvait au-dessus). Intersection fonctionne aussi avec plusieurs objets.

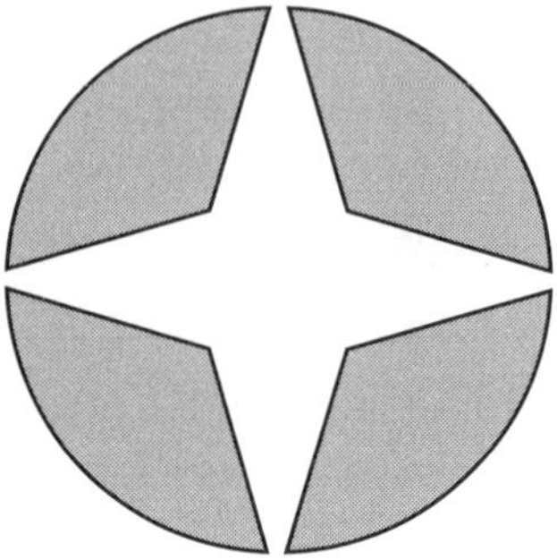

Figure 4.13 : Utilisation de Soustraction

Figure 4.14 : Utilisation d'Intersection

- **Exclusion.** Supprime toutes les parties qui se chevauchent et fusionne ce qui reste en un seul objet (le contraire d'Intersection). L'objet restant prend le type de contour et de remplissage de celui qui était au premier plan. À la Figure 4.15, Exclusion découpe toutes les parties du cercle et de l'étoile qui se chevauchent : le résultat prend la couleur de l'étoile qui était au premier plan.

Figure 4.15 : Utilisation d'Exclusion

Formes composées

Tous les effets Pathfinder sont combinables si on les applique à des formes composées. Si vous voulez défaire vos formes composées, choisissez la commande Décomposer la forme composée dans le menu du panneau Pathfinder. En cliquant sur le bouton Décomposer (voir Figure 4.11) ou en sélectionnant la commande Décomposer dans le menu du panneau Pathfinder, vous pouvez nettoyer ou simplifier vos tracés en supprimant les points d'ancrage inutiles. Les formes composées sont réunies en une nouvelle forme simplifiée. Mais attention : après avoir utilisé Décomposer, vous n'avez plus accès à la commande Annuler la forme composée. La transformation est permanente, comme si vous aviez cliqué sans appuyer sur Option (Mac) ou Alt (Windows). Vous ne pouvez plus revenir en arrière.

Pathfinders

Les boutons de la portion Pathfinders du panneau Pathfinder permettent d'obtenir différents effets. Les commandes Division et Soustraction (avant-arrière) découpent des parties spécifiques de l'image. La Figure 4.16 montre le résultat de l'application de Soustraction (avant-arrière) : il ne reste plus que les pointes des étoiles. (*Ça*, c'est une soustraction !) Les commandes Pochoir, Fusion, Découpe et Contour vous aident à nettoyer votre illustration avant de l'achever (voir Figure 4.17).

Figure 4.16 : Utilisation de Soustraction (avant-arrière).

Faisons rapidement le tour des commandes Pathfinders.

- **Division.** Divise deux objets superposés en objets séparés. Cette opération semble de prime abord ne produire aucun résultat. Mais après avoir divisé un objet, vous pouvez déplacer et colorier chaque partie individuellement.

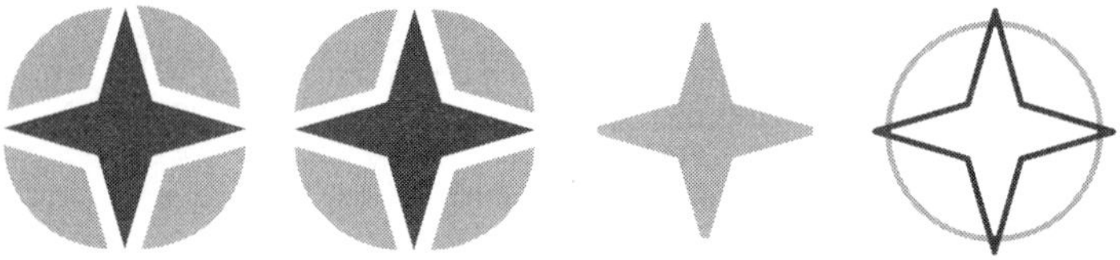

Figure 4.17 : Nettoyage du cercle et de l'étoile en employant (de gauche à droite) Pochoir, Fusion, Découpe et Contour. Ici, Pochoir et Fusion produisent le même résultat.

- **Pochoir.** Supprime toutes les parties d'objets cachées par d'autres objets ainsi que les contours. Comme pour Division, le résultat de cette commande n'est pas toujours immédiatement visible. Autrement dit, vous ne voyez rien tant que vous ne modifiez pas la position des portions de cercle. Vous constatez alors que vous pouvez les déplacer séparément (voir la première image de la Figure 4.17).
- **Fusion.** Supprime toutes les parties cachées par d'autres objets, efface les contours et fusionne les objets superposés dont la couleur est identique. Cette commande fonctionne comme Pochoir, sauf qu'elle fusionne les objets de même couleur alors que Pochoir les laisse séparés. Dans la deuxième image de la Figure 4.17, la commande Fusion supprime toutes les parties du cercle cachées par l'étoile, supprime les traits mais ne fusionne pas le cercle et l'étoile, car leurs couleurs sont différentes.
- **Découpe.** Sépare deux objets superposés à leur intersection, puis efface tout ce qui dépasse de l'objet placé au premier plan. Dans la troisième image de la Figure 4.17, la commande Découpe divise le cercle et l'étoile en deux objets séparés, puis efface tout ce qui dépasse de l'étoile (l'objet au premier plan).
- **Contour.** Décompose les objets en segments de ligne, sans couleur de remplissage (voir la dernière image de la Figure 4.17).
- **Soustraction (avant-arrière).** Retranche de l'objet situé au premier plan tous les objets sélectionnés situés à l'arrière-plan. L'objet restant prend la couleur de trait et de fond de l'objet qui était au premier plan. Ici, cette commande soustrait le cercle de

l'étoile et réunit ce qui reste (les quatre points orphelins de la Figure 4.16) en un seul objet qui a la couleur de l'étoile.

Si vous tombez sur les commandes Pathfinder dans le menu Effet, ne les confondez pas avec celles du *panneau* Pathfinder. En effet, elles changent l'apparence d'un objet sans modifier l'objet sous-jacent lui-même. Elles sont conçues pour être appliquées à des groupes d'objets, des calques ou des objets texte, et n'auront aucun effet sur des formes superposées. Pour plus d'informations sur les apparences et les effets, voir le Chapitre 11.

Créer des objets avec le panneau Pathfinder

La combinaison de formes de base vous permet de créer pratiquement tout ce que vous pouvez imaginer. Mais comment utiliser les commandes Modes de la forme et Pathfinders pour obtenir des formes complexes ? Nous allons prendre deux exemples : un croissant de lune et un soleil levant.

Dessiner un croissant de lune

Malgré sa simplicité apparente, il n'est pas si aisé de tracer à main levée un croissant de lune. Grâce au panneau Pathfinder, cette opération devient un vrai jeu d'enfant. Il suffit de suivre ces étapes :

1. **Choisissez l'outil Ellipse pour tracer un cercle parfait (cliquez et faites glisser l'outil en appuyant sur la touche Maj).**

   N'oubliez pas de relâcher le bouton de la souris avant la touche Maj.

2. **Répétez l'étape 2 et créez un second cercle juste un peu plus petit que le premier.**

3. **Avec l'outil Sélection, cliquez sur le second cercle et faites-le glisser sur le premier (voir Figure 4.18).**

Figure 4.18 : Création d'un croissant de lune.

4. **Sélectionnez les deux cercles.**

TRUC

Pour sélectionner plusieurs objets à la fois, appuyez sur la touche Maj et cliquez sur chacun d'eux.

5. **Cliquez sur le bouton Soustraction dans la portion Modes de la forme du panneau Pathfinder. Un croissant de lune apparaît comme par magie !**

Dessiner un soleil levant

Quoi de mieux après un croissant de lune qu'un magnifique soleil levant ? Procédez comme suit :

1. **Tracez un rectangle avec l'outil Rectangle.**
2. **Dessinez une étoile avec l'outil Étoile. Tout en faisant glisser l'outil, appuyez à plusieurs reprises sur la flèche vers le haut.**

   Une étoile munie de nombreuses branches apparaît.

3. **Avec l'outil Sélection, positionnez l'étoile sur le rectangle (voir Figure 4.19).**

Figure 4.19 : Création d'un soleil levant.

4. **Sélectionnez l'étoile et le rectangle.**

TRUC

Appuyez sur la touche Maj et cliquez sur chaque objet pour les sélectionner tous les deux.

5. **Cliquez sur le bouton Soustraction (avant-arrière) dans la portion Pathfinders du panneau Pathfinder.**

   Et voilà un superbe lever de soleil ! Enfin presque : il nous reste encore à voir les couleurs.

Graffiti légaux

Le Pulvérisateur de symboles (qui occupe la place d'honneur dans la série d'outils de symbolisme, voir Figure 4.20) est l'outil Adobe qui facilite et accélère la production de graphismes répétitifs. Retrouvez votre âme d'adolescent et taguez votre page jusqu'à plus soif. Pas de buse bouchée, pas de coulées de peinture, pas d'émanations nauséabondes. Qui pourrait résister à cette bombe présente dans le panneau Outils et qui ne demande qu'à être sélectionnée ?

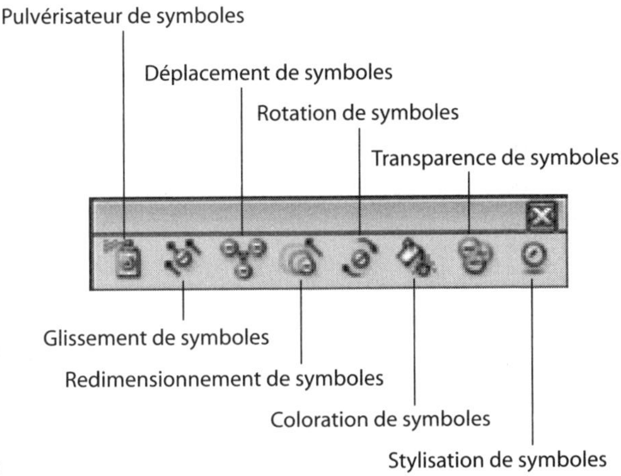

Figure 4.20 : Les outils de symbolisme

Les *symboles* sont des éléments réutilisables et reproductibles utilisés en animation : graphismes, boutons, clips vidéo, fichiers son ou même fontes. Dans Illustrator, les symboles peuvent être composés de n'importe quel objet – images vectorielles, bitmaps ou texte. Chaque symbole individuel est une *instance*. Les symboles présentent un avantage majeur : même si votre fichier en contient plusieurs instances, chacune d'elles pointe sur un seul symbole du panneau Symboles, et la taille du fichier augmente donc très peu.

De plus, ils permettent de générer facilement et rapidement de grands groupes d'objets semblables et de les modifier en bloc. On peut les utiliser à de nombreuses fins, mais ils sont particulièrement pratiques pour créer des boutons de navigation, des bordures, des icônes cartographiques et des tas de graphismes comme des feuilles, des flocons de neige et des étoiles.

Le pulvérisateur de symboles

J'apprécie que le fonctionnement d'un outil soit intuitif (contrairement à celui de cette horrible Plume). Suivez ces étapes pour devenir le maître de votre vaporisateur numérique personnel :

1. **Sélectionnez le Pulvérisateur de symboles.**

   Notez que l'icône du pointeur est entourée d'un cercle, qui représente son diamètre. (Lisez plus loin la section "Définir les options de symbolisme" pour savoir comment en modifier la taille.)

2. **Choisissez Fenêtre/Symboles.**

   Le panneau Symboles apparaît, avec une bibliothèque de symboles par défaut (voir Figure 4.21).

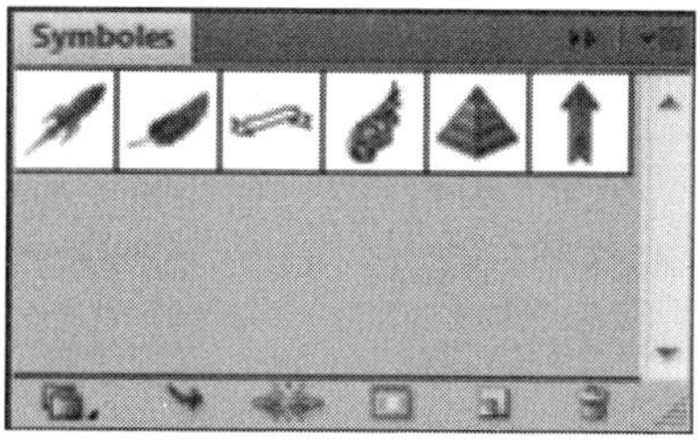

Figure 4.21 : Le panneau Symboles.

3. **Sélectionnez un symbole dans le panneau, cliquez avec l'outil de symbolisme dans le panneau et faites-le glisser dans la page.**

   Une traînée de symboles apparaît et suit le mouvement du pointeur (voir Figure 4.22). Sauf à vouloir les modifier ou créer un symbole personnalisé, vous avez terminé !

Créer un symbole personnalisé

Si vous êtes du type créatif, créez votre propre symbole. Commencez par créer une illustration, qui peut comprendre n'importe quel objet Illustrator – image vectorielle, bitmap ou texte. Vous pouvez même combiner des objets, comme dans la Figure 4.23. Puis sélectionnez-la, et appliquez une de ces techniques :

- Cliquez sur le bouton Nouveau symbole (la petite feuille de papier en bas du panneau Symboles).

Figure 4.22 : L'art du graffiti.

- Choisissez Nouveau symbole dans le menu du panneau Symboles (accessible via le petit triangle dans son coin supérieur droit.)
- Glissez-déposez l'illustration sur le panneau Symboles.

Miracle ! Un symbole est né.

Modifier des symboles

Après avoir sélectionné les symboles, cliquez-glissez avec l'outil de symbolisme de votre choix. Selon l'endroit cliqué et la façon de glisser, vous obtiendrez différents résultats. Voici une description de la fonction de chaque outil.

- **Glissement de symboles.** Cliquez-glissez pour modifier la position relative des symboles. Les symboles se déplacent autour du curseur, créant une sorte d'effet de vague.

Figure 4.23 : Combinez différents types d'objets pour créer des symboles personnalisés.

- **Espacement de symboles.** Cliquez pour rapprocher les symboles. Appuyez en même temps sur la touche Option (Mac) ou Alt (Windows) pour les éloigner les uns des autres.
- **Redimensionnement de symboles.** Cliquez sur les symboles pour les agrandir. Maintenez la touche Option (Mac) ou Alt (Windows) enfoncée tout en manipulant la souris pour en réduire la taille.

TRUC

Vous pouvez également utiliser les outils Rotation et Mise à l'échelle pour faire pivoter et redimensionner les symboles.

- **Rotation de symboles.** Cliquez sur le symbole et tirez avec le pointeur dans la direction désirée pour le faire pivoter.
- **Coloration de symboles.** Cliquez sur les symboles pour leur attribuer la couleur de fond active.
- **Transparence de symboles.** Cliquez pour augmenter la transparence des symboles.
- **Stylisation de symboles.** Applique un style du panneau Styles graphiques (choisissez auparavant Fenêtre/Styles graphiques). Avec l'outil, choisissez un style et faites-le glisser sur une instance de symbole.

Chapitre 5

Fonds et contours à foison

Dans ce chapitre :

- Remplir des tracés ouverts.
- Appliquer des contours.
- Maîtriser les panneaux Couleur et Nuancier.
- Utiliser et créer des motifs.
- Appliquer des textures à des tracés.
- Travailler avec des dégradés.

Les fonds et les contours donnent vie à vos illustrations. Si Illustrator était un livre de coloriage, ils seraient la plus merveilleuse boîte de crayons de couleur à votre disposition (parce que les couleurs ne débordent pas des tracés).

Dans ce chapitre, vous allez découvrir les différentes boîtes de crayons qu'Illustrator vous propose, comme les panneaux Couleur et Nuancier, et apprendre à colorier à l'aide des cases Fond et Contour. Vous verrez comment créer vos propres couleurs et comment appliquer les couleurs, dégradés et motifs spéciaux prédéfinis.

Comprendre les fonds et les contours

Un *fond* est une couleur entourée d'un tracé. Un *contour* est une ligne de couleur qui suit précisément un tracé. Pour reprendre la métaphore du livre de coloriage, le contour représente les lignes et le fond est ce qui délimite la zone que vous êtes censé colorier sans déborder (mais vous l'avez fait quand même car vous n'allez pas laisser vos parents étouffer votre créativité !). Dans ce contexte, le terme *couleur* est très vague : il peut désigner une couleur unie, un motif ou bien (dans le cas des fonds), un dégradé. La Figure 5.1 illustre plusieurs tracés avec plusieurs exemples de contours et de fonds.

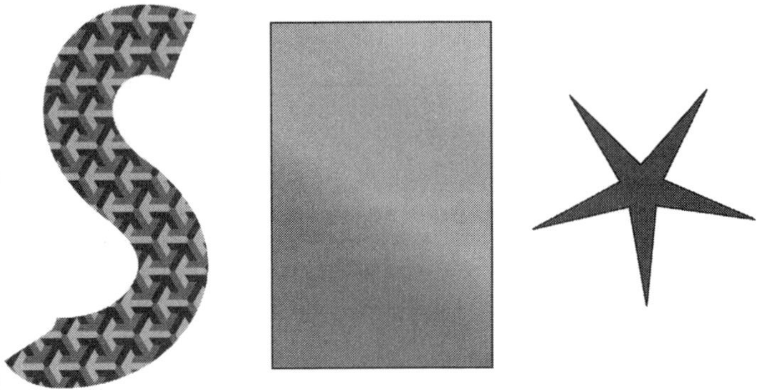

Figure 5.1 : Des tracés avec des fonds et des contours différents.

Indépendamment de l'épaisseur du contour, le tracé reste l'élément central. Il est possible de le styliser avec des couleurs unies ou des motifs, mais jamais avec un dégradé. (Les *motifs* et les *dégradés* sont des combinaisons spéciales de couleurs ; pour plus d'informations, reportez-vous à la section "Toutes les couleurs de l'arc-en-ciel" (plus loin dans ce chapitre). Souvenez-vous qu'un *tracé* délimite la zone où est placée la couleur, autrement dit le *fond*.

Illustrator offre plusieurs méthodes pour créer et modifier une couleur de fond ou de contour. La plus simple et la plus rapide consiste à utiliser les cases Fond et Contour du panneau Outils (voir Figure 5.2).

Il est possible de modifier un fond ou un contour mais pas les deux en même temps. Commencez par sélectionner un objet, puis cliquez sur la case Fond (case unie) ou Contour (case encadrée). Le bouton choisi passe au premier plan. La couleur définie est mémorisée et s'applique à tous les objets sélectionnés.

Les cases Fond et Contour s'accompagnent de fonctionnalités très utiles. En haut à droite, figure une double flèche coudée : elle permute comme par magie les couleurs de fond et de contour (voir Figure 5.2).

TRUC

Appuyez sur les touches Maj+X pour permuter directement les couleurs de fond et de contour.

En haut à gauche des cases Fond et Contour se trouvent de petits carrés, un blanc (Fond) et un noir (Contour), qui symbolisent les couleurs de fond et de contour par défaut, à savoir blanc pour le fond et noir pour le contour.

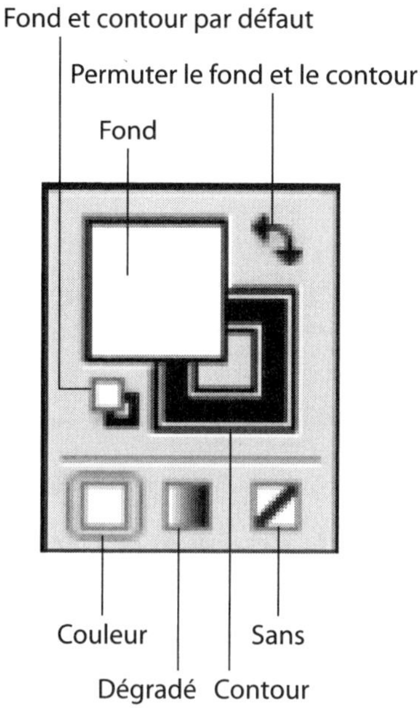

Figure 5.2 : Fond et Contour dans le panneau Outils.

Pour choisir des couleurs plus gaies, voici comment procéder : en dessous des cases Fond et Contour, trois petits carrés permettent de gérer les couleurs. Cliquez sur le premier (Couleur) pour revenir à la dernière couleur de fond ou de contour utilisée. Cliquez sur le deuxième (Dégradé) pour modifier la couleur du fond ou du contour de sorte à restaurer le dernier dégradé appliqué. Enfin, cliquez sur le troisième carré (Sans) pour n'utiliser aucune couleur de fond ou de contour.

TRUC

Double-cliquez sur les boutons Fond et Contour pour afficher le Sélecteur de couleurs (voir Figure 5.3). Celui-ci permet de spécifier des couleurs de plusieurs manières. Vous pouvez en choisir une dans un spectre, à l'aide du champ chromatique et d'un curseur, ou la définir en entrant des valeurs numériques. Sinon, utilisez les panneaux Couleur et Nuancier que nous verrons plus loin dans ce chapitre.

Colorier le fond et le contour d'un tracé

Il est possible de remplir un tracé d'une couleur et de l'entourer d'une autre, comme le montre la Figure 5.4.

Pour ce faire, suivez ces étapes :

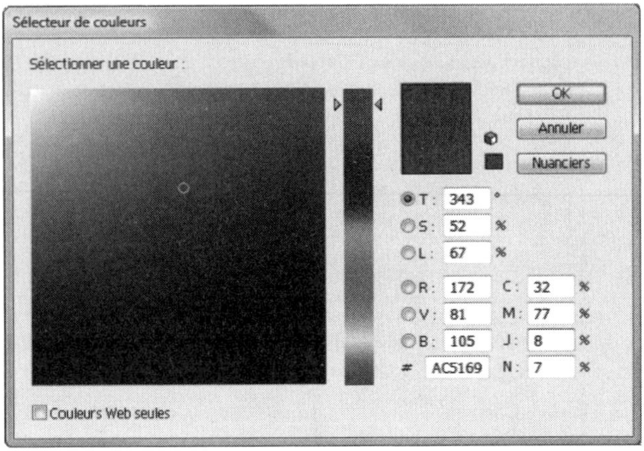

Figure 5.3 : Le Sélecteur de couleurs permet de choisir rapidement n'importe quelle couleur.

1. **Sélectionnez le tracé à colorier avec un outil de sélection.**
2. **Dans le panneau Outils, cliquez sur la case Fond (celle qui est unie).**

   Vous indiquez ainsi à Illustrator de remplir le tracé sélectionné (et non le contour) avec la couleur choisie.

Figure 5.4 : Remplir et entourer un tracé avec deux couleurs différentes.

3. **Choisissez Fenêtre/Nuancier.**

   Le panneau Nuancier s'affiche. Les cases de celui-ci fonctionnent un peu de la même manière que les carrés situés en dessous des cases Fond et Contour du panneau Outils. Cliquez sur l'un d'eux pour appliquer la nuance au fond ou au contour sélectionné.

(Pour plus d'informations, reportez-vous à la section "Le panneau Nuancier" plus loin dans ce chapitre).

4. **Cliquez sur une nuance d'une couleur unie.**

   Toutes les nuances de ce panneau conviennent à cet exemple. Celles qui ne sont pas faites de couleurs unies sont des couleurs spéciales, comme des motifs et des dégradés. J'ai choisi des couleurs unies pour plus de simplicité.

5. **Cliquez sur la case Contour (avec une bordure épaisse) dans le panneau Outils.**

   Illustrator n'attend plus qu'une chose : que vous choisissiez une couleur pour le contour.

6. **Dans le panneau Nuancier, choisissez une couleur unie, comme à l'étape 4.**

TRUC

Il est également possible de glisser-déposer la couleur sur le tracé. Faites glisser une nuance de couleur du panneau Nuancier sur votre tracé. Vous recoloriez le fond ou le contour selon la case que vous avez cliquée dans le panneau Outils.

Épaissir le contour

Si vous avez suivi ces étapes pour colorier une bordure et que vous n'avez constaté aucun changement, c'est que votre contour est trop mince. L'épaisseur des contours peut aller de 0 à 1 000 points (18 pouces ou 46 centimètres environ), (voir Figure 5.5). Si le contour est trop fin pour s'afficher à l'écran, modifiez son épaisseur grâce au panneau Contour, présenté dans la Figure 5.6.

Pour modifier l'épaisseur d'un contour :

1. **Sélectionnez le tracé avec un outil de sélection.**
2. **Choisissez Fenêtre/Contour.**

   Le panneau Contour s'affiche.

3. **Saisissez une nouvelle valeur dans le champ Épaisseur ou cliquez sur la flèche déroulante.**

Remplir des tracés croisés et ouverts

Il arrive qu'un tracé se croise, comme c'est le cas par exemple du tracé en forme de huit. Si vous le remplissez, les deux zones arrondies se remplissent, comme dans la Figure 5.7.

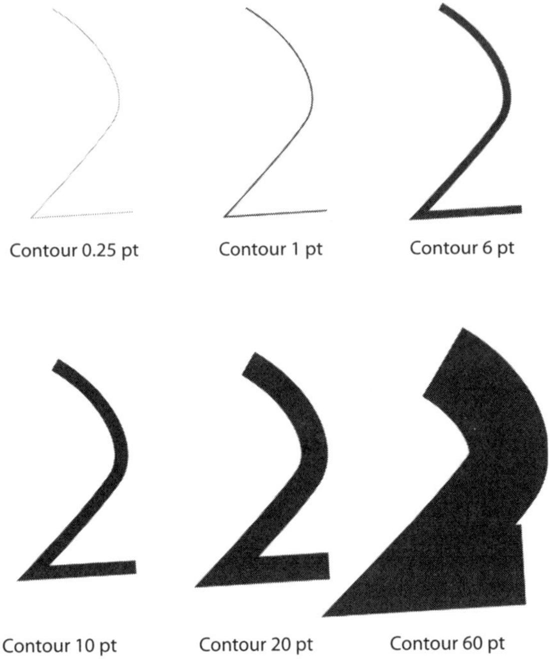

Figure 5.5 : Le même tracé avec différentes épaisseurs de contour.

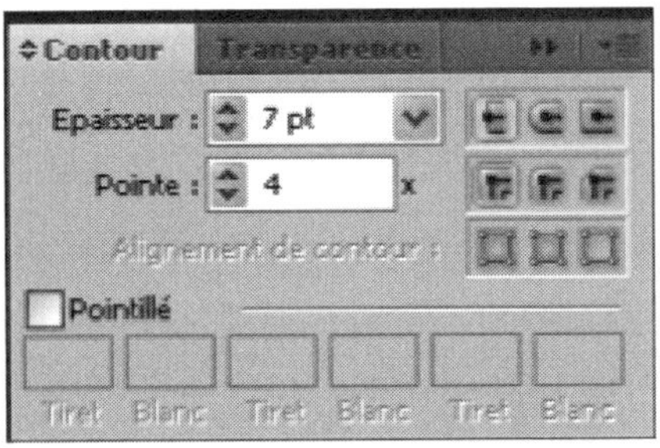

Figure 5.6 : Le panneau Contour.

Figure 5.7 : Un tracé rempli de la forme du chiffre huit.

Les tracés ouverts, qui ont des points de départ et d'arrivée distincts, peuvent également être remplis, mais les résultats risquent de vous surprendre. Lorsque vous remplissez un tracé ouvert, un *tracé imaginaire* relie le premier et le dernier point du tracé d'origine, délimitant la zone à remplir. Si vous appliquez un contour à cette figure, ce dernier ne s'applique pas au tracé imaginaire. La Figure 5.8 illustre des tracés ouverts remplis. Le remplissage des tracés est le résultat d'une ligne imaginaire tracée entre les deux extrémités du tracé. (Si vous observez attentivement la Figure 5.8, vous constaterez que les lignes bleues en surbrillance qui caractérisent le tracé réel ne figurent pas sur le tracé imaginaire qui relie les extrémités.)

Figure 5.8 : Tracés ouverts auxquels on a appliqué une couleur de fond.

Le panneau Nuancier

Illustrator stocke les couleurs dans le panneau Nuancier. L'accès est rapide et aisé – et vous n'avez aucune éclaboussure à craindre. Il s'accompagne d'un jeu complet de couleurs prêtes à l'emploi disponible en un simple clic.

En outre, Illustrator est livré avec de nombreuses *bibliothèques de nuances* – des jeux de couleurs créés pour des raisons spéciales. Ainsi, si vous aviez l'impression que votre boîte de crayons pour débutant manquait de couleurs, vous allez être ravi. Vous pouvez même créer vos propres teintes personnalisées dans le panneau Couleur (voir la section suivante "Le panneau Couleur") et les ajouter au panneau Nuancier.

Ce panneau (voir Figure 5.9) est simplissime. Sélectionnez un objet, cliquez sur la case Fond ou Contour du panneau Outils, choisissez

Fenêtre/Nuancier pour afficher le panneau correspondant, puis cliquez sur l'un des carrés pour choisir une couleur. Le fond ou le contour sélectionné est actualisé dès que vous cliquez sur la nouvelle couleur. Sans soucis, sans désordre et sans crayons renversés.

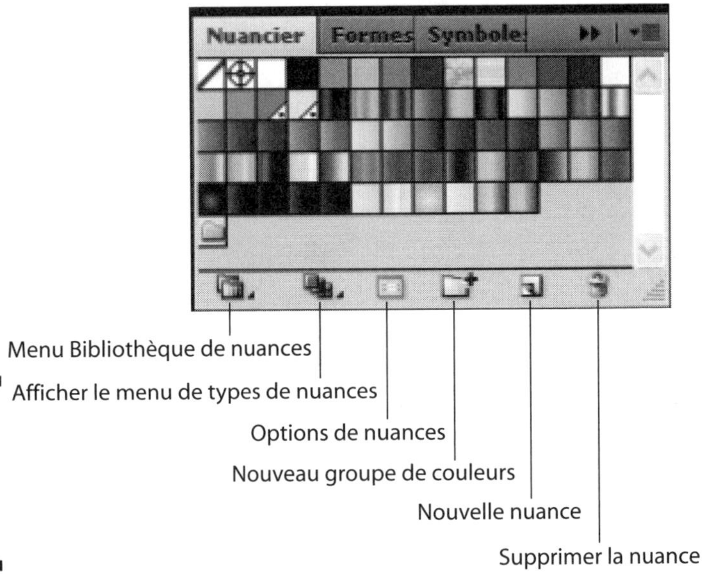

Figure 5.9 : Choisir des couleurs dans le panneau Nuancier.

Toutes les couleurs de l'arc-en-ciel

Le panneau Nuancier contient plusieurs types de nuances de couleurs différentes, chacune destinée à un emploi particulie,r et qui servent deux objectifs. Tout d'abord, elles permettent d'accéder rapidement aux couleurs, dégradés et motifs les plus courants. Ensuite, elles définissent des couleurs "globales" que vous pouvez appliquer à votre illustration pour les modifier ensuite. Tout changement de nuance se répercute sur tous les objets auxquels la couleur est appliquée. Il est même possible de grouper des couleurs.

Voici les différents types de couleurs :

- **Couleurs quadri.** Il s'agit de nuances classiques et conventionnelles, sans chichis ni fioritures. Il est possible de créer une couleur pour un affichage écran ou pour l'impression en mariant diverses quantités de rouge, vert et bleu (RVB) ou de cyan, magenta, jaune et noir (CMJN). Pour de plus amples informations sur le choix entre RVB et CMJN, reportez-vous au Chapitre 1. Ces couleurs se présentent sous la forme de carrés unis.

- **Tons directs.** Les tons directs sont utilisés exclusivement pour l'impression. Le processus d'impression en quadrichromie ne peut obtenir qu'une gamme limitée de couleurs à partir des quatre couleurs de base (CMJN). Pour compenser, il peut également employer des tons directs composés d'encres spéciales d'une couleur particulière. De nombreuses entreprises fabriquent ces tons directs, mais il existe dans la plupart des pays une société dominante qui définit ces standards d'impression (Pantone pour l'Europe et les États-Unis, TOYO au Japon). La gamme de tous les tons directs produits par une entreprise constitue sa *bibliothèque de nuances*. Illustrator contient celles de toutes les sociétés productrices de nuances. Dans le panneau Nuancier, les tons directs se reconnaissent à la présence d'un point au milieu d'un triangle situé dans l'angle inférieur droit.

- **Couleur de repérage.** Repérage est une nuance spéciale composée d'un mélange de toutes les encres à cent pour cent. Même si elle ressemble à du noir à l'écran, ne l'utilisez jamais pour dessiner. Repérage (en tant que couleur) est destinée à un usage très technique : elle sert à créer les marques de montage qu'utilisent les imprimeurs professionnels pour aligner précisément les plaques sur la presse. Si vous n'êtes pas imprimeur ou si aucun imprimeur ne vous l'a explicitement demandé, n'utilisez jamais cette couleur. Repérage est représentée par l'icône d'un réticule de visée dans le panneau Nuancier.

ATTENTION !

- Si vous utilisez cette nuance pour colorier votre illustration, vous obtiendrez un magma poisseux qui ne servira qu'à gaspiller de l'encre.

- **Sans.** Ce choix est différent du blanc, qui indique à l'imprimante de *ne pas appliquer d'encre à un endroit précis*, en partant du principe que le papier lui-même fournit le blanc. La nuance Sans représente l'*absence totale* de couleur. Sur une image, un objet blanc est opaque – bloquant l'affichage de tout objet placé en dessous. Un objet sans couleur, défini à Aucune, est transparent – invisible. Pour appliquer un contour tout en autorisant l'affichage d'autres objets à travers le fond (ou permettre au fond de s'afficher à travers les objets), choisissez la nuance Aucune sur la zone de l'écran qui doit être transparente. Dans le panneau Nuancier, la nuance Sans se matérialise sous la forme d'un carré blanc barré d'une diagonale rouge.

- **Dégradés.** Les *dégradés* forment des transitions qui fusionnent progressivement deux ou plusieurs couleurs.

- **Motifs.** Si vous appréciez beaucoup le papier peint, vous pouvez utiliser un ou plusieurs objets formant un motif en mosaïque pour habiller d'autres objets.

Les icônes situées au bas de votre panneau (voir Figure 5.9) permettent d'accéder à diverses fonctions liées aux nuances, avec de gauche à droite :

- **Bibliothèques de nuances.** Cette icône affiche la liste de toutes les bibliothèques de nuances disponibles. Il s'en installe une multitude avec Illustrator, mais vous pouvez utiliser n'importe quel document comme bibliothèque de nuances. Pour ce faire, choisissez Autre bibliothèque dans la liste et naviguez vers le document Illustrator de votre choix.
- **Afficher le menu de types de nuances.** Ce bouton permet de filtrer les types de nuances affichées. Vous disposez des options Afficher toutes les nuances, Afficher les nuances de couleur, Afficher les nuances de dégradés, Afficher les nuances de motifs ou Afficher les groupes de couleurs.
- **Options de nuance.** Cette icône affiche les options de la nuance actuellement sélectionnée (ce qui permet de la nommer et d'en modifier les attributs).
- **Nouveau groupe de couleurs.** Cette icône permet de créer un dossier où vous pouvez organiser des nuances apparentées.
- **Nouvelle nuance.** Crée une nouvelle nuance basée sur la couleur active.
- **Supprimer la nuance.** Supprime les nuances sélectionnées du panneau Nuancier.

Options de nuance

Les nuances permettent de sélectionner rapidement des couleurs, mais elles revêtent d'autres fonctions. Double-cliquez sur une nuance dans le panneau pour ouvrir la boîte de dialogue Options de nuance, présentée dans la Figure 5.10.

Cette boîte de dialogue vous offre une multitude de choix et de possibilités créatives. Voici la liste de ces options :

- **Nom de la nuance.** Attribuez à une couleur un nom précis (comme Myrtille des Cévennes) ou changez son nom par défaut.
- **Type.** Vous pouvez convertir un ton direct en la nuance CMJN ou RVB équivalente. Cette option est très pratique lorsque votre

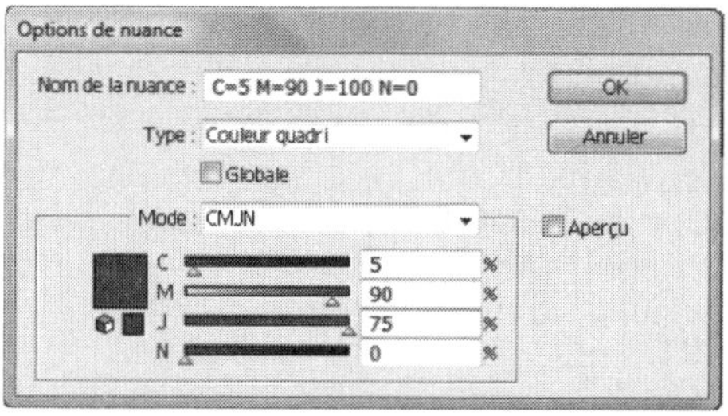

Figure 5.10 : La boîte de dialogue Options de nuance.

client vous fournit un logo composé de tons directs (Rouge-brun métallique ? Ce n'est pas une plaisanterie ?) et qu'il vous faut produire une image CMJN ou RVB.

- Malheureusement, la conversion est à sens unique. Le fait de transformer une couleur quadri en ton direct ne vous donne pas le ton direct équivalent le plus proche dans la bibliothèque de couleurs Pantone, TOYO ou autre. (Pour de plus amples informations sur les bibliothèques de nuances, reportez-vous à la section suivante, "Bibliothèques de nuances").
- **Globale.** Une fois cette option sélectionnée, Illustrator garde en mémoire tout ce que vous avez colorié avec une nuance donnée. Si vous en modifiez la couleur, tous les éléments s'actualisent en conséquence. Cette fonctionnalité vous fera gagner beaucoup de temps si vous devez modifier un schéma de couleur. Inutile de revenir en arrière, de sélectionner les éléments un à un pour en changer la couleur.
- **Mode, avertissements et curseurs de couleurs.** Ces fonctionnalités sont particulièrement puissantes lorsqu'elles sont utilisées avec la couleur Globale. Elles fonctionnent exactement comme celles du panneau Couleur mais n'appliquent vos changements qu'à la nuance sélectionnée. Vous en saurez plus sur ce panneau à la prochaine section, "Le panneau Couleur".

Bibliothèques de nuances

Illustrator est livré avec une série de palettes de couleurs appelées *bibliothèques de nuances* et destinées à des fins spécifiques. (Par exemple, Pantone possède plusieurs bibliothèques dédiées uniquement aux tons directs). Les bibliothèques d'Illustrator proviennent des principaux fabricants d'encres de tons directs au monde. Une bibliothèque Web offre des couleurs sécurisées spécialement dédiées à un usage sur l'Internet. Pour parcourir ces bibliothèques, choisissez Fenêtre/Bibliothèques de nuances. Si vous dénichez une couleur indispensable pour vous, ajoutez-la sans hésiter à votre panneau Nuancier. Pour ce faire, ouvrez la bibliothèque dont vous avez besoin, localisez la couleur, cliquez dessus puis choisissez Ajouter au nuancier dans le menu déroulant du panneau. Le tour est joué !

TRUC

Pour choisir des tons directs en vue d'une impression offset, sélectionnez votre couleur à partir d'un nuancier imprimé réalisé par la société qui fabrique les encres. Ne choisissez jamais des couleurs en fonction de l'affichage des nuances dans la bibliothèque. En effet, de nombreuses variables entrent en jeu et les capacités de votre écran à reproduire les couleurs sont limitées. Celles-ci ne seront jamais tout à fait fidèles.

Le panneau Couleur

Le panneau Couleur d'Illustrator s'apparente de près à la palette d'un véritable peintre. Elle permet de définir de nouvelles nuances grâce à des mélanges. Au lieu de mélanger de gros paquets de pigments et d'huile de lin à l'aide d'un pinceau (et d'en renverser la moitié sur votre jean), vous déplacez des curseurs pour choisir la proportion de chaque composant de votre nouvelle couleur.

Dissection du panneau Couleur

Outre les curseurs, le panneau Couleur (voir Figure 5.11) possède plusieurs fonctionnalités très utiles qui simplifient la création de couleurs.

- **Cases Fond et Contour.** Ces cases fonctionnent de la même manière que celles du panneau Outils. On les retrouve dans le panneau Couleur pour des raisons d'ergonomie.

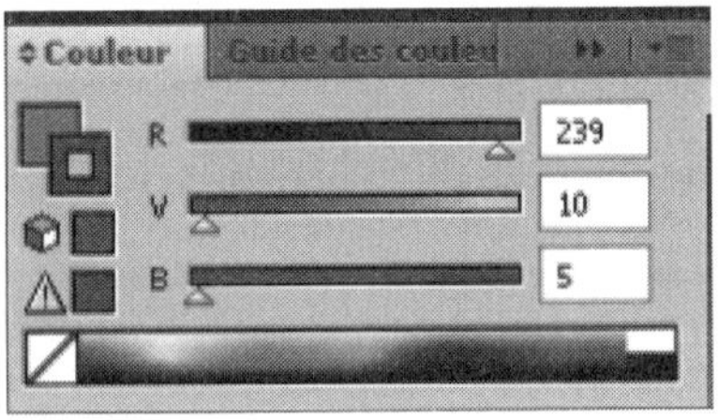

Figure 5.11 : Dans Illustrator, le panneau Couleur s'apparente de près à la palette d'un véritable artiste.

- **Curseurs et champ de saisie de valeurs de couleurs.** Vous pouvez définir une nouvelle nuance en déplaçant les curseurs vers la gauche ou vers la droite. La couleur dans la zone Fond ou Contour (en fonction de leur ordre d'affichage) s'actualise pour refléter le changement, à l'instar de tout élément sélectionné. Pour spécifier la valeur précise d'une couleur donnée, tapez un nombre dans le champ situé à droite de chaque curseur.
- **Sans.** Cliquez sur le bouton Sans pour n'attribuer aucune valeur de Fond ou de Contour.
- **Noir et Blanc.** Vous l'avez compris ! Cliquez sur Blanc pour obtenir du blanc et sur Noir pour obtenir du noir. (Voyons, où est le piège ?).
- **Barre du spectre de couleurs.** Ce petit rectangle contient toutes les couleurs que vous pouvez créer. Cliquez à n'importe quel emplacement de la barre du spectre pour choisir une couleur. J'en conviens, le spectre est minuscule et presque personne n'obtient exactement la bonne couleur du premier coup. Utilisez le spectre pour sélectionner une couleur dans la bonne fourchette, puis jouez sur les curseurs pour l'affiner.
- **Signaux d'alerte des couleurs hors gamme.** Lorsque vous créez des nuances, de petits carrés de couleur s'affichent et vous indiquent que certaines nuances n'appartiennent pas à la gamme de couleurs imprimables ou pour le Web (la *gamme* de couleurs correspond à la plage de couleurs que l'on peut créer par une méthode sans altérer d'autres couleurs). La gamme Web se compose de 216 couleurs ; pour l'impression, elle en compte plusieurs milliers. Si vous choisissez une couleur en-dehors de cette plage, elle peut être remplacée par une autre couleur. L'avertissement Hors de la gamme de couleurs Web se matérialise par un carré de couleur précédé d'un petit dé ; l'avertissement Hors de la gamme de couleurs est un carré suivi d'un point d'exclamation dans un triangle. Cliquez sur le carré pour choisir une nuance dans la gamme de couleurs la plus proche possible de celle choisie. Si vous travaillez pour le Web, vous pouvez ignorer les avertissements Hors de la gamme de couleurs, et *vice versa* pour les travaux d'impression.

Pour créer une nouvelle couleur à l'aide du panneau Couleur, suivez ces étapes :

1. **Choisissez Fenêtre/Couleur.**

   Le panneau Couleur s'affiche.

2. **Dans le menu déroulant du panneau Couleur, choisissez un modèle de couleur.**

   Pour plus d'informations, reportez-vous à la section suivante "Modes et modèles".

3. **Cliquez sur la case Fond ou Contour dans le panneau.**

4. **Déplacez les curseurs de chaque composant de couleur vers la gauche ou vers la droite jusqu'à ce que la couleur que vous souhaitez obtenir s'affiche dans la zone Fond ou Contour.**

Pour utiliser les couleurs que vous avez créées dans le panneau Couleur, vous disposez de deux méthodes :

- **Usage immédiat de la couleur.** Tout ce qui est déjà sélectionné lorsque vous créez une nouvelle couleur de Fond ou de Contour est rempli ou entouré de cette couleur.
- **Enregistrer la nouvelle couleur pour un usage ultérieur.** Voici comment procéder :

  a. Ouvrez le panneau Nuancier en choisissant Fenêtre/Nuancier.

     Le panneau Nuancier s'affiche.

  b. Cliquez sur la case Fond ou Contour (quel que soit l'élément que vous venez de créer) dans le panneau Outil ou le panneau Couleur.

  c. Faites glisser la case Fond ou Contour vers le panneau Nuancier.

     Ne vous inquiétez pas, vous n'abîmerez pas le panneau Couleur en faisant glisser les cases Fond ou Contour. Vous obtenez en lieu et place un contour fantomatique de la case pendant le glissement. Déposez-le dans le panneau Nuancier pour ajouter le Fond ou le Contour au panneau.

     Lorsque vous relâchez le bouton de la souris, la couleur s'affiche dans le panneau Nuancier. Vous pourrez ainsi l'utiliser à l'envi.

Une fois la nouvelle nuance insérée dans le panneau Nuancier, double-cliquez dessus pour ouvrir la boîte de dialogue Options de nuance. Donnez-lui un nom, définissez-la en tant que couleur globale ou utilisez l'une des options décrites précédemment à la section "Options de nuance".

Modes et modèles colorimétriques

Illustrator utilise les termes "mode" et "modèles" pour définir des couleurs. Le *mode colorimétrique* est le "langage de couleurs" que parle votre document : CMJN ou RVB. Le *modèle colorimétrique* est une façon de décrire comment composer les couleurs dans le mode utilisé par celui-ci.

Toutes les couleurs employées dans un document (à l'exception des tons directs) existent dans un mode colorimétrique particulier, quel que soit celui qui a permis de les définir. Lorsque vous ouvrez un nouveau document, vous devez choisir de travailler en mode RVB ou CMJN. (Pour plus de détails sur les modes colorimétriques, reportez-vous au Chapitre 1). Vous optez ensuite pour un modèle de couleur dans le menu déroulant du panneau Couleur (pour y accéder, cliquez sur les petites barres horizontales situées dans l'angle supérieur droit du panneau ; voir Figure 5.12).

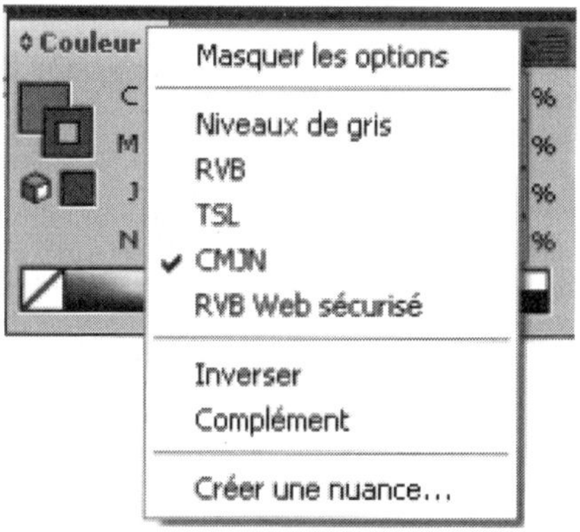

Figure 5.12 : Divers modèles colorimétriques dans le menu déroulant du panneau Couleur.

Supposons par exemple que vous souhaitiez un niveau de gris pendant que vous travaillez en mode RVB – le modèle colorimétrique RVB du mode RVB, pour être plus précis. Toutefois, les niveaux de gris sont difficiles à créer dans le modèle de couleur RVB car il vous faut déplacer les trois curseurs (rouge, vert et bleu) pour obtenir la couleur voulue. Pour pallier cette complexité, il suffit de sélectionner le modèle Niveaux de gris dans le menu déroulant du panneau Couleur. Ensuite, vous n'avez plus qu'un seul curseur à gérer pour créer avec précision le niveau de gris recherché.

Le panneau Couleur est l'emplacement rêvé pour produire les couleurs voulues et propose cinq modèles différents : Niveaux de gris, RVB, TSL, CMJN et RVB Web sécurisé. Chaque modèle a sa propre finalité, mais toutes ces couleurs ont pour vocation de vous aider à visualiser la couleur que vous êtes en train de créer. Le panneau Couleur permet de mélanger des couleurs quel que soit le modèle choisi. En revanche, dès que vous les appliquez, elles adoptent aussitôt le mode colorimétrique utilisé.

La liste suivante décrit ces modèles de couleur et les meilleures façons de les employer :

- **Niveaux de gris.** Les couleurs expriment tout en nuances de gris. Ce modèle est très pratique pour les travaux d'impression en noir et blanc ou pour spécifier rapidement un niveau de gris. Celui-ci s'exprime en pourcentage de noir et représente une quantité d'encre.
- **RVB.** Ce modèle repose sur le rouge, le vert et le bleu qu'un moniteur utilise pour générer toute la gamme des couleurs qui s'affichent à l'écran. Il est conçu pour le Web et la vidéo. Les valeurs présentes dans les zones de texte s'échelonnent entre 0 et 255. Elles correspondent à l'intensité de lumière projetée par l'écran de l'ordinateur. Celui-ci émet de la lumière à travers de petits luminophores rouges, verts et bleus à intensité variable pour créer les couleurs. Plus la valeur est élevée et plus la lueur est intense. Si vous spécifiez une valeur de 255 pour toutes les couleurs, vous obtenez du blanc, tandis qu'une valeur de 0 se traduit par du noir. Toutefois, ces chiffres sont bien moins importants que les résultats que vous obtiendrez par la pratique. Observez attentivement les cases Fond et Contour lorsque vous déplacez les curseurs et voyez la couleur qui en résulte.
- **TSL.** Ici, les couleurs sont perçues en termes de teinte, saturation et luminosité. Imaginez un crayon. La teinte serait la couleur du crayon, le rouge par exemple. La saturation serait la manière dont ce crayon est rouge, à savoir rouge brique ou rouge cerise. La luminosité équivaut à l'intensité de la pression exercée sur le crayon. Cette façon de raisonner peut sembler étrange, mais de nombreux peintres et artistes la trouvent intuitive.
- **CMJN.** Ce modèle représente les couleurs par une combinaison de quatre couleurs (cyan, magenta, jaune et noir), selon le procédé d'impression en quadrichromie. (Cyan est un bleu clair très vif ; magenta est un mauve lumineux presque rose. Le jaune et le noir sont tels que vous les imaginez). Le modèle CMJN sert à spécifier des couleurs pour l'impression. La quadrichromie permet d'obtenir un vaste choix de nuances (y compris des images ressemblant à des photographies) uniquement à l'aide de ces quatre couleurs.

Les couleurs CMJN fonctionnent à l'inverse des couleurs RVB : plus la quantité de couleur est élevée et plus le résultat final est sombre. Par exemple, 0% de cyan, magenta, jaune et noir se traduit par du blanc ; 100 % de cyan, magenta, jaune et noir équivaut à du noir. Toutefois, aucune personne sensée ne créerait du noir en utilisant 100 pour cent des quatre couleurs – le papier serait imbibé d'encre.

- **RVB Web sécurisé.** Beaucoup sont habitués aux écrans actuels configurés en millions de couleurs. Pourtant, parmi celles-ci, seules 216 d'entre elles s'affichent de façon identique sur les ordinateurs sous Windows, UNIX et Mac OS. Cette gamme réduite est due aux différences entre systèmes d'exploitation, navigateurs Web et cartes graphiques. Les couleurs absentes de la gamme des 216 couleurs peuvent se mettre à trembler lorsqu'elles s'affichent sur un système incapable de les restituer correctement. Un ordinateur a recours au *tramage* pour simuler les couleurs manquantes. Il combine des points de deux couleurs pour simuler par illusion d'optique la couleur manquante. Le résultat est souvent affreux.

  Utilisez le mode RVB Web sécurisé pour que vos couleurs s'affichent de façon homogène sur la plupart des ordinateurs et des navigateurs (pour un logo de société, par exemple).

- **Masquer les options, Inverser et Complément.** Les autres options du menu déroulant du panneau Couleur ne sont pas des modèles de couleur.

  Masquer les options réduit le panneau Couleur de sorte que seules les options Sans, Noir et Blanc et le spectre soient visibles.

  La commande *Inverser* convertit la couleur sélectionnée en son opposé. Vous obtenez un effet semblable au négatif d'une photographie en couleur.

  Pour comprendre l'option *Complément*, vous devez revenir à vos cours d'art plastique et au cercle chromatique. Les couleurs complémentaires sont situées sur les bords opposés du cercle chromatique. (Par exemple, l'orange est la couleur complémentaire du bleu). En gros, le bleu n'a jamais l'air aussi bleu que placé à côté de l'orange, et *vice versa*. En d'autres termes, l'option Complément choisit la couleur qui contraste le plus avec l'élément sélectionné. La Figure 5.13 illustre à la fois des couleurs inversées et complémentaires d'une seule couleur.

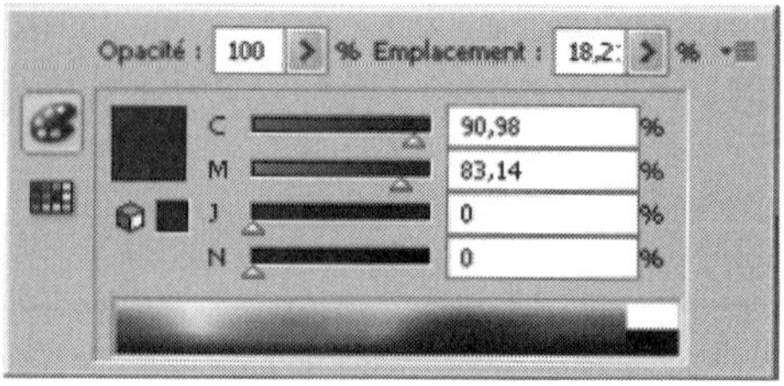

Figure 5.13 : Une couleur d'origine avec son inverse (en haut) et sa couleur complémentaire (en bas).

Remplir avec des motifs et des textures

Il est possible de remplir et d'entourer n'importe quel tracé avec un motif. Les motifs se répètent en mosaïque pour remplir une image.

Appliquer des motifs à des tracés

Pour remplir un tracé avec un motif, sélectionnez-le. Dans le panneau Outils, cliquez sur la case Fond puis choisissez le motif à utiliser dans le panneau Nuancier. Le tracé se remplit avec le motif sélectionné. La Figure 5.14 illustre le même tracé rempli avec différents motifs.

Vous pouvez appliquer un motif à un contour aussi bien qu'à un fond. Le processus est identique à l'application d'une couleur unie. (Voir la section "Le panneau Nuancier" précédemment dans ce chapitre). Cliquez sur l'objet, cliquez sur la case Fond ou Contour pour appliquer la nuance de motif à l'élément approprié puis choisissez le motif dans le panneau Nuancier. Lorsque vous appliquez un motif à un tracé, veillez à ce que le contour soit suffisamment épais. (Voir la section "Épaissir le contour" précédemment dans ce chapitre).

Créer des motifs

Il est aisé de convertir un graphique vectoriel en motif (les étapes pour créer un motif à partir de tracés sont identiques).

Voici comment créer un motif à partir d'un tracé :

1. **Créez le dessin que vous souhaitez utiliser comme motif.**

   Dans cet exemple, j'ai choisi le drapeau des États-Unis.

2. **Sélectionnez le dessin à l'aide d'un outil de sélection.**

Figure 5.14 : Le même tracé rempli avec plusieurs motifs différents.

3. **Faites-le glisser de la fenêtre Document vers le panneau Nuancier puis relâchez le bouton de la souris.**

   Une nouvelle nuance contenant une version réduite de votre dessin apparaît dans le panneau Nuancier.

4. **Pour nommer la nouvelle nuance en vue d'un usage ultérieur, double-cliquez dessus pour ouvrir la boîte de dialogue Options de nuance.**

5. **Saisissez le nom du motif dans le champ Nom de la nuance.**

6. **Cliquez sur OK.**

   Le motif personnalisé s'affiche dans le panneau Nuancier.

7. **Appliquez votre motif personnalisé à n'importe quel tracé.**

Le motif tapisse le tracé, comme dans la Figure 5.15.

Figure 5.15 : Création d'un motif à partir du graphique vectoriel d'un drapeau.

Fonds en dégradé

Vous pouvez remplir des tracés avec des *dégradés*, des couleurs qui fusionnent progressivement. Ils peuvent être composés d'une multitude de couleurs avec à la clé des résultats très étonnants. La Figure 5.16 illustre trois tracés avec des fonds en dégradé.

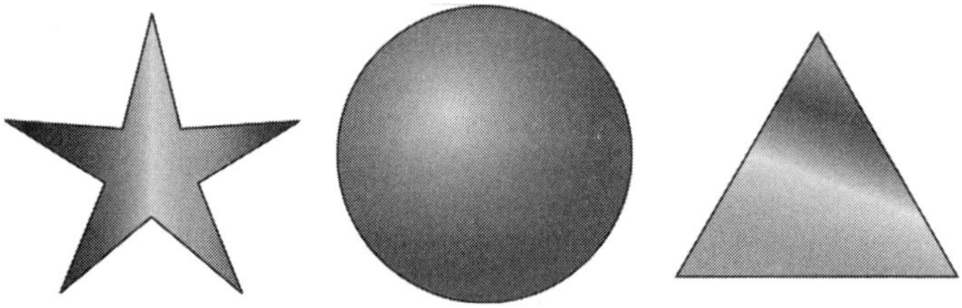

Figure 5.16 : Objets avec des fonds en dégradé.

Le tapissage d'un tracé avec un dégradé se déroule en deux étapes : la création du dégradé puis son application au tracé. Toutefois, l'ordre importe peu. Il est souvent plus simple de créer un dégradé, de l'appliquer à un tracé puis de l'ajuster en modifiant, ajoutant ou supprimant des couleurs ou en faisant varier la position ou l'angle du dégradé. Vous visualisez ainsi comment se présente le dégradé une fois appliqué à un objet, au lieu de vous contenter d'un aperçu dans une petite case.

Pour remplir un tracé avec un dégradé, sélectionnez le tracé puis cliquez sur une case de dégradé dans le panneau Nuancier. Le résultat n'est pas celui que vous attendiez ? Pas de panique. Grâce à l'outil Dégradé et au panneau du même nom, vous pouvez l'affiner.

Il est également possible de charger des dégradés dans le panneau Nuancier. Illustrator est livré avec toutes sortes de bibliothèques de dégradés dans des dizaines de nuances différentes.

Outil Dégradé de couleurs

L'outil Dégradé de couleurs (voir ci-contre) ne crée rien. Il définit uniquement la direction du dégradé et sa durée, à savoir la distance sur laquelle le dégradé effectue la transition entre la couleur de départ et celle d'arrivée.

Pour utiliser l'outil Dégradé de couleurs, sélectionnez d'abord un objet contenant un dégradé. Puis cliquez et faites glisser la souris dans le dégradé avec l'outil Dégradé de couleurs. Relâchez le bouton de la souris lorsque vous êtes arrivé à l'autre bout. Vous définissez ainsi dans quelle direction les couleurs fusionnent. Une barre s'affiche indiquant la direction et l'angle du dégradé (ainsi qu'un cercle si vous avez appliqué un dégradé radial). Le point cliqué est défini à 100 pour cent de la couleur de départ et le point où vous avez relâché le bouton de la souris reçoit 100 pour cent de la couleur d'arrivée. Vous obtenez ainsi une fusion progressive entre ces deux points (voir Figure 5.17).

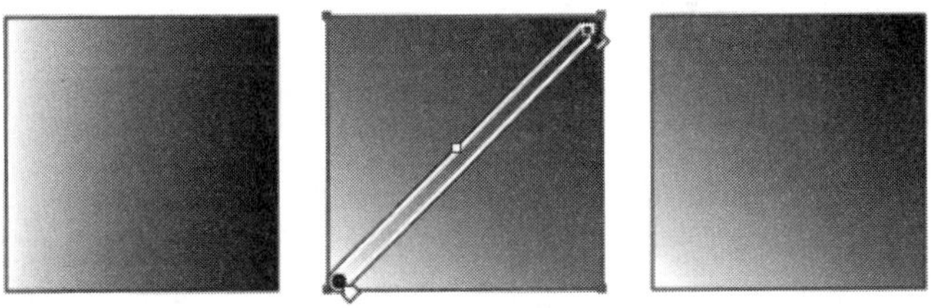

Figure 5.17 : A gauche : Ce carré présente un dégradé par défaut. Au centre : Cliquez et faites glisser la souris avec l'outil Dégradé de couleurs. A droite : Résultat final.

Modifier des dégradés de couleurs

Si les couleurs de votre dégradé ne vous plaisent pas, vous n'êtes pas cantonné à celles que vous propose le panneau Nuancier. Il est possible de modifier, d'ajouter ou de supprimer des couleurs, et/ou de changer la manière dont les couleurs se comportent directement sur l'objet grâce à l'outil Dégradé de couleurs. Le panneau Dégradé de couleurs (Fenêtre/Dégradé de couleurs) donne accès aux mêmes fonctions (voir Figure 5.18).

Comparé à ses homologues, le panneau Dégradé de couleurs semble rudimentaire, mais ne soyez pas déçu. Malgré son humble apparence, il permet de créer tous les dégradés possibles. Il fonctionne de concert avec le panneau Couleur et Nuancier. Il convient donc de les laisser ouverts lorsque vous modifiez un dégradé.

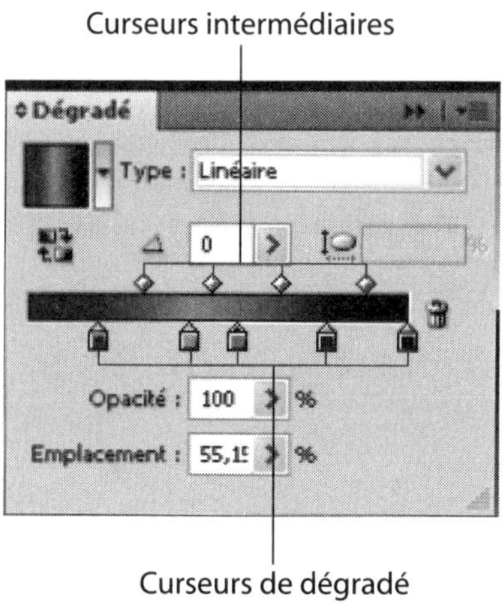

Figure 5.18 : Contrôle des couleurs dans le panneau Dégradé de couleurs.

Les *curseurs de dégradé* se déplacent vers la gauche et vers la droite pour modifier la progression de la fusion entre les couleurs. Pour que des couleurs fusionnent sans trop de nuance sur une courte distance, rapprochez les curseurs. À l'inverse, pour une fusion plus progressive des couleurs sur une grande distance, écartez-les.

Dès que vous sélectionnez un curseur de dégradé, vous pouvez modifier son opacité dans le champ du même nom juste en dessous. En outre, il est possible de spécifier l'emplacement exact du curseur en termes de pourcentage de gauche à droite dans le champ Emplacement.

TRUC

Vous pouvez appliquer à un objet sélectionné toutes les fonctions du panneau Dégradé directement avec l'outil Dégradé de couleurs. Pourtant, il arrive que l'angle ou la taille de l'objet complique son utilisation. Ainsi, plus l'objet est petit et plus il convient d'employer le panneau Dégradé.

Améliorer des dégradés de couleurs

Lorsque vous modifiez un dégradé dans le panneau Dégradé, les objets sélectionnés remplis de ce dégradé s'actualisent automatiquement. Le résultat est plus visible si vous créez d'abord un objet et que vous lui appliquez un dégradé avant de procéder à des changements dans le panneau.

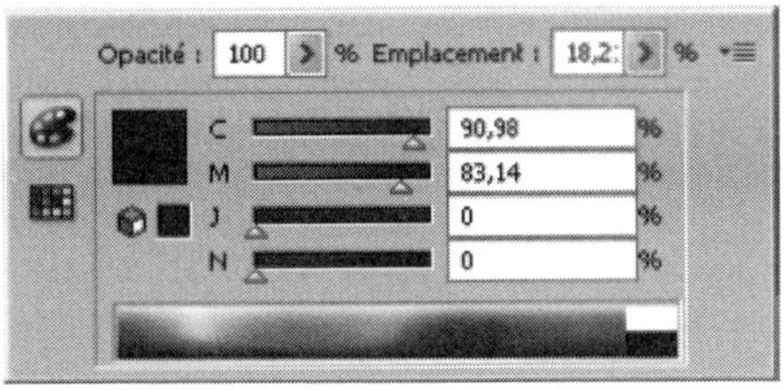

Figure 5.19 : Le mini panneau Couleur qui s'affiche lorsque vous double-cliquez sur un curseur de dégradé.

Pour modifier les couleurs d'un dégradé, voici une approche hautement artistique (la blouse n'est pas de rigueur) :

1. **Double-cliquez sur l'un des curseurs de dégradé situés en dessous de la barre de dégradé.**

   La couleur du curseur s'affiche dans un mini panneau Couleur juste à côté du curseur, comme le montre la Figure 5.19.

2. **Choisissez une autre couleur dans le mini panneau Couleur.**

   La couleur s'actualise automatiquement dans le panneau Dégradé. N'est-ce pas formidable ?

TRUC

Vous pourriez aussi cliquer sur n'importe quelle couleur unie du panneau Nuancier et la faire glisser sur le curseur Dégradé. Ou alors, appuyez sur la touche Option (Mac) ou Alt (Windows) et cliquez sur une nuance de couleur unie dans le panneau Nuancier. Le dégradé s'actualise avec la nouvelle couleur.

Il est beaucoup plus simple d'ajouter des couleurs à un dégradé que de se rendre dans un magasin de fournitures pour artistes. Suivez ces étapes :

1. **Cliquez en dessous de la barre de dégradé à un emplacement dépourvu de curseur.**

   Un nouveau curseur apparaît.

2. **Modifiez la couleur du nouveau curseur dans le panneau Couleur, double-cliquez dessus pour faire apparaître le mini panneau Couleur ou appuyez sur Option (Mac)/Alt (Windows) et choisissez une couleur unie dans le panneau Nuancier.**

3. **(Optionnel) Réglez la position des curseurs de dégradé.**

N'OUBLIEZ PAS

Pour supprimer une couleur, cliquez sur le curseur de dégradé et faites-le glisser en dehors du panneau Dégradé. Pour enregistrer le dégradé, faites glisser la nuance de dégradé du panneau Dégradé (ou de la case Fond du panneau Outils) vers le panneau Nuancier. Il est également possible de cliquer sur le bouton Nouvelle nuance (l'icône d'une page cornée) dans le panneau Nuancier.

Dégradés radiaux

Si vous cliquez sur des nuances de dégradé dans le panneau Nuancier, vous observerez que certains dégradés ressemblent à des sphères : il s'agit de dégradés radiaux. Que vous cliquiez avec l'outil Dégradé ou que vous fassiez glisser des curseurs de dégradé, vous n'obtiendrez jamais de dégradé radial si le style par défaut Linéaire est sélectionné.

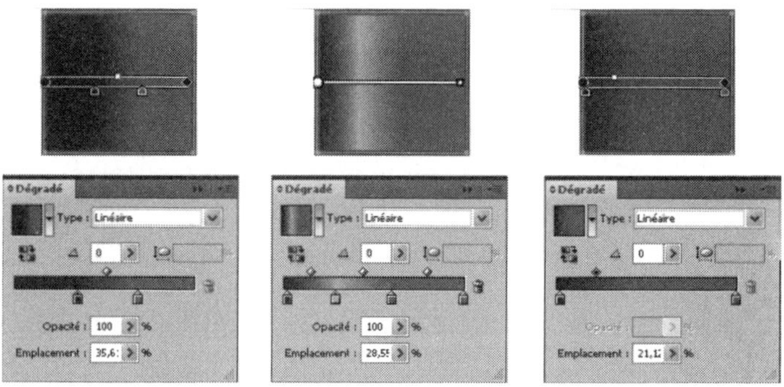

Figure 5.20 : Primo, rapprochez les curseurs. Secundo, ajoutez de nouveaux curseurs de couleur. Tertio, déplacez le point médian.

Le panneau Dégradé contient une option masquée. Cliquez sur le petit triangle dans l'angle supérieur droit du panneau. Un menu déroulant composé d'un seul élément (Masquer les options) s'affiche. Choisissez-la pour afficher d'autres options. Le champ Type, celui qui nous intéresse, présente deux options : Linéaire et Radial. Choisissez la deuxième. La couleur de départ est celle du centre. Le point où vous cliquez définit le centre du dégradé. La Figure 5.21 illustre le même dégradé que celui de la Figure 5.16 sous sa forme radiale.

Figure 5.21 : Créer un dégradé radial.

Chapitre 6

Sélectionner et modifier des tracés

Dans ce chapitre :

- Découvrir différentes méthodes de sélection.
- Sélectionner des objets, des points et des groupes.
- Ajouter et retirer à une sélection.
- Utiliser l'outil Baguette magique.
- Sélectionner sans outil.
- Comprendre le menu Sélection.

Dans Illustrator, sélectionner signifie : "À partir de maintenant, je modifie cette partie du dessin et rien d'autre". Vous ciblez un point, un tracé, un ou plusieurs objets. Avec la foule de commandes et d'outils de sélection d'Illustrator, vous pouvez choisir n'importe quoi, d'un simple point à l'intégralité d'un document. Les modifications apportées – taille, rotation, couleurs de contour et de fond, etc. – affectent immédiatement votre sélection.

Ce chapitre vous montre ce que vous pouvez faire avec ces tracés, comment les sélectionner et comment les modifier.

Les outils de sélection d'Illustrator

Supposons que vous créez un logo. Avec Illustrator, vous pouvez sélectionner :

- Le logo entier.
- N'importe quel groupe de tracés dans le logo.

- Un tracé quelconque dans le logo.
- Une portion quelconque d'un ou de plusieurs tracés.

Comme si cela ne suffisait pas, Illustrator vous offre plusieurs outils de sélection, à savoir Sélection, Sélection directe, Sélection directe progressive, Lasso et Baguette Magique (voir Figure 6.1). Malgré le nombre de possibilités, ne vous laissez surtout pas intimider. Ce sujet est également abordé au Chapitre 3.

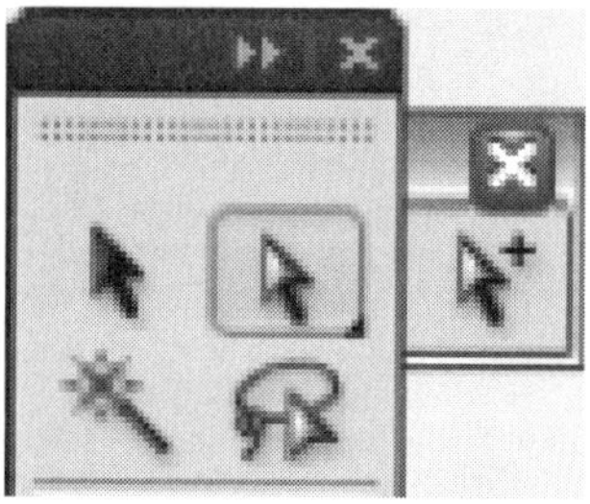

Figure 6.1 : Illustrator possède toutes sortes d'outils de sélection.

Les sections suivantes décrivent ces outils et leurs fonctions.

Deux bizarreries de la sélection dans Illustrator

Voici deux comportements inhabituels de la sélection dans Illustrator.

- **Quand vous sélectionnez un seul point sur un tracé**, vous ne sélectionnez rien d'autre. Il prend l'aspect d'un carré plein, tandis que les autres points du tracé demeurent non sélectionnés et s'affichent sous forme de carrés évidés. C'est là que les choses se compliquent. Même si un seul point est sélectionné, toute modification du contour ou du fond affecte le tracé entier. (Pour plus d'informations sur les contours et les fonds, reportez-vous au Chapitre 5.)
- **Quand vous sélectionnez un segment de tracé,** Illustrator ne vous montre jamais que ce segment est sélectionné. Si vous cliquez dessus, tous les points semblent non sélectionnés (carrés évidés). Rien n'indique à l'écran que seul le segment est sélectionné, mais, là encore, la modification du contour ou du fond affecte tout le tracé.

Sélection naturelle

L'outil Sélection fonctionne de deux manières :

Cliquer sur l'objet que vous voulez sélectionner. L'objet est sélectionné, ainsi que tout autre objet groupé avec lui.

Cliquer et faire glisser le pointeur. Un rectangle de sélection (en pointillé) apparaît. Tout ce qui se trouve à l'intérieur du rectangle ou qui le touche est sélectionné, ce qui vous permet d'englober plusieurs objets ou groupes à la fois (voir Figure 6.2). Vous remarquerez que beaucoup de points qui se trouvaient à l'extérieur du rectangle de sélection sont sélectionnés. En effet, un petit fragment des objets auxquels appartiennent ces points touchait le rectangle, ce qui a entraîné la sélection de tout l'objet.

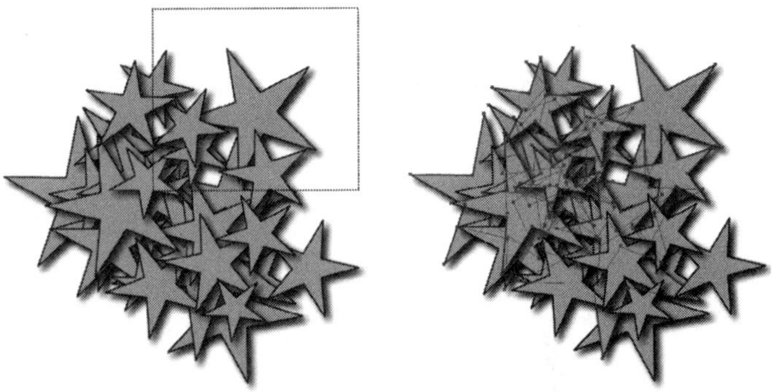

Figure 6.2 : L'outil Sélection sélectionne tous les éléments internes au rectangle de sélection ou adjacents.

TRUC

Si vous cliquez sur un tracé alors qu'un autre est déjà sélectionné, vous sélectionnez celui-ci et le premier est désélectionné. Si vous cliquez sur une zone vide, *tout* est désélectionné. Si vous appuyez sur la touche Maj en cliquant sur un tracé alors qu'un autre est déjà sélectionné, vous sélectionnez les deux. La touche Maj vous permet donc d'ajouter un élément à une sélection. Si vous cliquez sur un objet déjà sélectionné en maintenant la touche Maj enfoncée, vous le désélectionnez (le supprimez de la sélection). Pour plus d'informations sur l'ajout et la soustraction d'éléments à des sélections, voir la section "Sélectionner plus ou moins".

L'outil Sélection directe

L'outil Sélection sélectionne des tracés ou des groupes entiers, tandis que l'outil Sélection directe sélectionne exactement ce sur quoi vous cliquez. Utilisez-le pour sélectionner des points individuels, des segments de tracé, des objets texte et des images insérées en cliquant individuellement sur chaque élément. Si vous tracez un rectangle de sélection avec l'outil Sélection directe, tout ce que le rectangle englobe est sélectionné : images insérées, objets texte et portions de tracés. La Figure 6.3 montre ce qui est sélectionné si vous faites glisser le pointeur de l'outil Sélection directe autour de plusieurs objets. (Remarquez en particulier l'étoile située au centre des objets sélectionnés à droite de la figure : certains points sont inclus dans la sélection, mais pas tous.) Comme l'outil permet de sélectionner des points dans des objets, des points de certaines étoiles sont sélectionnés (carrés pleins) tandis que d'autres ne le sont pas (carrés vides).

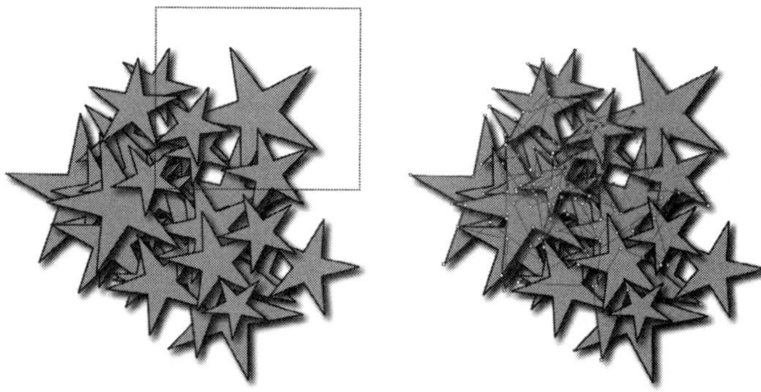

Figure 6.3 : Une sélection en cours avec l'outil Sélection directe.

TRUC

Si vous sélectionnez l'intérieur d'un tracé (plein) au lieu des lignes qui le délimitent avec l'outil Sélection directe, vous sélectionnez l'ensemble du tracé et non les segments ou les points d'ancrage individuels.

L'outil Sélection directe progressive

Illustrator dispose d'un outil spécial pour sélectionner des groupes : l'outil Sélection directe progressive. Toutefois, celui-ci sélectionne des groupes un peu différemment. Alors que le bon vieil outil Sélection sélectionne tout ce qui est groupé avec l'objet choisi, l'outil Sélection directe progressive ne sélectionne qu'un sous-groupe à la fois.

Un *sous-groupe* est un groupe à l'intérieur d'un groupe. Vous vous souvenez de votre cours d'intro aux statistiques ? (Ne faites pas cette tête, vous allez rester comme ça !) Supposons que vous vouliez dessiner un crayon. Vous commencez par le plus facile : la mine. Puis vous passez à quelque chose de plus compliqué : ce petit morceau de bois conique qui entoure la mine et se prolonge par le reste du crayon. Après avoir positionné ces deux formes à votre goût, vous voulez qu'elles restent ensemble et vous les groupez. (Il suffira donc d'en sélectionner une avec l'outil Sélection pour les déplacer ensemble.) Ensuite, vous dessinez le reste du crayon séparément. Puis, vous assemblez les pièces. Comme vous voulez qu'elles restent ainsi, vous groupez la mine et le cône avec le corps du crayon. Les trois objets forment maintenant un groupe, et la mine et le cône sont un sous-groupe de ce groupe.

Vous pouvez continuer à grouper des éléments : le nombre de sous-groupes est illimité. Illustrator mémorise l'ordre des groupes du premier au dernier. Lorsque vous cliquez plusieurs fois avec l'outil Sélection directe progressive, le premier clic sélectionne la mine, le deuxième la mine et le cône et le troisième sélectionne la mine, le cône et le reste du crayon.

L'outil ne sélectionne qu'un sous-groupe à la fois, par exemple un objet dans un groupe, un seul groupe dans plusieurs groupes ou un ensemble de groupes dans une illustration. Pour observer son fonctionnement, suivez ces étapes :

1. **Sélectionnez l'outil Sélection directe progressive dans le panneau Outils.**

2. **Cliquez sur un tracé qui fait partie d'un groupe.**

   Le tracé est sélectionné en totalité (tous les points sont pleins, aucun n'est vide), mais les autres objets du groupe ne sont pas sélectionnés. C'est l'une des particularités de l'outil : il commence par sélectionner un seul objet, même si ce n'est pas réellement un groupe.

3. **Cliquez de nouveau sur le même tracé.**

   Le groupe de niveau supérieur est sélectionné, ainsi que l'objet déjà sélectionné. Chaque clic sélectionne un groupe de niveau supérieur, jusqu'à ce que le "super-groupe" soit finalement sélectionné.

Si vous continuez à cliquer comme un fou, vous vous retrouvez avec des groupes de groupes. Par exemple, si vous dessinez plusieurs crayons, vous pouvez les grouper pour les déplacer ensemble, dessiner une boîte et grouper les crayons avec la boîte. L'outil Sélection directe progressive établit une sélection en amont, du premier objet au groupe auquel il appartient, et ainsi de suite. La Figure 6.4 applique ce principe aux objets qui forment un crayon lorsqu'ils sont groupés.

Figure 6.4 : L'outil Sélection directe progressive sélectionne d'abord le premier tracé, puis le groupe dans lequel il se trouve et enfin le groupe auquel ce dernier appartient.

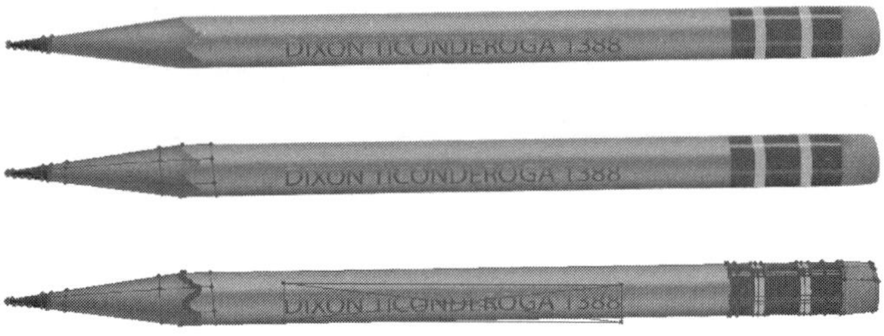

Ajouter ou retirer à la sélection

Supposons que vous vouliez sélectionner un tracé à gauche de votre document et une image placée à droite, mais qu'ils soient séparés par une multitude d'autres tracés. Vous ne pouvez pas tracer de rectangle de sélection, car ce qui est au milieu ne vous intéresse pas. Vous sélectionnez donc l'objet de gauche, puis vous cliquez sur l'objet de droite – et le premier se désélectionne. Et zut !

Vous allez donc utiliser la touche Maj pour sélectionner plusieurs objets à la fois. Appuyez sur cette touche en cliquant avec l'outil Sélection pour ajouter ce qui est déjà sélectionné à la sélection. Si deux tracés sont déjà sélectionnés, la combinaison *Majuscule-clic* sur un autre élément les sélectionne tous les trois. Vous pouvez aussi utiliser la touche Maj avec un rectangle de sélection. Il est également possible de sélectionner moins de tracés. Par exemple, Majuscule-clic sur l'un des trois tracés sélectionnés de la Figure 6.5 le désélectionne et ne vous en laisse que deux.

TRUC

Majuscule-clic fonctionne aussi avec l'outil Sélection directe, sauf que cette action ajoute ou soustrait des points au lieu de tracés complets – à moins de cliquer à l'intérieur d'un tracé rempli, auquel cas vous ajoutez ou soustrayez des tracés complets.

Sélections libres : l'outil Lasso

L'outil Lasso fonctionne à peu près comme le rectangle de sélection, à ceci près que la forme peut être quelconque (pas seulement

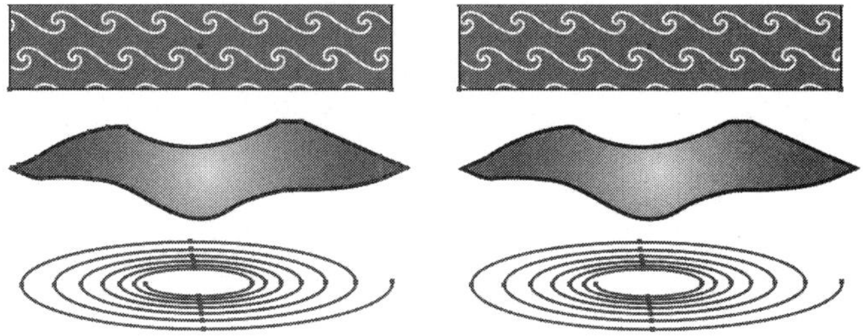

Figure 6.5 : À gauche, trois tracés sélectionnés. À droite, Maj-clic sur le tracé du milieu n'en laisse que deux sélectionnés.

rectangulaire). Pour l'utiliser, cliquez et faites glisser le pointeur sur la zone que vous voulez sélectionner. Quand vous relâchez le bouton de la souris, tous les points de cette zone sont sélectionnés.

Appuyer sur la touche Maj avec l'outil Lasso permet d'ajouter des objets à une sélection... vous l'aviez sûrement deviné. Ce que vous ne savez pas encore (sauf à posséder des pouvoirs paranormaux), c'est que la touche Option (Mac) ou Alt (Windows) permet de *soustraire* des objets à une sélection. Si vous avez sélectionné un élément par accident, inutile de tout recommencer. Appuyez sur la touche Option (Mac) ou Alt (Windows) et entourez les points à désélectionner.

L'outil Baguette magique

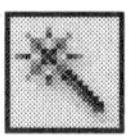

Utilisez l'outil Baguette magique pour opérer des sélections basées sur les similarités de différents attributs d'objets – exactement les mêmes ou selon certains paramètres.

Pour utiliser l'outil, cliquez sur l'objet, qui peut être un tracé ouvert ou fermé (par exemple une ligne ou un carré). Ce magicien d'Illustrator sélectionne tous les objets similaires à celui cliqué. Mais à quel point les objets doivent-ils être similaires ? Excellente question !

Commencez par choisir Fenêtre/Baguette magique, ou double-cliquez sur l'outil Baguette magique pour afficher son panneau (voir Figure 6.6). Vous pourrez y paramétrer les attributs Couleur de fond, Couleur de contour, Épaisseur de contour, Opacité et Mode de fusion. Cocher un ou plusieurs de ces attributs sélectionne les objets qui correspondent. Le paramètre Tolérance définit une fourchette dans laquelle l'attribut doit se trouver.

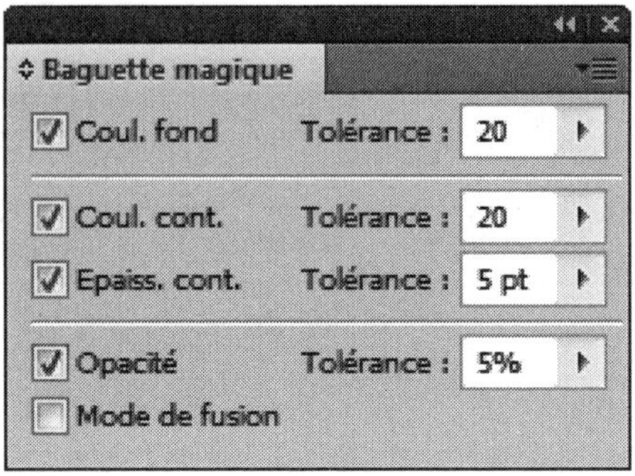

Figure 6.6 : Le panneau Baguette magique permet de fixer des limites de tolérance pour les attributs des objets.

Par exemple, si vous sélectionnez une épaisseur de contour avec une tolérance de 2 points (pt) et que vous cliquez sur un objet dont le contour est de 5 pts, tous les contours entre 3 et 7 pts seront sélectionnés (5 moins 2 et 5 plus 2). De même, si vous sélectionnez l'option Opacité et fixez la tolérance à 10 %, tous les objets opaques de 40 à 60 % seront sélectionnés si vous avez cliqué sur un objet opaque à 50 %.

Les réglages de tolérance pour les couleurs de fond et de contour vont de 2 à 255, ce qui équivaut au nombre de niveaux de luminosité. Sans entrer dans les détails technico-techniques de la luminosité, une valeur de tolérance faible ne sélectionne que les objets de couleur très similaire à l'objet. Augmentez-la pour obtenir une gamme de couleurs plus vaste. Le seul paramètre devant être strictement identique est le Mode de fusion. (Pour plus d'informations sur les modes de fusion, voir le Chapitre 10.)

Sélectionner sans outil : le menu Sélection

Il arrive que la sélection soit plus facile ou plus pratique sans outil. Comme il s'agit d'une fonction très importante, Illustrator lui consacre un menu entier.

Options du menu Sélection

Voici les options que vous trouverez dans le menu Sélection (voir Figure 6.7).

- **Tout.** La méthode de sélection la plus courante est de loin le raccourci clavier Commande+A (Mac) ou Ctrl+A (Windows), le fidèle serviteur qui sélectionne tout. Vous pouvez également

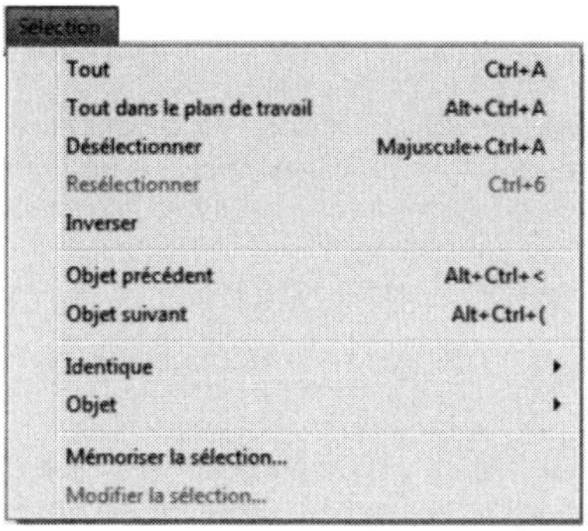

Figure 6.7 : Le menu Sélection.

choisir Sélectionner/Tout, mais le raccourci est si utile que vous le mémoriserez en un rien de temps.

- **Tout dans le plan de travail.** Sélectionne tous les objets présents sur le plan de travail actif. Un objet à cheval sur plusieurs plans de travail sera également sélectionné si une portion de l'objet se trouve dans le plan de travail actif.
- **Désélectionner.** La commande inverse de Tout, qui désélectionne tout ce qui était sélectionné dans le document (mais vous le saviez). Que vous ayez un ou 100 objets sélectionnés, Désélectionner les désélectionne. Le raccourci clavier est facile à mémoriser : Commande+Maj+A (Mac) ou Ctrl+Maj+A (Windows).
- **Resélectionner.** Resélectionne ce qui avait été sélectionné en dernier via le menu Sélection. Le raccourci clavier est Commande+6 (Mac) / Ctrl+6 (Windows).
- **Inverser.** Sélectionne l'inverse de ce qui est sélectionné. Autrement dit, tout ce qui était sélectionné devient désélectionné et vice versa. Par exemple, si vous avez sélectionné un carré sur quatre, la commande Inverser sélectionne les trois autres et désélectionne le carré d'origine. ***Note*** : Inverser ne fonctionne que sur des tracés entiers (tout comme Resélectionner). Reprenons l'exemple précédent. Si vous n'aviez sélectionné qu'un point d'ancrage sur le premier carré, la commande Inverser sélectionne toujours les trois autres carrés et ignore les trois points d'ancrage non sélectionnés sur le premier.
- **Objet précédent** et **Objet suivant.** Ces deux commandes sélectionnent les objets en fonction de leur *ordre de superposition*. Supposons par exemple que vous traciez un carré, un cercle puis un polygone. Si vous sélectionnez ensuite le carré et choisissez Sélection/Objet précédent, Illustrator sélectionne le

cercle. Si vous répétez la commande, Illustrator sélectionne le polygone, et ainsi de suite.

- **Identique** et **Objet.** Fidèle à son nom, la commande Sélection/Identique sélectionne tout ce qui est identique à l'objet actuellement sélectionné. La commande Sélection/Objet/Tout sur les mêmes calques sélectionne tout ce qui réside sur le calque actif (en surbrillance dans le panneau Calques).
- Nous examinerons en détail plus loin les commandes Identique et Objet.
- **Mémoriser la sélection.** Cette commande permet d'enregistrer des sélections. Sélectionnez un ou plusieurs objets et choisissez Sélection/Mémoriser la sélection. Dans la boîte de dialogue Mémoriser la sélection, saisissez un nom et cliquez sur OK. La sélection apparaît en bas du menu Sélection et ne demande plus qu'à être choisie. Vous pouvez la supprimer ou la renommer en choisissant Sélection/Modifier sélection et en effectuant les changements nécessaires dans la boîte de dialogue qui s'affiche.

Fonctions spécialisées pour grandes occasions

Le menu Sélection contient bien d'autres fonctions que celles de la section précédente. Situées dans les sous-menus Identique et Objet, elles servent à sélectionner des objets présentant une similitude donnée (style ou couleur de fond par exemple) avec le ou les objets déjà sélectionnés (voir Figure 6.8).

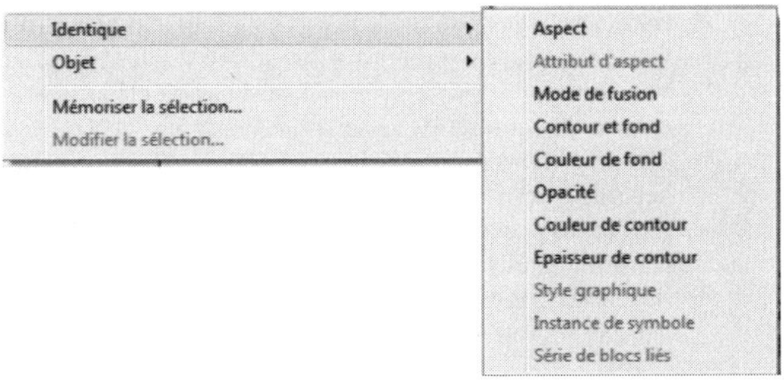

Figure 6.8 : Le sous-menu Identique propose toute une série de fonctions intéressantes.

Ces commandes peuvent être extrêmement utiles pour rationnaliser le processus de modification. Par exemple, si un client apprécie l'ensemble de votre image à l'exception d'une certaine teinte de bleu, vous pouvez sélectionner un objet qui la contient, puis choisir Sélection/

Identique/Couleur de contour (ou Couleur de fond). Une fois tous les objets de cette couleur sélectionnés, vous pouvez les modifier en une seule opération. Si vous avez du mal à imprimer des lignes d'une épaisseur donnée, choisissez Sélection/Identique/Épaisseur de contour et augmentez l'épaisseur de toutes les lignes. (Pour plus d'informations sur les fonds et les contours, voir le Chapitre 5.) D'autres commandes sélectionnent des éléments qui ont déjà présenté des problèmes à l'impression, comme des points isolés, des formes de pinceau et des masques, afin de corriger le problème.

Les options du sous-menu Objet sont un peu moins évidentes.

- **Contours.** Sélectionne tous les contours ayant une forme donnée.
- **Masques d'écrêtage.** Sélectionne les contours utilisés comme masques d'écrêtage.
- **Poignées directrices.** Sélectionne les poignées des courbes de Bézier des objets sélectionnés. (Pour plus d'informations sur les poignées directrices, voir la section suivante.)
- **Points isolés.** Sélectionne les tracés ne contenant qu'un seul point.

Modifier et ajuster des points

Après avoir déployé bien des efforts à sélectionner des points spécifiques, que va-t-on en faire ? On peut les déplacer ou en modifier le type. Il est également possible d'en ajuster les poignées pour changer la forme d'une courbe.

Repositionner les points d'ancrage

Vous pouvez déplacer n'importe quel point à n'importe quel endroit. Comme il s'agit de points (et non des tracés entiers), vous utiliserez l'outil Sélection directe. Cliquez sur un point avec cet outil, puis faites-le glisser. Vous pouvez procéder en une étape (cliquer et faire glisser en même temps) ou en deux (cliquer et relâcher, puis déplacer le point). La Figure 6.9 montre un point à sa position d'origine et après qu'il a été déplacé avec l'outil Sélection directe.

TRUC

Pour déplacer avec précision un point, utilisez les touches directionnelles. Une pression déplace le point d'exactement 1/72 pouce (0,3528 mm), unité précisément connue dans l'édition et l'industrie graphique sous le nom de *point*.

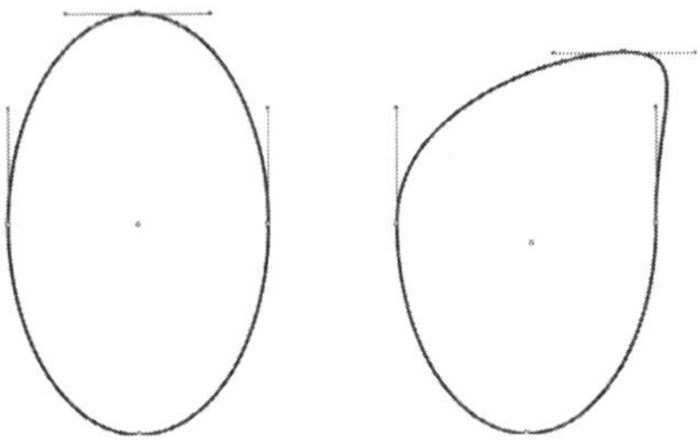

Figure 6.9 : À gauche, le tracé d'origine. À droite, le tracé après déplacement du point avec l'outil Sélection directe.

Manipuler des courbes avec les points directeurs

Si un point possède des *points directeurs* (situés à l'extrémité de petits segments de ligne ressemblant à un levier de vitesses), vous pouvez utiliser l'outil Sélection directe pour les ajuster. Vous agissez ainsi sur la forme des courbes reliées au point d'ancrage d'où ils partent.

TRUC

La ligne qui relie les points directeurs à la courbe s'appelle une *ligne directrice*. Ne vous inquiétez pas : vous êtes le seul à la voir. Elles ne s'impriment pas et ne s'affichent pas dans les documents Web. Elles servent uniquement à montrer quel point d'ancrage est actuellement contrôlé par le point directeur. La combinaison du point directeur et de la ligne directrice forme ce qu'on appelle couramment une *poignée directrice*, ou plus simplement une *poignée*.

Bien entendu, vous avez déjà remarqué que ces points et ces lignes sont tantôt visibles et tantôt non. Lorsque vous cliquez sur un point ou un segment avec l'outil Sélection directe, les poignées qui leur sont associées s'affichent. En revanche, si vous sélectionnez des points supplémentaires avec Maj-clic, elles disparaissent. La Figure 6.10 montre ce qui se passe quand vous cliquez sur plusieurs zones avec l'outil Sélection directe (ou que vous les entourez d'un rectangle de sélection).

Cliquez sur les poignées que vous voulez déplacer et faites-les glisser. Notez qu'il est très facile d'oublier une poignée si vous n'y prêtez pas attention. (Et évitez de pester, même si vous êtes seul !) La Figure 6.11 montre le tracé de la Figure 6.10 dont les points directeurs ont été déplacés.

TRUC

Vous pouvez modifier la taille des poignées en choisissant Édition/Préférences/Sélection et affichage des points d'ancrage. Dans la boîte de

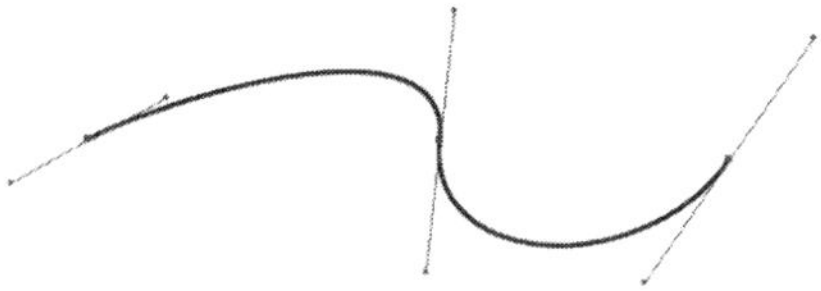

Figure 6.10 : La courbe sélectionnée révèle ses points directeurs et ses lignes directrices.

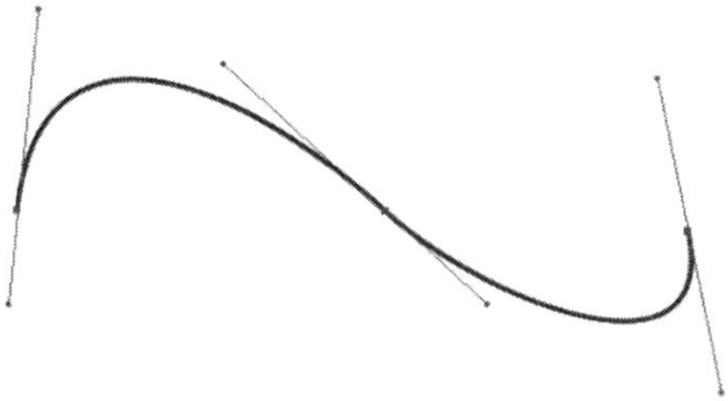

Figure 6.11 : La courbe de la Figure 6.10 une fois les points directeurs déplacés.

dialogue, cliquez sur l'image qui vous convient le mieux et cliquez sur OK : vous sélectionnerez plus facilement les points d'ancrage.

Ajouter et supprimer des points

Illustrator propose deux outils spéciaux pour ajouter des points à un tracé ou en supprimer : Ajout de point d'ancrage et Suppression de point d'ancrage. Tous deux sont situés dans le même emplacement du panneau Outils que la Plume.

Lorsque vous ajoutez un ou plusieurs points avec l'outil Ajout de point d'ancrage, le tracé ne change pas de forme. Malgré tout, vous pouvez les déplacer avec l'outil Sélection directe ou changer leur type avec l'outil Conversion de point directeur.

Quand vous supprimez un point avec l'outil Suppression de point d'ancrage, le tracé peut se modifier – légèrement ou radicalement – en fonction de sa forme.

Chapitre 7

S'exercer au dessin à la plume

Dans ce chapitre :

- Créer quatre types de points d'ancrage avec l'outil Plume.
- Dessiner des lignes droites avec l'outil Plume.
- Explorer les différences entre tracés ouverts et fermés.
- Dessiner des segments courbes avec l'outil Plume.

Contrairement à ses homologues dégoulinants d'encre, l'outil Plume n'est pas intuitif. Impossible de se contenter de le sélectionner et de gribouiller : ses fonctionnalités sont loin d'être évidentes. Cet outil ne ressemble à aucun autre instrument de dessin au monde. En revanche, il renferme des secrets et des pouvoirs qui dépassent ceux d'un simple outil physique. La Plume est une entrée métaphysique vers les paradis de l'exaltation artistique ; une fois que vous maîtriserez son fonctionnement, toutes les richesses d'Illustrator vous appartiendront. (Et ces métaphores vous laisseront peut-être même de marbre).

Jouer avec la plume, les tracés et les points d'ancrage

La Plume est l'outil qui vous permettra de créer les tracés utilisés par le langage Post-Script – sauf si vous êtes un expert de la programmation Adobe (auquel cas ce livre n'est pas du tout pour vous). Raisonnablement, je pars du principe que tel n'est pas le cas. Pour utiliser l'outil Plume, il est primordial de comprendre les points d'ancrage qui composent les tracés. Voici leurs caractéristiques :

- **Chaque tracé requiert au moins deux points d'ancrage.** "Un seul point ne fait pas un tracé", dit le proverbe.
- **Un tracé peut contenir un nombre illimité de points d'ancrage.** Il peut y en avoir des dizaines, ou des centaines, tant que ce chiffre n'est *pas* un, ni zéro.
- **Si un point d'ancrage possède un point directeur (un carré bleu que l'on peut sélectionner et déplacer avec la souris), le segment qui s'étend depuis ce point d'ancrage est courbe.**
- **Si un point d'ancrage n'a pas de point directeur, le segment qui s'étend depuis ce point d'ancrage est linéaire.**
- **Vous pouvez utiliser l'outil Plume pour créer quatre types de points d'ancrage différents** (point d'inflexion, sommet de droite, sommet de courbe et sommet mixte) pour indiquer au logiciel comment passer d'un segment à un autre. Prêt pour aller plus loin. C'est parti !

Points d'inflexion

Les *points d'inflexion* définissent une transition progressive dans la continuité de la courbe entre deux segments. Pour dessiner une ligne en forme de *S*, vous utilisez des points d'inflexion. La Figure 7.1 illustre deux points directeurs qui génèrent un point d'inflexion sur un tracé. La courbe s'infléchit de façon à suivre ces deux points directeurs.

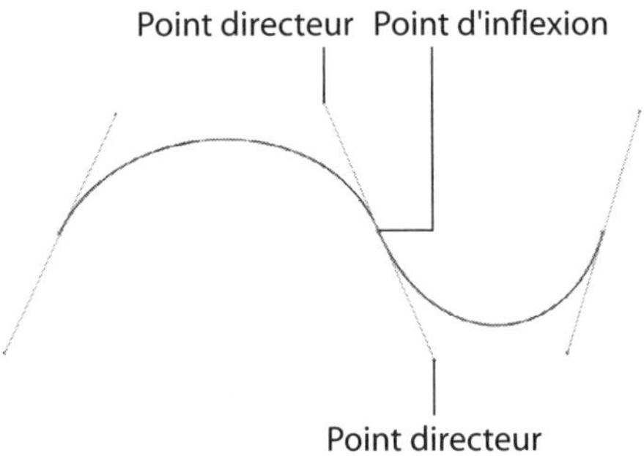

Figure 7.1 : Des points d'inflexion permettent au tracé de s'infléchir progressivement.

Sommets de droites

Les *sommets de droite* fonctionnent comme leur nom l'indique. Voici leurs caractéristiques :

- **Une ou deux lignes droites émergent de ces points.** À la Figure 7.2 par exemple, tous les points d'ancrage sont des sommets de droites.
- **Aucun point directeur n'émerge.** (Souvenez-vous que les points directeurs génèrent des courbes).

Ce type de point d'ancrage peut être assimilé à un angle dessiné avec un crayon et un rapporteur. Pour créer des sommets de droites avec l'outil Plume, cliquez et relâchez le bouton de la souris, *sans faire glisser le pointeur*. Relâchez immédiatement le bouton dès que vous entendez le clic.

Figure 7.2 : Utilisez des sommets de droites pour dessiner des tracés rectilignes.

Les sommets de droites permettent de dessiner des objets avec des angles abrupts, comme des rectangles et des triangles, autrement dit entièrement composés de lignes droites et non de courbes. Il est donc hors de question d'envisager de dessiner des serpents, des nuages ou des routes de campagne avec ces points.

Sommets de courbe

Si l'on prend l'exemple de la courbe de la lettre *m*, un *sommet de courbe* correspond au point où les deux ponts du *m* se rejoignent. Vu à travers une loupe, vous observerez un coin entre les deux ponts et deux courbes saillantes. Le sommet de courbe peut également vous faire penser à un double hameçon à l'envers. Il permet de créer des *m* mais aussi des cœurs (voir Figure 7.3).

Imaginez toutes les possibilités – des trèfles, des croissants de lune et toutes les formes présentes dans une boîte de céréales. (Mais pas de diamants bleus – ceux-là sont faits avec des sommets de droites). Attention pourtant : les sommets de courbe sont un peu bizarres. Pour en créer un, vous devez modifier un point d'ancrage existant en suivant ces étapes :

1. **Créez un point d'inflexion en même temps que vous créez le tracé.**

Figure 7.3 : Ce cœur présente deux sommets de courbe.

Cette procédure fonctionne mieux si vous avez dessiné au moins un segment linéaire.

2. **Appuyez sur Option (Mac) ou Alt (Windows) puis cliquez et faites glisser le point d'inflexion.**

   Un point directeur s'affiche – entièrement indépendant du point d'ancrage – à l'opposé du point. Cette nouvelle poignée contrôle l'emplacement de l'angle du double hameçon. Vous pouvez faire glisser la nouvelle poignée vers le premier point directeur (celui qui correspond au point d'inflexion d'origine) – ou dans une autre direction – sans affecter le premier point directeur.

Sommets mixtes

Pour dessiner des rectangles aux angles arrondis avec l'outil Plume – comme ceux des écrans de télévision classiques, des arcades, des cylindres ou de l'écran de votre iPhone – vous avez besoin de *sommets mixtes* qui fusionnent des points d'inflexion et des sommets de droite. On reconnaît un sommet mixte à la présence de deux segments linéaires avec un seul point directeur. Cette poignée incurve un des segments linéaires sans affecter l'autre segment. Si vous gardez à l'esprit qu'elle contrôle le segment *courbe* et non le segment *droit*, vous aurez moins de mal à vous en servir.

À l'instar des sommets de courbe (une version mutante des sommets de droite), vous ne pouvez pas dire : "J'en veux un" et pouf ! le voir apparaître à l'écran. Pour créer ce fameux sommet mixte, vous devez modifier un point d'inflexion ou un sommet de droite existant. Le type de point à modifier dépend de la courbe que vous souhaitez obtenir :

- Pour placer le segment courbe *avant* le point d'ancrage (le segment existant est courbe), vous convertirez un point d'inflexion.
- Pour placer le segment courbe *après* le point d'ancrage (le segment existant est linéaire), vous modifierez un sommet de droite.

La Figure 7.4 illustre un sommet mixte au milieu d'un tracé.

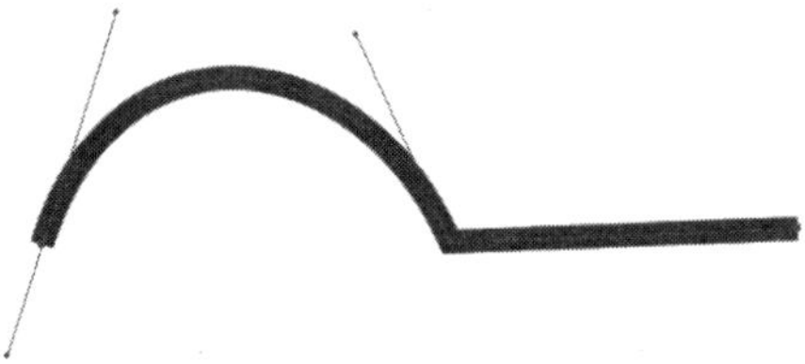

Figure 7.4 : Un sommet mixte

Démarrer à partir d'une courbe

Pour créer un sommet mixte à partir d'un point d'inflexion (afin que la courbe précède le point d'ancrage), suivez ces étapes (voir Figure 7.5) :

1. **Cliquez et faites glisser l'outil Plume.**

   Placez-vous dans le quart supérieur gauche d'un document Illustrator vierge, puis cliquez et faites glisser le pointeur de la souris vers le haut et vers la droite.

2. **Cliquez et faites glisser l'outil Plume pour créer une ligne courbe.**

   Démarrez le second tracé parallèlement au point de départ, à un centimètre environ vers la droite et faites glisser le pointeur vers le bas et vers la droite.

N'OUBLIEZ PAS

Pour visualiser le résultat, vous devez tracer au moins un segment linéaire avant de modifier le point d'ancrage. C'est la règle !

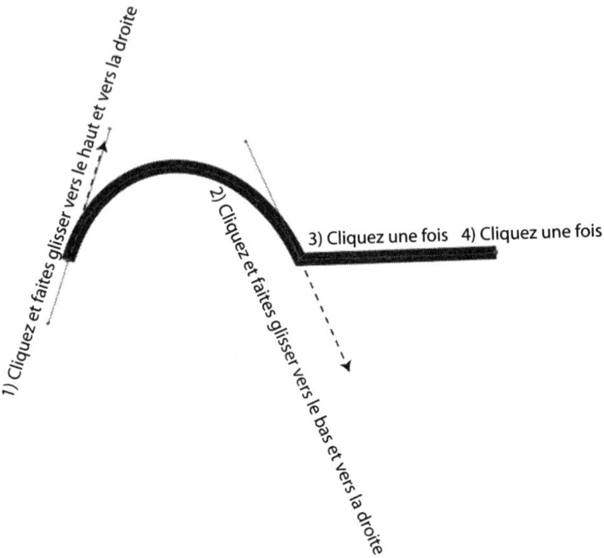

Figure 7.5 : Etapes pour créer le tracé illustré dans la Figure 7.4 en commençant avec un point d'inflexion.

Une fois l'étape 2 achevée, le segment que vous venez de tracer se termine par un point d'inflexion.

3. **Cliquez (sans faire glisser la souris !) sur le point d'inflexion qui s'est affiché après l'étape 2.**

   Le point directeur (la poignée) qui émerge du point d'ancrage disparaît.

4. **Déplacez le pointeur de la souris environ un centimètre plus loin à droite du point d'ancrage que vous venez de créer puis cliquez.**

   Un segment droit (droit car il n'est pas contrôlé par le point directeur) s'affiche. Les deux points directeurs (poignées) disparaissent de la ligne courbe que vous avez dessinée à l'étape 2. Le point d'ancrage à partir duquel vous avez tracé votre nouveau segment droit est un sommet mixte.

Démarrer à partir d'une droite

Pour créer un sommet mixte à partir d'un sommet de droite (de sorte que la courbe vienne après le point d'ancrage), suivez ces étapes (voir Figure 7.6) :

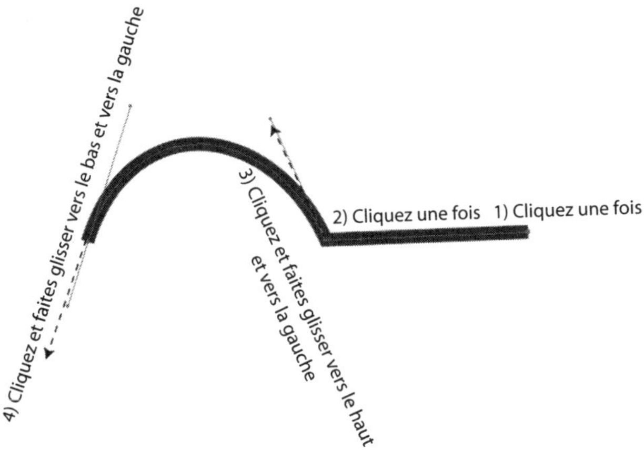

Figure 7.6 : Etapes pour dessiner le tracé de la Figure 7.4 en partant d'une droite.

1. **Avec l'outil Plume, cliquez une fois puis cliquez de nouveau (sans faire glisser la souris) pas trop loin.**

   Pour obtenir un tracé qui ressemble à la droite à droite de la Figure 7.4, commencez dans le quart supérieur droit d'un document Illustrator vierge et cliquez une fois.

2. **Déplacez le pointeur de la souris vers la gauche et cliquez (sans faire glisser la souris).**

   Un segment linéaire s'affiche. Vous en avez besoin pour mettre la conversion entre les deux points en évidence.

3. **Cliquez sur le sommet de droite que vous venez de créer ; maintenez enfoncé le bouton de la souris et faites-la glisser.**

   Pour obtenir un résultat comme celui de la Figure 7.4, glissez vers le haut et légèrement à gauche.

   Un nouveau point directeur (poignée) émerge du point d'ancrage.

4. **Cliquez plus loin et faites glisser la souris en l'éloignant du point d'ancrage.**

   Cliquez à gauche du précédent point d'ancrage, puis faites glisser la souris vers le bas et légèrement vers la gauche.

   Un segment courbe s'affiche. Le point d'ancrage entre les sommets de droite et les sommets de courbe est désormais un sommet mixte.

Tracer des lignes droites avec l'outil Plume

Avec une logique aussi implacable que celle de Sherlock Holmes (sans parler de celle de Spock), vous pouvez en déduire que vous allez utiliser des sommets de droite pour dessiner des lignes droites avec l'outil Plume. Elémentaire, mon cher Watson…

Que cela vous paraisse élémentaire ou non, vous allez voir cette merveille à l'œuvre. Pour dessiner un triangle avec l'outil Plume à l'aide de sommets de droites (voir Figure 7.7), suivez ces étapes :

1. **Avec l'outil Plume, cliquez (sans faire glisser la souris) dans la fenêtre Document.**

Figure 7.7 : Dessiner un triangle avec l'outil Plume.

   Un point d'ancrage s'affiche lorsque vous relâchez le bouton de la souris.

2. **Cliquez en dessous (sans faire glisser la souris) et légèrement à droite du premier point d'ancrage.**

   Lorsque vous relâchez le bouton, une ligne s'affiche entre le premier et le deuxième point d'ancrage. Les voilà reliés, ouverts et prêts à danser le rock. Vous venez de créer un très beau tracé.

3. **Cliquez (sans faire glisser la souris !) un peu à gauche du deuxième point d'ancrage.**

   Un superbe angle s'affiche. Peut-être est-ce une rampe de skateboard. On pourrait également y voir le signe "inférieur à" à l'envers, usé par toutes ces équations.

4. **Placez votre curseur sur le premier point d'ancrage et cliquez.**

   Vous venez de créer un triangle ! Félicitations ! Euclide serait fier de vous.

Pour obtenir des lignes droites, répétons-le, *ne faites pas glisser la souris*. Dans le cas contraire, vous risquez de tracer des courbes. Pour être honnête, il est plus difficile de ne *pas* faire glisser la souris pour obtenir des droites que de la faire glisser pour créer des courbes.

Tracés ouverts et fermés

Dans Illustrator, les tracés sont soit ouverts, soit fermés. Voici comment ils diffèrent :

- **Ouvert.** Un *tracé ouvert* possède des extrémités. Il commence à un emplacement et se termine à un autre – en deux mots, il s'agit d'un segment et non d'un polygone.
- **Fermé.** Un tracé fermé n'a pas de point de départ ni d'arrivée. Il délimite une forme continue (un cercle, une bande de Möbius, *etc.*).

Créer des courbes super précises avec l'outil Plume

L'outil Plume d'Illustrator est un modèle de précision. Il vous permet de dessiner quasiment n'importe quoi, dès que vous aurez maîtrisé le dessin des courbes, bien entendu.

La Plume n'est pas conçue pour vous exaspérer (pour autant que je le sache) mais, pour dessiner de belles courbes avec cet outil, vous aurez besoin d'un soutien psychologique. Les utilisateurs d'Illustrator qui s'imaginent dompter la plume sans aide, et sans le guide que vous tenez entre vos mains, peuvent vivre des mois (voire des années) de frustration avant que le déclic ne se fasse. Ils tombent par hasard sur des formes et des courbes qui leur conviennent et ils finissent par s'en sortir.

Dans les sections à venir, je vais vous épargner tous ces tâtonnements.

Maîtriser le glissement de la souris

Pour définir vers où vous souhaitez que votre courbe s'infléchisse, faites glisser la souris dans cette direction. Je sais, je sais, je vous ai dit plus haut de ne *pas* la faire glisser. Mais souvenez-vous qu'il s'agissait de tracer des droites. Ce qui n'arrange pas les choses, c'est que le glissement est sans doute le geste le moins intuitif possible pour créer des courbes. Mais entrons tout de même dans la bataille.

Si vous cliquez et que vous faites glisser la souris avec l'intention de créer une courbe, vous obtenez ce qui ressemble à une ligne droite, comme dans la Figure 7.8 (étrange, n'est-ce pas ?). Étonnamment, la "ligne" qui s'affiche est deux fois plus longue que la distance parcourue par le pointeur et s'étend dans deux directions à partir du point où vous avez cliqué en premier lieu. Une fois que vous relâchez le bouton de la souris, cette "ligne" est *toujours* une ligne droite et non une courbe.

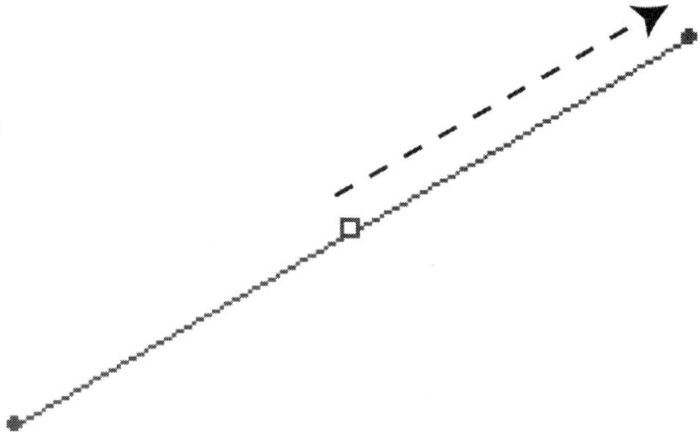

Figure 7.8 : Pour créer une courbe, tracez une ligne droite : la flèche indique la direction du mouvement.

À ce stade, que feriez-vous naturellement ? Évidemment, vous feriez glisser la souris dans une autre direction (à angle droit) à partir du dernier endroit où vous avez relâché le bouton. Et pour quels résultats ? Une horrible bosse incurvée, une nouvelle ligne "droite" s'étendant dans les deux sens à partir du deuxième point d'ancrage et une soudaine envie d'accabler Illustrator d'injures.

Le problème réside dans le deuxième point d'ancrage. Au lieu de cliquer et de faire glisser le pointeur vers un point situé à proximité de l'emplacement où vous avez relâché en premier lieu le bouton, vous devez toujours cliquer et faire glisser la souris (cette deuxième action n'est pas *absolument* nécessaire, mais j'y reviendrai plus tard) *à distance* de l'emplacement où vous avez relâché le bouton. Vous obtenez ainsi une magnifique courbe comme celle de la Figure 7.9. Étrange, n'est-ce pas ?

Pour créer une belle courbe harmonieuse qui réponde à vos besoins, suivez ces étapes :

1. **Cliquez et faites glisser la souris avec l'outil Plume.**

   Une ligne part du point d'ancrage où vous avez cliqué. Jusqu'ici, tout va bien.

Figure 7.9 : Une belle courbe régulière générée par l'outil Plume.

2. **Sans cliquer, placez votre curseur *à distance* du point d'ancrage *et* des points directeurs. Cliquez et faites glisser la souris dans la direction *opposée* à celle imposée lors de la création du premier point d'ancrage.**

   À ce stade, le mieux est que votre deuxième clic soit perpendiculaire aux lignes directrices. Pendant que vous faites glisser la souris, vous pouvez voir comment la courbe située entre les deux points d'ancrage prend forme. Si vous faites glisser la souris sur la même distance que pour définir le premier point d'ancrage, vous créez une courbe régulière.

3. **Enfin, placez le curseur à distance du deuxième point, en vous éloignant du premier point d'ancrage. Cliquez et faites glisser la souris vers l'arrière dans la même direction que pour créer le premier point d'ancrage.**

   Lorsque vous relâchez le bouton de la souris, une forme en *S* (ou un *S* à l'envers) se dessine, en fonction du sens de la première courbe. Bravo ! Si vous ne voyez aucun *S*, inspirez profondément, comptez jusqu'à 10 et essayez de nouveau. C'est un exercice de patience.

Appliquer la règle des tiers

La distance idéale pour faire glisser un point directeur à partir d'un point d'ancrage correspond au tiers de la longueur du segment linéaire. Par exemple, pour dessiner une courbe de 3 centimètres de longueur, faites glisser le point directeur d'un centimètre à partir du point d'ancrage.

La règle des tiers permet de créer des courbes aussi naturelles que possible. Si vous enfreignez cette règle, voici les lamentables résultats que vous allez obtenir :

- **Si vous faites glisser la souris sur une distance trop courte**, vos courbes seront trop aplaties au milieu du segment linéaire et trop prononcées au niveau des points d'ancrage.

- **Si vous faites glisser la souris sur une distance trop longue** , vos courbes seront assez prononcées au milieu du segment linéaire et trop aplaties aux points d'ancrage (à l'instar de la courbe de droite de la Figure 7.10).

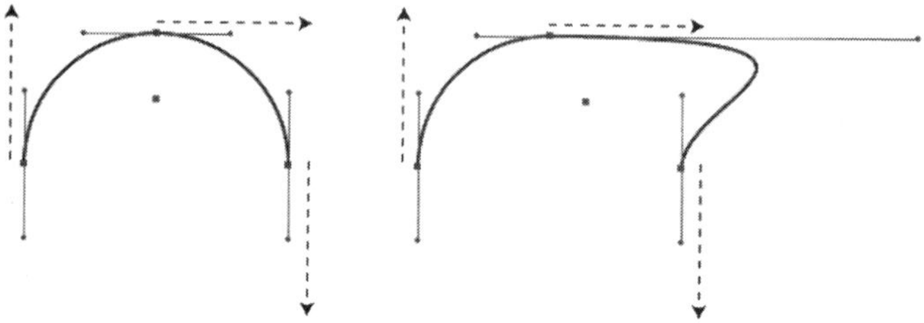

Figure 7.10 : À gauche : Points d'ancrage avec des lignes de point directeur situées à un tiers de la longueur du tracé. À droite : Glissement trop important de la souris.

À gauche, la Figure 7.10 montre une courbe "parfaite" créée grâce à un usage adéquat des lignes des points directeurs situés à un tiers de la longueur du tracé. Bien sûr, il est possible d'utiliser l'outil Sélection directe (la flèche évidée) pour régler la position des points directeurs une fois qu'ils sont dessinés, mais la règle des tiers vous évitera bien des ennuis.

Règles pour les deux autres tiers

La règle des tiers est la plus importante lorsque vous utilisez l'outil Plume pour dessiner des courbes. Bien entendu, vous devez également tenir compte des deux autres tiers du segment linéaire ; c'est là que quelques humbles règles peuvent vous servir. Même si vous ne prévoyez pas de les appliquer tout de suite, vous devez au moins vous familiariser avec elles.

- **Faites glisser la souris dans le sens du tracé.** En faisant glisser la souris en arrière vers le segment linéaire, vous n'obtiendrez que des courbes difficiles à contrôler et des segments linéaires bizarres entre le dernier point d'ancrage et celui avec lequel vous travaillez. Pour revenir vers le segment linéaire, placez un point d'ancrage à proximité du dernier que vous avez créé. La Figure 7.11 montre comment se comporte un tracé lorsque vous faites glisser la souris dans le mauvais sens.

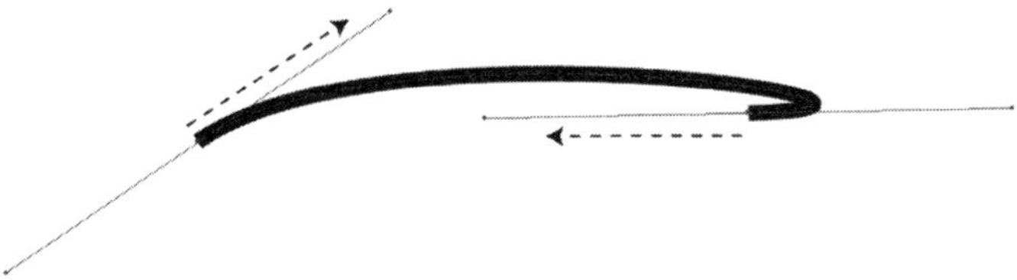

Figure 7.11 : Le deuxième point (à droite) a été créé en faisant glisser la souris vers la gauche, ce qui donne un tracé bizarre.

- **Concentrez-vous sur le prochain segment ainsi que sur celui en cours.** Vous noterez que le segment linéaire entre le précédent point d'ancrage et celui en cours peut vous distraire car il change à mesure que la souris bouge. Si vous vous concentrez uniquement sur ce segment, le point directeur que vous manipulez pour définir le prochain segment n'aura ni la bonne longueur, ni le bon angle. Lorsque vous utilisez l'outil Plume, vous devez contrôler le passé, le présent et l'avenir. (Outre ce détail, ce n'est pas difficile du tout).
- **Ne corrigez pas trop une courbe mal dessinée.** Si vous vous êtes trompé en définissant le dernier point directeur, n'essayez pas de "corriger" le segment linéaire avec le point d'ancrage que vous êtes en train de manipuler. Concentrez-vous plutôt sur le prochain segment et ignorez pour l'heure cette bévue. Vous pourrez toujours y revenir avec l'outil Sélection directe *après* avoir terminé le tracé. Le Chapitre 6 explique en détail comment ajuster un tracé après-coup.
- **Variez la longueur des points directeurs selon les besoins.** Cette règle fait exception aux deux précédentes (il en fallait bien une). Si vous cliquez, que vous faites glisser la souris et que vous obtenez un segment parfait, mais que vous vous rendez compte que le segment suivant a besoin d'une ligne directrice plus longue ou plus courte en gardant le même angle, *relâchez le bouton de la souris lorsque vous êtes satisfait du segment.*

  Cliquez ensuite de nouveau sur le même point d'ancrage et faites glisser dans la même direction que précédemment. Lorsque vous faites passer l'angle du point directeur de "l'autre" côté (où se trouve le segment précédent), vous ne modifiez pas la longueur de cette ligne directrice. Par ailleurs, il est aisé d'adapter l'angle car vous avez un aperçu des versions "avant" et "après" du précédent segment linéaire.

- **Marquez les transitions par des points d'ancrage.** Un *point de transition* détermine l'endroit où la courbe change de sens (va dans le sens des aiguilles d'une montre ou *vice versa*). La courbure peut être plus ou moins importante. La Figure 7.12 montre un beau tracé courbe avec des points d'ancrage placés comme il se doit aux points de transition.

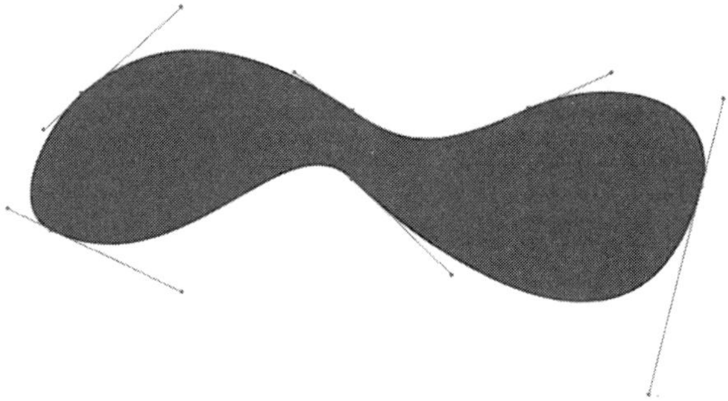

Figure 7.12 : Ce tracé comprend des points placés aux "bons" endroits pour un résultat optimal.

- **Pensez à l'environnement.** Ne placez pas de points d'ancrage là où ils sont inutiles. Cette règle s'applique à tous les types de points. Moins vous en avez et mieux vous pourrez modifier le tracé (en gardant à l'esprit la règle précédente, bien sûr). L'impression n'en sera que plus rapide et de meilleure qualité.

TRUC

Maintenez enfoncée la touche ⌘ (Ctrl pour Windows) pour remplacer l'outil actif par l'outil de sélection utilisé précédemment. Ce raccourci est très pratique si vous dessinez avec la Plume car il permet de déplacer des points même lorsque l'outil est sélectionné. Cliquez sur l'outil Sélection directe avant de choisir l'outil Plume. Si vous cliquez, que vous faites glisser la souris, puis que vous vous apercevez que vous avez cliqué au mauvais endroit, il suffit d'appuyer sur ⌘/Ctrl. L'outil Sélection directe est temporairement sélectionné. Déplacez le point d'ancrage. Relâchez la touche ⌘/Ctrl : votre point d'ancrage s'inscrit à son nouvel emplacement et votre pointeur reprend automatiquement la forme de l'outil Plume.

Créer des points d'ancrage avec l'outil Plume

Un peu de pratique avec les sommets de courbes et les points d'inflexion fera de vous un expert des transitions en douceur entre chaque segment linéaire. Ces points d'ancrage sont assez simples à créer. Il suffit de cliquer, de dessiner un nouveau point et le tour est joué ! Le sommet de courbe et le sommet mixte sont un peu plus complexes : ils requièrent toujours deux étapes.

Sommets de courbe revisités

Comme deux courbes partent d'un sommet de courbe, ce dernier nécessite deux points directeurs (un pour chaque courbe). Comme les sommets de courbe ancrent des courbes indépendantes, ces points directeurs doivent l'être aussi. Voici comment procéder. Lorsque vous tracez un point d'inflexion, vous pouvez le convertir rapidement en sommet de courbe en appuyant sur la touche Option (Alt pour Windows) puis en la relâchant. Vous "dissociez" ainsi les lignes de la poignée de contrôle en lignes indépendantes.

Vérifiez que la longueur et l'angle du segment conviennent avant d'appuyer sur Option/Alt. Le seul moyen de modifier la ligne après-coup consiste à interrompre le tracé et à le modifier avec l'outil Sélection directe. Le Chapitre 6 contient toutes sortes d'astuces pour réaliser des ajustements précis à l'aide de cet outil.

Sommets mixtes revisités

Sur le même principe, vous pouvez créer des sommets mixtes à partir de points d'inflexion ou de sommets de droite – pendant le tracé. Voici comment procéder :

- **Pour tracer une courbe à partir d'une ligne droite,** pendant la création d'un point d'inflexion, appuyez sur Option/Alt après avoir cliqué *mais avant* de relâcher le bouton de la souris. Cette action permet de dessiner le point directeur du prochain segment linéaire sans affecter le segment précédent, comme d'ordinaire dans Illustrator. Pour créer la courbe, faites glisser le point directeur vers l'emplacement de votre choix.
- **Pour passer d'une courbe à une autre ligne** (avec un sommet de courbe au lieu d'un point d'inflexion), cliquez et faites glisser la souris comme si vous créiez un point d'inflexion. Une fois que la première courbe vous satisfait, mais *avant* de relâcher le bouton de la souris, appuyez sur Option/Alt. Le deuxième point directeur se déplace alors indépendamment du premier. Utilisez ce raccourci clavier pour déplacer le point directeur vers l'emplacement de votre choix.

Ces deux techniques demandent un peu de pratique, car tout dépend du moment où vous appuyez sur la touche Option/Alt. Ne vous inquiétez pas. Si vous n'y arrivez pas du premier coup, vous disposez toujours de l'outil Conversion de point directeur.

Dessiner des formes avec l'outil Plume

Dans cette section, vous allez apprendre à tracer une forme de base. Le dessin de formes plus complexes n'en sera alors que plus simple. Prenez l'exemple d'un simple cercle. Lorsque vous le tracez dans Illustrator, vous pouvez obtenir une multitude de résultats différents avec l'outil Plume.

Tracer un cercle avec l'outil Plume

Vous vous demandez sans doute : "Pourquoi serait-on suffisamment idiot pour dessiner un cercle avec l'outil Plume alors que le résultat est parfait avec l'outil Ellipse ?" (voir le Chapitre 4). Voici plusieurs raisons :

- **À force de pratique, on atteint la perfection.** Un cercle est un objet entièrement composé de points d'inflexion. Quand vous aurez maîtrisé le cercle, vous serez devenu un expert en courbes !
- **L'outil Ellipse permet *toujours* de tracer des cercles parfaits,** mais vous pouvez avoir besoin de plus de créativité. L'outil Plume permet de dessiner des cercles imparfaits bien plus rapidement qu'en modifiant un cercle parfait créé avec l'outil Ellipse.

Sans plus de cérémonie, suivez ces étapes illustrées dans la Figure 7.13.

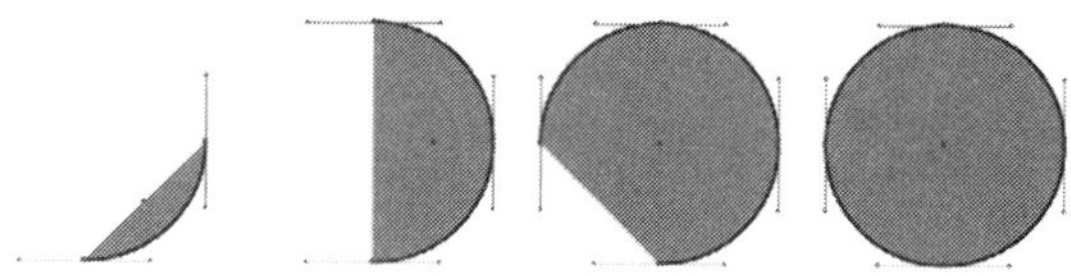

Figure 7.13 : Tracer un cercle avec l'outil Plume.

1. **Maintenez la touche Maj enfoncée, cliquez et faites glisser la souris vers la droite avec l'outil Plume ; étendez le point directeur d'un centimètre environ.**
2. **Maintenez la touche Maj enfoncée. Cliquez à un centimètre au-dessus du premier point d'ancrage vers la droite.**

   Vous venez de dessiner un très bel arc de cercle qui ressemble à une rampe de skateboard.

3. **Maintenez toujours la touche Maj enfoncée. Cliquez à un centimètre au-dessus du deuxième point d'ancrage vers la gauche (à l'aplomb du premier) et faites glisser la souris d'un centimètre environ vers la gauche.**

   Vous obtenez un superbe demi-cercle. Vous venez de faire la moitié du travail.

4. **Avec la touche Maj toujours enfoncée (attention à la crampe), cliquez à environ un centimètre à gauche du premier point d'ancrage, à l'opposé du deuxième.**

   Le dernier clic est maintenant limpide.

5. **Cliquez sur le premier point d'ancrage, faites glisser la souris d'un centimètre vers la droite puis relâchez (enfin) la touche Maj.**

Chapitre 8

Tracer des droites et des courbes sans la Plume

Dans ce chapitre :

- Découvrir pourquoi tout le monde aime l'outil Crayon.
- Générer des tracés avec le Crayon.
- Modifier des tracés existants.
- Configurer les préférences du Crayon.
- Lisser les tracés irréguliers.
- Choisir entre la Plume et le Crayon.
- Utiliser l'outil Trait.

Au commencement était l'outil Plume. Et les utilisateurs dirent que l'outil Plume était bon. Mais ils dirent aussi qu'il était trop difficile et agaçant à utiliser. Et inefficace pour créer rapidement des tracés. Et les utilisateurs ronchonnèrent. Et voici qu'Adobe leur donna le *Crayon* – le merveilleux crayon magique qui permet de créer des tracés aussi facilement qu'à main levée. Et les utilisateurs se réjouirent. Mais Adobe alla plus loin et leur donna trois autres outils : le Trait, l'Arc et la Spirale.

Utiliser l'outil Crayon comme un crayon

La souris n'a jamais été un bon outil de dessin : elle demande une main ferme et une patience d'ange. Mais c'est terminé. De nos jours, le crayon d'Illustrator transforme le plus impatient et le plus stressé des Picasso en herbe en maître de l'infographie. (On se sent mieux rien qu'à le regarder, non ?)

Dessiner sans effort et réduire le stress

L'outil Crayon a pour vocation de vous aider à dessiner exactement ce que vous voulez à votre propre rythme. Le résultat ne dépend pas de la vitesse du mouvement (bon courage à ceux qui ont une date butoir).

Le Crayon crée des traits lisses, même si vous avez la tremblote (sauf si vous le configurez pour obtenir des tracés saccadés.) Il est également intuitif. Non seulement il ressemble à un crayon, mais quand vous cliquez-glissez, il trace une ligne qui suit plus ou moins le mouvement, presque comme un vrai crayon. (Comparez avec la Plume. Elle ressemble bien à une plume, mais ne fait rien comme une plume, même de loin !) Et il vous permet de corriger vos erreurs, sans même devoir cliquer sur un point ou une poignée.

Les étapes suivantes (illustrées à la Figure 8.1) expliquent comment l'utiliser :

1. **Choisissez l'outil Crayon dans le panneau Outils.**

Figure 8.1 : Dessiner avec l'outil Crayon.

   Votre pointeur se transforme (surprise !) en crayon.

2. **Cliquez et faites-le glisser dans le document. Une ligne en pointillé apparaît.**

   Comme les cailloux du petit Poucet, ces points mémorisent votre parcours.

3. **Quand vous avez suffisamment de cailloux (points), relâchez le bouton de la souris.**

   Un tracé se forme à l'emplacement des petits cailloux.

Quelques exceptions inattendues

Vous avez raison. Cela a l'air *trop* facile. Malgré son indéniable magie, le Crayon peut vous réserver des surprises désagréables. En voici quelques exemples (à éviter si possible) :

- **Vous ne parvenez pas à prolonger le trait.** Pour pouvoir le continuer, vous devez le sélectionner. Si vous arrêtez de dessiner, que vous désélectionnez le tracé par une action quelconque puis que vous recommencez à dessiner, vous créez un second tracé au lieu de poursuivre le premier. Pour le continuer, il faut le sélectionner avant de reprendre le Crayon. Appuyez sur la touche Commande (Mac) ou Ctrl (Windows) pour accéder à l'outil Sélection, relâchez-la et recommencer à dessiner en partant de l'une des extrémités du tracé.

  Pour accéder immédiatement au pointeur de sélection, appuyez sur la touche Commande (Mac) ou Ctrl (Windows).

- **Vous modifiez accidentellement un tracé existant.** Si vous commencez un nouveau tracé au crayon près d'un tracé sélectionné, vous risquez de modifier ce dernier au lieu d'en créer un nouveau. Peu importe qu'il ait été créé avec la Plume, le Crayon, le Trait, l'Arc, la Spirale, l'Étoile ou tout autre outil d'Illustrator. Le Crayon (adaptabilité ou excès de zèle) peut tous les modifier.

- **Vous créez un tracé trop irrégulier ou trop lisse.** Vous pouvez paramétrer le Crayon pour qu'il soit plus ou moins fidèle. Dans ce cas, *fidèle* signifie qu'il suivra précisément chacun de vos mouvements. Si vous changez les préférences du Crayon (accessibles en double-cliquant sur l'icône de l'outil), elles sont mémorisées et ne reviennent jamais automatiquement aux paramètres par défaut.

- **Vous obtenez un tracé inattendu.** Le crayon n'est pas en cause, mais le phénomène n'est pas inconnu de ses habitués. Si quelqu'un avant vous a défini un contour ou un fond un peu spécial, patatras, vous voilà devant un beau gâchis. Heureusement, vous pouvez rétablir les propriétés par défaut en appuyant sur la touche D. Vous revenez instantanément à la normale (du moins en ce qui concerne le tracé).

Les multiples fonctions du Crayon

Si vous avez déjà utilisé un couteau suisse, vous êtes à même d'apprécier la polyvalence de cet outil, dont les possibilités étonnantes dépassent de loin celles d'un simple crayon. Vous l'emploierez pour modifier des tracés existants, en créer de nouveaux, relier deux tracés ou fermer un tracé ouvert.

Mais ce n'est pas tout ! Vous pouvez définir vos propres préférences en fonction de votre façon de dessiner et utiliser également deux de ses variantes bien pratiques : les outils Arrondi et Gomme de tracé (cachés derrière le Crayon dans le panneau Outils). L'Arrondi (un crayon rayé) lisse les tracés, tandis que la Gomme (un crayon à l'envers) vous permet d'effacer des portions de tracé sans crainte d'en retrouver des débris dans votre clavier.

Personnaliser l'outil Crayon

Définissez les préférences de l'outil Crayon en double-cliquant sur son icône dans le panneau Outils : la boîte de dialogue Options de l'outil Crayon s'ouvre (voir Figure 8.2). Tel quel, le Crayon fonctionne très bien. Pour être honnête, si ses performances sont raisonnables pour tout un chacun, il n'est peut être pas configuré aussi bien que possible pour vous.

Haute (et basse) fidélité

Le premier curseur en-dessous de Tolérances (voir Figure 8.2) permet de régler la fidélité, qui affecte la façon dont le tracé suit le mouvement de l'outil. Une valeur faible (curseur vers la gauche) produira un tracé très précis, avec autant de points d'ancrage que nécessaire. Une valeur élevée (curseur vers la droite) générera une ligne plus lisse, avec moins de points. Le dessin aura un aspect plus naturel dans le premier cas. Dans le second, il sera plus homogène mais aura l'apparence typique d'une illustration créée sur ordinateur.

Comparez les deux images de la Figure 8.3. Celle de gauche a été créée avec une fidélité fixée à 0,5 pixels (la valeur la plus faible), celle de droite avec une fidélité de 20 pixels (la plus élevée). Ce paramètre n'est pas destiné à produire des effets spéciaux, mais à adapter l'outil à votre style personnel.

La fidélité s'exprime en pixels, mais ce n'est pas vraiment une unité de mesure. En l'occurrence, un *pixel* désigne une distance sur votre écran. (Pour plus d'informations, voir l'encadré ci-après, "Combien mesure un pixel ?")

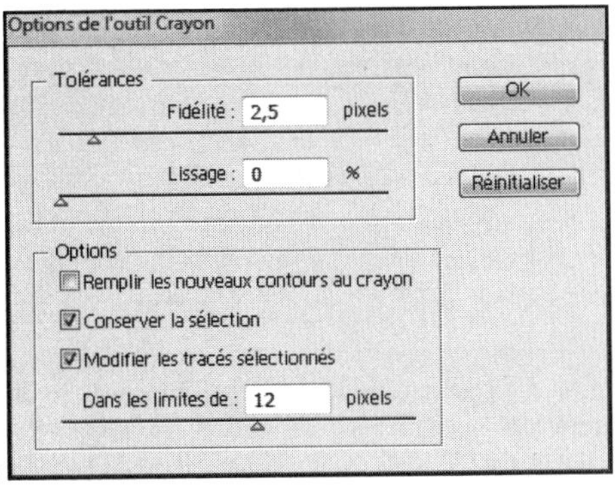

Figure 8.2 : Définissez ici les attributs du Crayon.

Figure 8.3 : À gauche, haute fidélité. À droite, basse fidélité.

Il est à peu près aussi facile de dessiner avec une souris qu'avec une brique : les lignes ont plutôt tendance à trembler. Le curseur Fidélité détermine à quel point votre main peut être hésitante et continuer à produire des tracés lisses. Le Crayon commence par générer une série de points. Quand vous relâchez le bouton, le logiciel marque une pause d'une fraction de seconde et calcule une ligne imaginaire, qui est la moyenne de tous les mouvements que vous venez d'exécuter avec la souris. Puis il compare cette ligne imaginaire avec la suite de points et crée le tracé final en tenant compte du paramétrage du curseur Fidélité.

Supposons que celui-ci soit de 20 pixels – le maximum possible. Lorsque vous tracez une ligne naturellement irrégulière, vous vous écartez de la ligne imaginaire. Avec une valeur de 20 pixels, Illustrator part du principe que cet écart est involontaire et induit par la nature rebelle de la souris (ou une absorption massive de café), et il l'ignore purement et simplement. Il considère tout ce qui dépasse de plus de 20 pixels comme intentionnel, et ajoute alors un point d'ancrage.

Lissage à gogo

Le deuxième curseur de la boîte de dialogue Options de l'outil Crayon (voir Figure 8.2) est un peu plus compliqué à appréhender. Il se nomme *Lissage* – mais le premier curseur (Fidélité) ne lissait-il pas l'image, lui aussi ?

Voici la différence. Ce paramètre aide à compenser le tremblement un peu différemment que le paramètre Fidélité. Ce dernier aide Illustrator à décider si l'aspect du tracé est volontaire ou dû à l'incommodité de la souris. En revanche, le paramètre Lissage sert à déterminer quelle sorte de point vous vouliez créer quand vous avez modifié la direction du tracé.

Quand vous changez de sens, vous pouvez créer un sommet ou un point d'inflexion. Quand Illustrator convertit votre suite de points en tracés, il doit choisir le type de point à utiliser. Avec un réglage de 0 %, le Crayon crée des sommets à peu près partout. Avec un réglage de 100%, il insère des points d'inflexion à chaque changement de direction, sauf les plus extrêmes.

La valeur qui vous convient le mieux est affaire de style personnel. Si vous êtes stressé comme un vendeur de ballons dans un concours de tir à l'arc, choisissez 100 %. Si votre main est aussi ferme que celle d'un héros de western, conservez 0%. Faites des essais pour trouver le bon réglage. La Figure 8.4 présente la même image réalisée avec deux valeurs de lissage différentes. Remarquez comment elles ont modifié l'aspect du dessin.

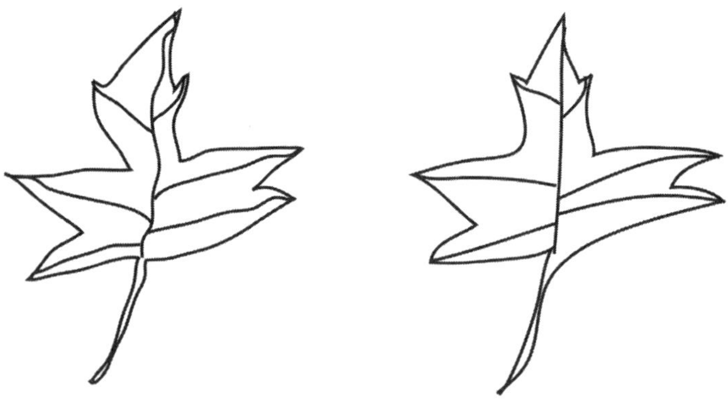

Figure 8.4 : À gauche, une valeur de lissage de 0%. À droite, une valeur de 100 %.

Autres options de l'outil Crayon

La boîte de dialogue Options de l'outil Crayon propose trois autres options : Remplir les nouveaux contours au crayon, Conserver la sélection et Modifier les tracés sélectionnés. Elles déterminent le sort du tracé et la façon dont le Crayon interagit avec lui (ou avec d'autres tracés sélectionnés).

- **Avec l'option Remplir les nouveaux contours au Crayon cochée.** La couleur de fond spécifiée dans le panneau Outils sera appliquée à tous les tracés que vous réaliserez avec le Crayon. Si vous la décochez, vous définissez la couleur Sans.
- **Avec l'option Conserver la sélection cochée.** Le tracé que vous venez de créer reste sélectionné quand vous relâchez le bouton de la souris.
- **Avec l'option Conserver la sélection décochée.** Vous l'avez deviné : le tracé ne reste pas sélectionné.

Cette dernière option détermine également la façon dont le Crayon affecte les tracés sélectionnés :

- **Modifier les tracés sélectionnés.** Quand vous utilisez le Crayon près d'un tracé sélectionné (avec l'option Conserver la sélection activée), le tracé que vous réalisez remplace le précédent. Vous pouvez même fixer la distance au tracé dans le champ Dans les limites de, en-dessous de l'option Modifier les tracés sélectionnés.

  Quand l'option Modifier les tracés sélectionnés est désactivée, le Crayon ne dépend pas de l'option Conserver la sélection. Quand elle est activée, elle modifie le comportement du Crayon : au lieu de créer un nouveau tracé à côté d'un tracé sélectionné, il remplace le trait que vous retouchez.

- **Avec l'option Conserver la sélection cochée.** Vous pouvez dessiner un tracé, vous arrêter et reprendre au même endroit. Si vous décidez de remplacer le tracé, placez le Crayon à côté et commencez-en un autre. (Pouf ! L'ancien disparaît.) Mais attention : vous avez interdit au Crayon de dessiner plusieurs tracés à proximité les uns des autres.
- **Avec les options Conserver la sélection et Modifier les tracés sélectionnés cochées.** Chaque tracé que vous réalisez à proximité d'un tracé sélectionné remplace ce dernier.
- **Avec l'option Conserver la sélection décochée.** Le Crayon ne peut modifier que les tracés que vous lui indiquez (avec un outil de sélection). En décochant la case Conserver la sélection,

vous permettez au Crayon de dessiner des éléments comme de l'herbe ou des cheveux. Vous pourrez aussi les *modifier*, mais n'oubliez pas de les sélectionner d'abord.

Modifier d'autres types de tracés

Le Crayon possède une propriété stupéfiante : il peut modifier tous les tracés et pas seulement les siens. Rien ne vous empêche de vous en servir pour retoucher un cercle, une étoile ou un tracé réalisé avec la Plume. Vous pouvez remplacer une portion de n'importe quel tracé, pourvu que Modifier les tracés sélectionnés soit activé dans la boîte de dialogue Options de l'outil Crayon. (Voir la section “Personnaliser l'Outil Crayon” au début de ce chapitre.) Vérifiez qu'il est sélectionné, puis cliquez et faites glisser le pointeur à côté pour le remodeler. Voici les étapes du processus :

1. **Sélectionnez le tracé à modifier.**

   Celui-ci n'a pas été nécessairement dessiné au Crayon.

2. **Sélectionnez l'outil Crayon.**

3. **Approchez-le de la partie que vous voulez modifier.**

   Quand la petite croix à droite du Crayon disparaît, vous savez que vous êtes suffisamment près pour cliquer.

4. **Cliquez et dessinez une nouvelle forme pour cette partie du tracé.**

   Vous êtes libre de choisir la forme, mais elle doit commencer et finir près du tracé existant, sinon le nouveau tracé ne se connectera pas à l'ancien.

5. **Relâchez le bouton de la souris.**

   Le tracé se remodèle selon la nouvelle forme.

Arrondir les angles

L'outil Arrondi (caché derrière le Crayon) sert également à lisser les tracés. Il modifie l'aspect d'un tracé *après* qu'il a été dessiné, comme le fait le Crayon *pendant* que vous le dessinez.

Faites glisser l'outil Arrondi sur un tracé sélectionné pour le lisser. Vous n'êtes pas limité à ceux réalisés avec le Crayon : tous les tracés sont éligibles. Toutefois, le résultat dépend du type de tracé que vous modifiez (s'il est déjà lisse, vous ne verrez pas grande différence) et des préférences de l'outil.

Vous accédez à ces préférences en double-cliquant sur son icône. Il n'existe que deux paramètres : Fidélité et Lissage. Ils fonctionnent de la même manière que ceux de la boîte de dialogue Options de l'outil Crayon (voir la section “Personnaliser l'outil Crayon”.) La seule différence est que vous appliquez ces réglages à des lignes préexistantes. En faisant glisser l'outil Arrondi sur un tracé, vous obtenez le même résultat que si vous l'aviez réalisé en utilisant les différentes propriétés du Crayon.

Le procédé (illustré à la Figure 8.5) est extrêmement simple.

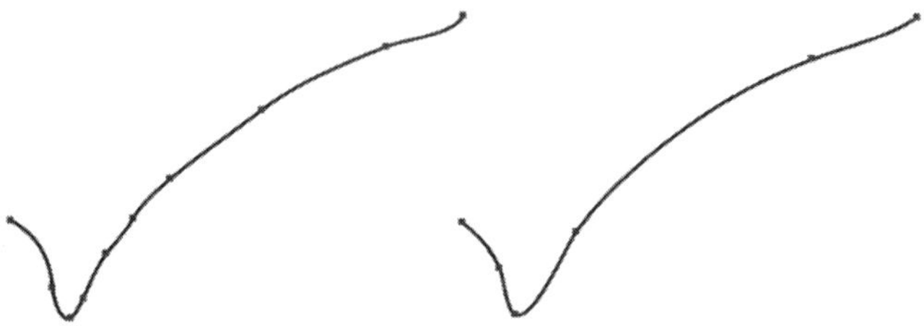

Figure 8.5 : L'outil Arrondi en action.

1. **Sélectionnez le tracé que vous voulez modifier.**
2. **Faites glisser l'outil Arrondi sur le tracé ou à proximité.**

   Et voilà ! Le tracé est lissé.

TRUC

L'outil Gomme de tracé est si élémentaire qu'il ne mérite même pas une section. Pour l'utiliser, cliquez sur son icône et faites-le glisser sur la portion de tracé que vous voulez effacer. Vous devrez peut-être vous y prendre à deux fois : soyez patient. Cet outil fonctionne avec tous les tracés, qu'ils aient été réalisés au crayon ou non. De plus, vous n'avez pas de préférences à définir.

Outre l'outil Gomme de tracé, Illustrator dispose également d'un outil Gomme ordinaire. Ils sont faciles à confondre, mais se comportent très différemment. La Gomme fonctionne plus comme une vraie gomme : elle efface des portions de votre illustration indépendamment des tracés sous-jacents. En revanche, la Gomme de tracés n'efface… que des tracés.

Combiner la Plume et le Crayon

La Plume et le Crayon sont les deux principaux outils de dessin d'Illustrator, et ils fonctionnent très bien ensemble. À mesure que vous saurez mieux quel outil choisir et quand, votre travail sera plus fluide et vos illustrations plus fidèles à vos projets.

Passer d'un outil à l'autre

Une technique courante pour dessiner consiste à alterner l'emploi de la Plume et du Crayon. Vous pourriez cliquer sur chaque outil chaque fois que vous décidez d'en changer, mais vous irez beaucoup plus vite avec les raccourcis clavier. Appuyez sur la touche P pour activer la Plume, et sur la touche N pour activer le Crayon.

Pour passer d'une ligne courbe fluide à une ligne droite bien nette et *vice versa*, permutez entre les deux outils. Il suffit de cliquer à l'extrémité du tracé et de continuer à dessiner.

Précision ou vitesse : c'est votre choix

Voici un aide-mémoire qui vous aidera à choisir l'outil qui convient le mieux à chaque type de forme ou de tracé.

Formes et tracés à dessiner à la Plume

Pour tracer des lignes droites, choisissez la Plume, car le Crayon n'en est pas réellement capable. Pour créer des formes ou des tracés dotés de courbes lisses, privilégiez la Plume : la ligne que crée le Pinceau n'est qu'une moyenne de tous les points, ce qui rend toute précision impossible. Enfin, pour réaliser un logo ou toute autre illustration qui requiert de l'exactitude, la Plume vous offre une précision de l'ordre du millième de millimètre.

Formes et tracés à dessiner au Crayon

Lorsque la rapidité importe plus que la précision – quand vous voulez par exemple ajouter une multitude de piquants à un hérisson et que leur longueur et leur position exacte sont indifférentes – choisissez l'outil Crayon. Pour les esquisses rapides, optez également pour le Crayon : contrairement à la Plume, il vous évite de devoir vous soucier de chaque point d'ancrage. Vous pouvez ainsi vous concentrer sur le dessin, et laisser à Illustrator le soin de gérer le reste. (Vive le progrès !)

Des lignes faciles et rapides

Vous savez maintenant qu'il est impossible de tracer une ligne droite avec le Crayon, et vous avez vu à quel point la Plume peut être rébarbative. Vous pensez donc sans doute que ce serait bien plus facile avec un bon vieux stylo technique et une règle en métal. Cessez de vous plaindre ! Adobe a pensé à un autre outil pour les phobiques de la Plume : le Trait. Cet outil permet de tracer des lignes rapidement et sans difficulté.

Travailler avec l'outil Trait

Pour créer une ligne avec l'outil Trait, il suffit de le sélectionner dans le panneau Outils, de cliquer au point de départ voulu, de faire glisser le pointeur et de relâcher le bouton de la souris au point d'arrivée. Vous pouvez également sélectionner l'outil et cliquer dans le plan de travail. La boîte de dialogue Options de l'outil Trait s'affiche : saisissez une longueur et un angle et cliquez sur OK.

Comme tout ce qui est facile, l'emploi de l'outil Trait a ses inconvénients. Par exemple, vous êtes limité à une seule ligne, comme le montre la Figure 8.6. Il est impossible de créer des lignes connectées, comme avec la Plume ou le Crayon. En revanche, vous obtiendrez des lignes parfaitement horizontales ou verticales en appuyant simultanément sur la touche Maj. De même, une diagonale tracée avec la touche Maj enfoncée adopte un angle à 45°. Vous pouvez ensuite modifier la ligne en sélectionnant et en déplaçant l'une de ses extrémités avec l'outil Sélection directe.

Définir les options de l'outil Trait

Un double-clic sur l'icône du Trait dans le panneau Outils affiche la boîte de dialogue Options de l'outil Trait (voir Figure 8.7). Elle est très simple et n'offre que trois options : Longueur, Angle et Remplir le Trait. Quand vous désélectionnez Remplir le trait, la ligne apparaît sous forme de contour, indépendamment de la couleur sélectionnée dans le panneau Outils ou le panneau Couleur. Quand vous avez terminé la ligne, la couleur de contour revient automatiquement à Sans dans les deux panneaux.

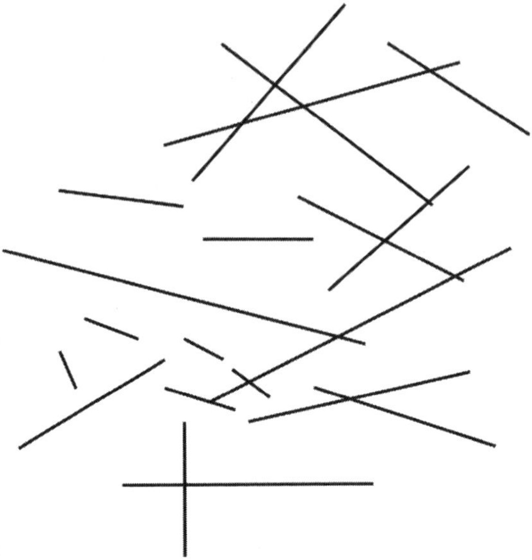

Figure 8.6 : L'outil Trait trace facilement des droites, mais limitées à un seul contour.

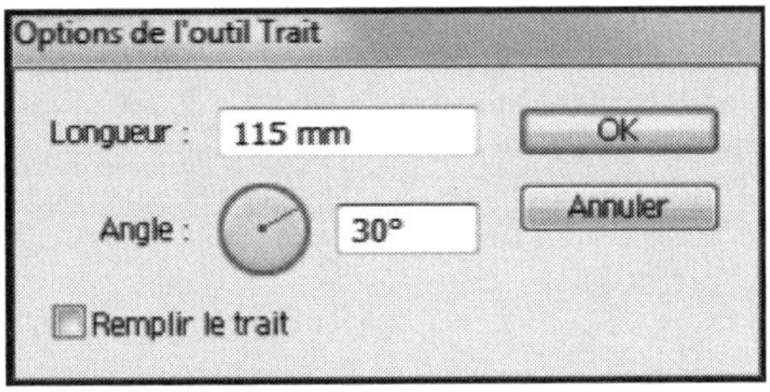

Figure 8.7 : La boîte de dialogue Options de l'outil Trait.

Courbes avec l'outil Arc

Au Chapitre 7, nous avons vu comment créer une courbe avec la Plume – un processus en deux étapes parfois douloureux. Avec l'outil Arc (caché derrière le Trait), il suffit de cliquer-glisser. Plus vous faites glisser le pointeur, plus l'arc est long. Et voilà ! Si seulement la vie était toujours aussi simple. Pour modifier votre arc, traitez-le comme n'importe quelle autre courbe. Utilisez l'outil Sélection directe pour sélectionner et déplacer un point d'ancrage ou un point directeur. Pour plus d'informations sur les modifications, voir le Chapitre 6.

Options de l'outil Arc

Si vous êtes exigeant et que l'arc par défaut ne vous satisfait pas, vous disposez de nombreuses options. Double-cliquez sur l'icône de l'outil Arc pour afficher la boîte de dialogue de la Figure 8.8. Celle-ci présente l'avantage de vous donner un aperçu du résultat à mesure que vous ajustez les paramètres.

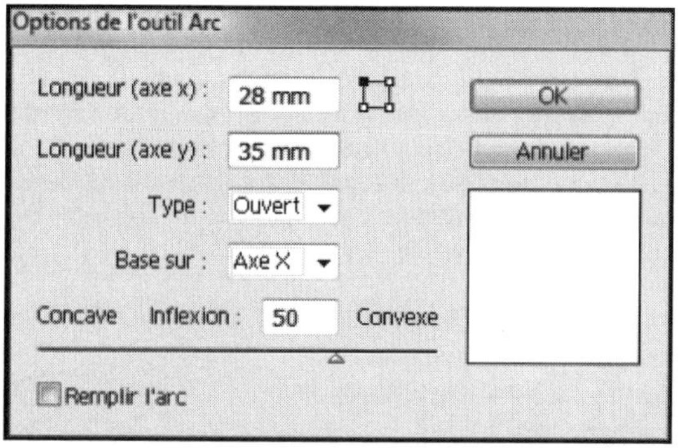

Figure 8.8 : La boîte de dialogue Options de l'outil Arc

La miniature offre une représentation visuelle de ce que deviendra l'arc si vous modifiez la longueur de l'axe des X (horizontal) et des Y (vertical). Vous avez le choix entre deux types d'arc : ouvert (comme un arc-en-ciel) ou fermé (comme une part de tarte). Vous pouvez également choisir sur quel axe (X ou Y) votre arc est basé. Enfin, un curseur vous permet de définir si votre courbe sera plus ou moins *concave* (rentrée) ou *convexe* (sortie). La Figure 8.9 montre deux exemples d'arcs fermés : un concave et un convexe. Décochez la case Remplir l'arc pour n'obtenir qu'un contour, indépendamment de la couleur active. Le petit carré à gauche du bouton OK permet de spécifier le point d'origine de l'arc.

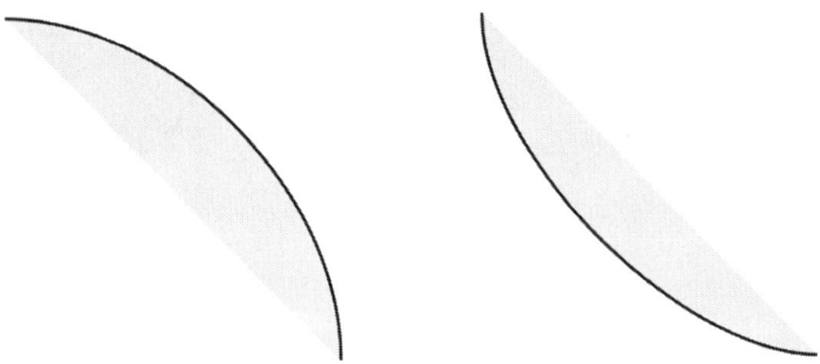

Figure 8.9 : Deux types d'arc fermé.

TRUC

Quand vous cliquez dans le plan de travail avec l'Arc sélectionné, la boîte de dialogue Options de l'outil Arc s'affiche également. Quand vous cliquez sur OK, un arc se dessine selon les paramètres définis dans le dialogue… nul besoin de faire glisser le pointeur !

Spirales en folie

Chacun sait que les spirales sont difficiles à dessiner – mais l'outil Spirale est là. Avec l'outil Plume, vous devez définir une grille complexe et aligner des points et des lignes directrices pendant une éternité. C'est vraiment très, très dur. Mais l'outil Spirale (au même emplacement que l'outil Trait) permet de tracer rapidement toutes sortes de super-spirales, du simple tourbillon à la galaxie, en passant par le 45 tours (demandez à vos grands-parents comment c'était). La Figure 8.10 présente quelques illustrations créées avec l'outil Spirale.

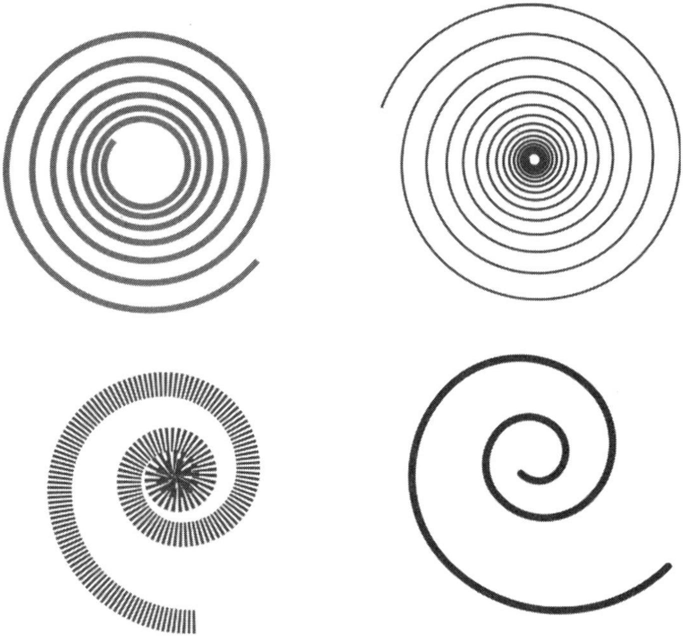

Figure 8.10 : Spirales créées avec l'outil Spirale.

Pour personnaliser une spirale, appuyez sur l'une de ces touches en faisant glisser le pointeur :

- **Flèche Haut/Bas.** Ajoute ou supprime des boucles à la spirale.

- **Commande (Mac)/Ctrl (Windows).** Enroule ou déroule la spirale (l'extérieur bouge, mais le centre reste fixe) ce qui modifie le nombre de boucles et fait apparaître la spirale plus ou moins serrée.
- **Barre d'espace.** Permet de déplacer la spirale avec la souris en même temps que vous la dessinez.
- **Pourcentage (%).** Crée plusieurs spirales pendant que vous tracez.

Cliquez dans le plan de travail avec l'outil Spirale sélectionné (au lieu de cliquer-glisser) pour ouvrir sa boîte de dialogue (voir Figure 8.11). Voici les options :

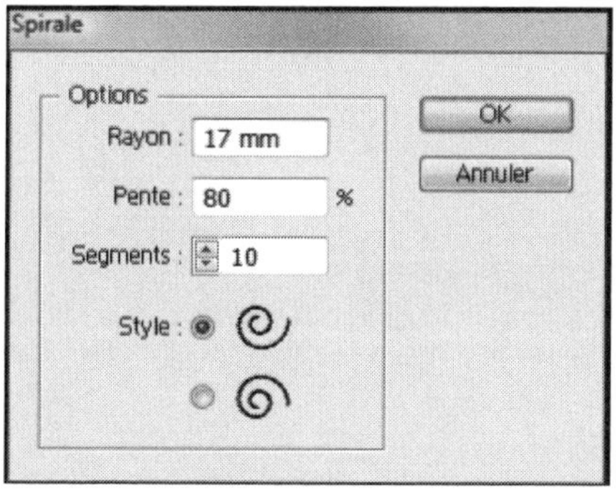

Figure 8.11 : La boîte de dialogue Options de l'outil Spirale.

- **Rayon.** Fixe la distance entre le centre de la spirale et son point le plus externe.
- **Pente.** Indique de combien chaque boucle doit augmenter ou diminuer par rapport à la boucle précédente. Une valeur proche de 100 % donne une spirale très serrée et 100 % un cercle parfait.
- **Segments.** Détermine le nombre de segments de la spirale. Chaque boucle est composée de quatre segments : pour obtenir cinq boucles, tapez **20** dans ce champ.
- **Style.** Permet d'indiquer le sens de la spirale (horaire ou antihoraire).

Chapitre 9

Créer de magnifiques dessins au pinceau

Dans ce chapitre :

- Comprendre en quoi le Pinceau est différent de la Plume et du Crayon.
- Créer des formes de pinceau à partir d'un dessin.

Dans ce chapitre, vous allez découvrir la magie de l'outil Pinceau et les merveilles que vous offrent les coups de pinceau vectoriels. Vous allez approfondir la définition de "pinceau" et créer des formes de pinceau de toute sortes, aussi bien calligraphiques que faisant appel à d'autres dessins d'Illustrator.

Dessiner comme personne

Les *formes* sont des contours créatifs à appliquer aux tracés. Vues sous cet angle, elles sont beaucoup plus simples à comprendre.

Il existe quatre types de formes : artistiques, diffuses, calligraphiques ou de motif. La Figure 9.1 montre (de gauche à droite) des exemples de peinture avec ces quatre formes.

- **Formes artistiques.** Elles étalent un motif sur toute la longueur d'un tracé.

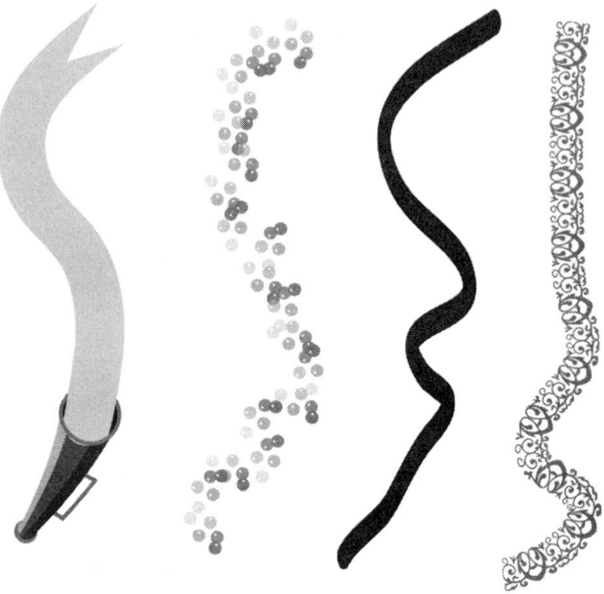

Figure 9.1 : Exemples de dessin avec une forme artistique, diffuse, calligraphique et de motif.

- **Formes diffuses.** Elles dispersent le dessin le long du tracé. Le dessin est répété, mis à l'échelle ou retourné de façon aléatoire. Cette forme ressemble étrangement au Pulvérisateur de symboles mais avec quelques différences, comme nous le verrons plus loin dans ce chapitre.
- **Formes calligraphiques.** Elles imitent l'effet d'un dessin ou de l'écriture avec un pinceau de calligraphie.
- **Formes de motif.** Elles répètent le dessin le long d'un tracé dessiné avec l'outil Pinceau. Contrairement à la forme aléatoire Diffuse, la forme de motif répète le dessin selon un modèle précis.

Le panneau Formes d'Illustrator, présenté dans la Figure 9.2, contient des formes de ces quatre catégories. (Choisissez Fenêtre/Formes pour l'afficher). En outre, reportez-vous à la section "Créer une nouvelle forme" de ce chapitre pour découvrir comment convertir n'importe quel dessin Illustrator en forme de pinceau.

A la rencontre de votre enfant intérieur

Quels que soient votre formation ou vos projets artistiques, vous pouvez réaliser des œuvres étonnantes grâce à l'outil Pinceau associé à

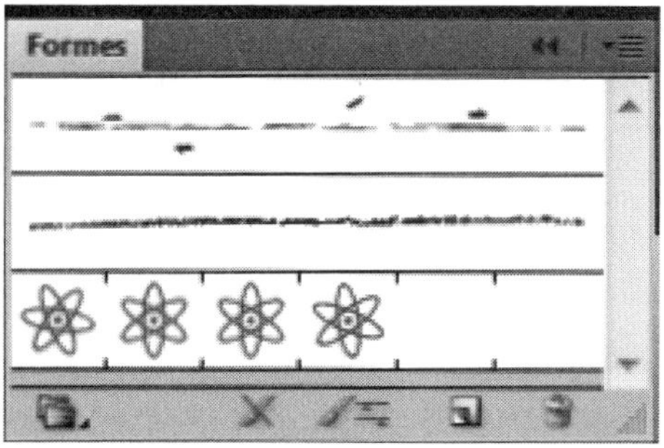

Figure 9.2 : Le panneau Formes par défaut illustre les types de formes.

divers types de formes. Bien entendu, en l'absence de tout talent, ou si vous faites preuve d'un mauvais goût à toute épreuve, vous ne pourrez rien créer de bon. Même ainsi, les débutants pourront tout de même générer des images tape-à-l'œil comme celle de la Figure 9.3 avec l'outil Pinceau. (Je saurai tenir ma langue). Suivez ces étapes :

1. **Choisissez l'outil Pinceau dans le panneau Outils.**

Figure 9.3 : Coups de pinceau originaux.

   Le pointeur se transforme en petit pinceau.

2. **Choisissez Fenêtre/Bibliothèques de formes/Artistiques/Artistiques_Aquarelles.**

   Dès que vous relâchez le bouton de la souris, le panneau Artistiques_Aquarelle s'affiche.

3. **Cliquez sur la première forme nommée "Aquarelle - Epaisse".**

4. **Cliquez et faites glisser l'outil Pinceau pour dessiner un tracé à l'emplacement de votre choix.**

5. Relâchez le bouton de la souris.

Le tracé s'habille du trait déposé par la forme. Dans cet exemple, celle-ci laisse une traînée grise et transparente sur toute la longueur du tracé. Modifiez la couleur du trait et donnez d'autres coups de pinceau. Comme ceux-ci sont partiellement transparents, l'effet est stupéfiant.

Options de l'outil Pinceau

L'outil Pinceau offre plusieurs options qui permettent de le personnaliser. Elles se trouvent dans la boîte de dialogue Options de l'outil Pinceau qui s'affiche lorsque vous double-cliquez sur l'outil (voir Figure 9.4). Ces options sont presque identiques à celles de l'outil Crayon, à une exception près : l'option Remplir les nouveaux contours. Lorsque cette case n'est pas cochée (ce que je préconise), Illustrator définit automatiquement la couleur de fond à Sans. Pour une explication plus exhaustive des autres options, reportez-vous au Chapitre 8, où sont abordées les préférences de l'outil Crayon. Elles sont en tous points identiques à celles-ci.

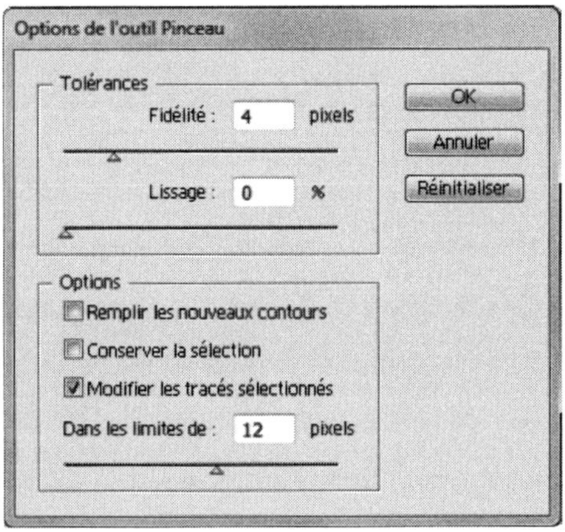

Figure 9.4 : La boîte de dialogue Options de l'outil Pinceau.

TRUC

Pourquoi définir la couleur de fond à Sans ? Un tracé créé avec l'outil Pinceau peut contenir une couleur de fond, mais les coups de pinceau peuvent aussi être des fragments de dessin insérés ou des formes particulières. Le contour peut alors s'afficher partiellement à l'intérieur ou à l'extérieur de la couleur de fond. Le résultat est peu concluant. Les traits de pinceau rendent donc mieux sans couleur de fond.

Créer une nouvelle forme

Bien qu'Illustrator soit livré avec plusieurs centaines de formes, les grands créatifs peuvent se sentir limités. Pour créer vos propres formes, lancez-vous et choisissez n'importe quel tracé. (J'utilise le dessin créé à la Figure 9.3 comme nouvelle forme car je le trouve vraiment sympa). De surcroît, ce processus ne se limite pas aux formes calligraphiques (qui ne requièrent aucun autre dessin) mais s'applique aussi aux formes artistiques, de motif ou diffuses.

1. **Créez un dessin (ou ouvrez un document) que vous souhaitez utiliser comme nouvelle forme.**
2. **Sélectionnez tous les tracés du document en choisissant Sélection/Tout.**
3. **Cliquez sur le bouton Nouvelle forme ou choisissez Nouvelle forme dans le menu déroulant du panneau Formes.**

   Situé au bas du panneau Formes, ce bouton ressemble à une feuille de papier cornée (voir Figure 9.2).

   La boîte de dialogue Nouvelle forme s'affiche et vous invite à choisir le type de forme à créer (voir Figure 9.5).

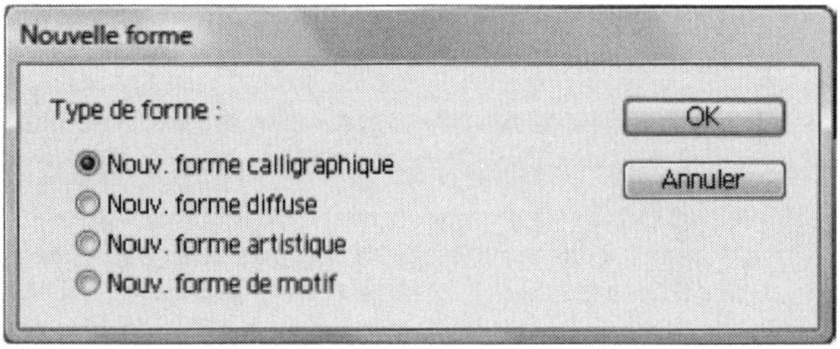

Figure 9.5 : La boîte de dialogue Nouvelle forme.

4. **Sélectionnez Nouvelle forme artistique, Nouvelle forme diffuse ou Nouvelle forme de motif, puis cliquez sur OK.**

   Dans cet exemple, j'ai sélectionné l'option Nouvelle forme artistique.

   La boîte de dialogue Options de forme artistique s'affiche, comme dans la Figure 9.6.

5. **Cliquez sur OK pour accepter les paramètres par défaut.**

   Vous pouvez si vous le souhaitez nommer d'abord la forme mais vous risquez de trop vous y attacher.

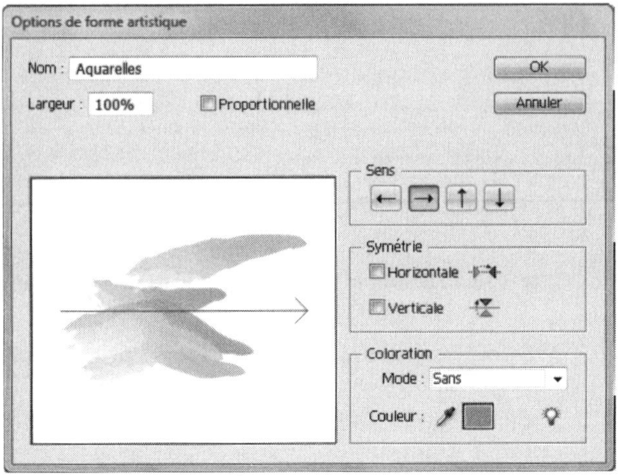

Figure 9.6 : Créez ici une nouvelle forme.

N'OUBLIEZ PAS

Si vous hésitez à conserver les paramètres par défaut de la boîte de dialogue Options de forme artistique, vous pouvez toujours les modifier en double-cliquant sur la forme dans le panneau Formes. Toutes ces options sont traitées dans la section à venir, "Travailler avec plusieurs types de formes". Ces options ont le même effet, qu'il s'agisse de créer une nouvelle forme ou de modifier une forme existante.

La nouvelle forme artistique apparaît dans le panneau Formes, prête à l'emploi.

TRUC

Les textes employés comme formes artistiques permettent de créer toutes sortes d'effets surprenants. Comme elles ne peuvent contenir que des tracés (et non des objets texte), vous devez d'abord changer le texte en tracés avant de le transformer en forme. Pour ce faire, sélectionnez l'objet texte avec un outil de sélection puis choisissez Texte/Vectoriser.

Travailler avec les types de formes

Cette section passe en revue les quatre types de formes et examine quelques options disponibles.

Exercer votre imagination avec des formes artistiques

Les *formes artistiques* étalent n'importe quel tracé Illustrator sur un autre tracé. La Figure 9.7 illustre la forme artistique de la Figure 9.6 après qu'elle a été appliquée le long de plusieurs tracés.

Figure 9.7 : Une forme artistique créée à partir de formes répétées à plusieurs reprises.

Vous pouvez utiliser plusieurs options du Pinceau pour personnaliser des formes artistiques. La Figure 9.8 montre la boîte de dialogue Options de forme artistique qui apparaît lorsque vous double-cliquez sur une forme du panneau Formes.

Celle-ci contient une multitude d'options qui affectent la manière d'appliquer le trait. La liste suivante décrit leur utilisation :

- **Nom.** Attribuez à la forme un nom descriptif. Celui-ci s'affiche lorsque vous choisissez Affichage par liste dans le menu déroulant du panneau Formes.
- **Aperçu.** Sélectionnez l'option Aperçu pour afficher tous les tracés de votre dessin réalisés avec la forme que vous êtes en train de modifier. Vous obtenez le résultat qui apparaît : c'est ainsi que le trait se présentera une fois les changements appliqués. Le dessin en cours n'est en rien altéré. Cette fonctionnalité est extrêmement pratique car vous n'avez pas à vous souvenir des effets de chaque paramètre – un simple coup d'œil suffit !
- **Largeur.** Saisissez un pourcentage de mise à l'échelle dans la zone Largeur, au besoin.

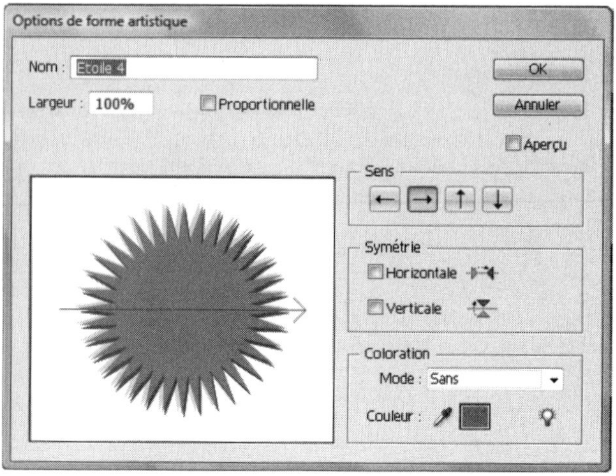

Figure 9.8 : La boîte de dialogue Options de forme artistique.

- **Proportionnelle.** Lorsque vous cochez cette case, le dessin s'épaissit à mesure que le tracé s'allonge. Dans le cas contraire, le dessin s'étire en longueur sans que l'épaisseur soit modifiée.
- **Sens.** Ces options déterminent si le graphique pivote dans le sens des aiguilles d'une montre ou en sens inverse.
- **Symétrie.** Ces options ressemblent à celles de Sens, sauf qu'elles inversent le dessin au lieu de le faire pivoter.
- **Coloration.** Les formes ont leurs propres couleurs de fond et de contour puisqu'il s'agit d'un dessin Illustrator ordinaire élevé au rang de pinceau. On peut donc leur appliquer des valeurs de fond et de contour distinctes. Les options de Coloration déterminent si la forme conserve les couleurs d'origine ou si elle les remplace par les couleurs de fond et de contour du panneau Outils. Le paramètre Mode défini à Sans conserve les couleurs d'origine du dessin. Les autres options fusionnent les couleurs de fond et de contour avec le dessin. Ce miracle opère en fonction des couleurs choisies dans le dessin d'origine du pinceau et des options sélectionnées. Quant à l'option Couleur, elle permet de sélectionner au sein de la forme une couleur servant de base à tous les changements de coloration.

TRUC

Cliquez sur le bouton Conseils (la petite ampoule dans l'angle inférieur droit) pour obtenir une illustration visuelle des différents paramètres de coloration.

La Figure 9.9 illustre une forme artistique appliquée à plusieurs tracés différents.

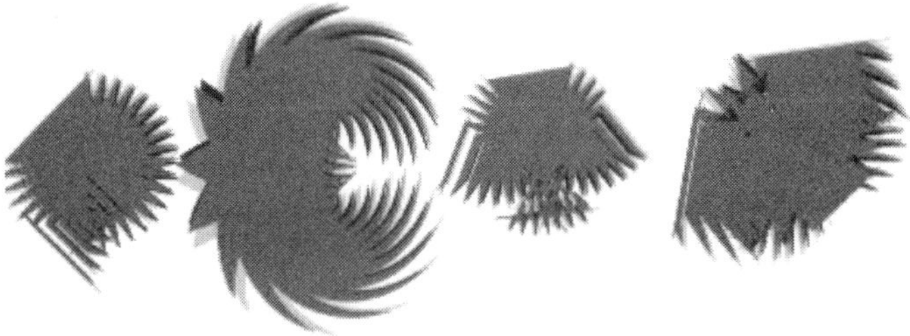

Figure 9.9 : La même forme appliquée à plusieurs tracés produit des variantes comme celles-ci.

Formes diffuses au service de la créativité

Les *formes diffuses* ressemblent aux formes artistiques car elles se composent également de tracés Illustrator. Toutefois, la ressemblance s'arrête là. Au lieu de s'étendre le long d'un tracé, les formes diffuses tournent et se répandent le long d'un tracé. La Figure 9.10 montre les effets d'une forme diffuse.

Figure 9.10 : Ce dessin est en réalité un seul tracé utilisé comme forme diffuse.

N'OUBLIEZ PAS

Les formes diffuses possèdent encore plus d'options que les formes artistiques, mais elles en ont *besoin*. Imaginez une forme composée de coccinelles disséminées de manière aléatoire, transformée en forme de coccinelles organisées, qui suivrait le tracé créé avec le pinceau. Pour afficher la boîte de dialogue Options de forme diffuse, double-cliquez sur n'importe quelle forme diffuse. (Vous disposez de ces mêmes options lorsque vous créez une nouvelle forme diffuse).

Les formes diffuses répètent le dessin de façon aléatoire en fonction de quatre variables : Taille, Pas, Diffusion et Rotation. Vous définissez les valeurs de ces options en actionnant leurs curseurs vers la gauche ou vers la droite. La façon dont la forme exploite ces valeurs est déterminée par le mode (Fixe, Aléatoire ou Pression) sélectionné dans la liste déroulante à droite de chaque curseur. La liste suivante décrit chacun de ces modes :

- **Fixe.** Ce mode utilise la valeur exacte saisie dans la zone de texte correspondante que vous spécifiez grâce au curseur.
- **Aléatoire.** Ce mode offre deux curseurs qui spécifient les valeurs minimales et maximales de la variance dans l'option correspondante. Par exemple, une taille minimale de 50% et une taille maximale de 200 % produisent des formes diffuses de dimensions variables comprises entre la moitié et le double de la taille du dessin d'origine.
- **Pression.** À l'instar du mode Aléatoire, ce mode utilise des valeurs minimales et maximales de variance dans l'option correspondante. Ce mode fonctionne uniquement en présence d'une tablette graphique. C'est comme si vous dessiniez avec une souris, sauf que vous manipulez un stylet. Si vous ne possédez pas encore cet accessoire formidable, courez vite en acheter un. Avec la souris, vous avez le choix de peindre ou de ne pas peindre, alors que le stylet est sensible à la pression. Les paramètres Minimum et Maximum correspondent aux valeurs de la pression. La pression la plus faible repose sur la valeur Minimum tandis que la pression la plus forte applique la valeur Maximum. Ces valeurs dépendent de la pression que vous exercez en dessinant.

La Figure 9.11 montre deux versions de la boîte de dialogue Options de forme diffuse. Chacune s'accompagne d'une forme de pinceau créée avec les paramètres figurant dans la boîte de dialogue.

Une fois que vous avez choisi un mode, déplacez les curseurs vers la gauche pour spécifier la manière dont vous souhaitez que le dessin se répète le long du tracé. Voici les options disponibles :

- **Taille.** Contrôle la taille des objets éparpillés sur le tracé par rapport à l'original.
- **Pas.** Contrôle l'espacement entre les objets éparpillés.
- **Diffusion.** Contrôle la distance des objets éparpillés de part et d'autre du tracé.
- **Rotation.** Contrôle la manière dont les objets pivotent et s'ils le font par rapport au tracé ou au document. La Figure 9.12 illustre la différence entre une rotation de forme diffuse par rapport au

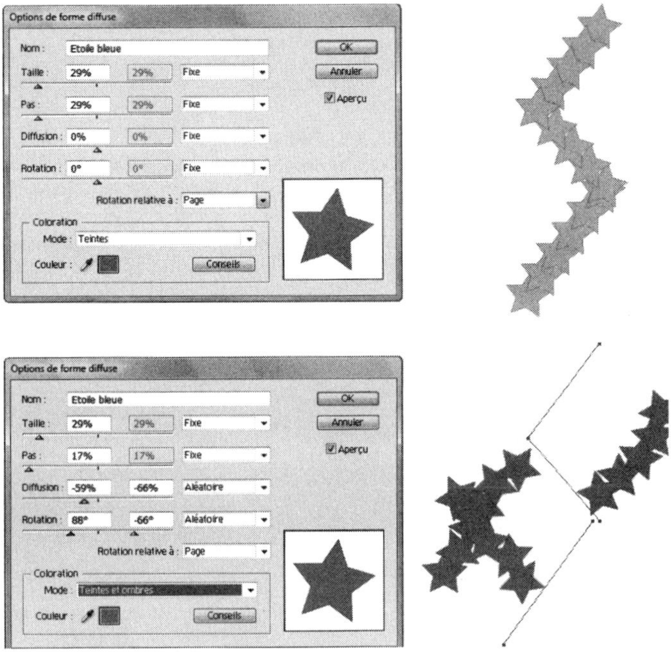

Figure 9.11 : Deux versions de la boîte de dialogue Options de forme diffuse et le dessin qui en résulte.

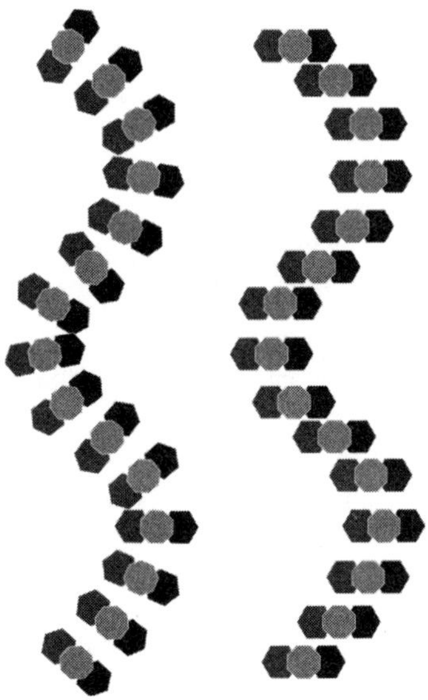

Figure 9.12 : Définissez la manière dont les objets pivotent en utilisant la forme diffuse.

tracé (à gauche) ou par rapport à la page (à droite). La forme diffuse de gauche est définie pour pivoter de 90° par rapport au tracé ; celle de droite est définie pour pivoter de 90° par rapport à la page.

Il existe des ressemblances flagrantes entre le Pulvérisateur de symboles (traité en détail au Chapitre 4) et les formes diffuses. Les résultats sont souvent visuellement identiques et le processus permettant de créer des formes diffuses ressemble beaucoup à celui utilisé pour créer des symboles. La Tableau 9.1 liste les différences entre les deux outils.

Tableau 9.1 : Différences entre les formes diffuses et le Pulvérisateur de symboles.

	Outils de symbolisme	Formes diffuses
Composants	Tracés, texte, images bitmap	Tracés
Modification	Via des outils de symbolisme	Via les outils Crayon ou Sélection directe
Contrôle	Manipulation imprécise	Changements de la précision *via* la boîte de dialogue Options
Exemples	Feuilles d'arbre, brins d'herbe, cheveux, volutes de fumée	Empreintes de pas, colonie de fourmis
Convient aux	Fonds	Contours

Formes de motif très fantaisistes

Il n'y a pas suffisamment de mots pour dire à quel point les *formes de motif* (voir Figure 9.13) sont impressionnantes. Plus sérieusement, pour composer une forme de motif, vous pouvez employer cinq dessins différents au lieu d'un. Évidemment, cela complique considérablement les choses. En effet, vous avez besoin dans ce cas d'un graphique pour les lignes droites et les courbes, d'un autre pour les angles internes, d'un autre pour les angles externes et d'un pour chaque extrémité. Il faut bien des efforts pour que les cinq dessins se combinent mais le résultat en vaut la peine.

TRUC

D'accord, si un dessin composé de cinq éléments vous demande trop de temps, vous pouvez vous contenter d'un seul. Le motif Côtés est le plus important. Si vous ne créez pas cinq dessins différents, la forme de motif se contente de répéter le motif Côtés en lieu et place du motif manquant. Mais allons, pas de triche. Si vous voulez obtenir des résultats époustouflants, créez ces cinq dessins et tirez pleinement profit de ce que cette merveilleuse forme de motif vous offre !

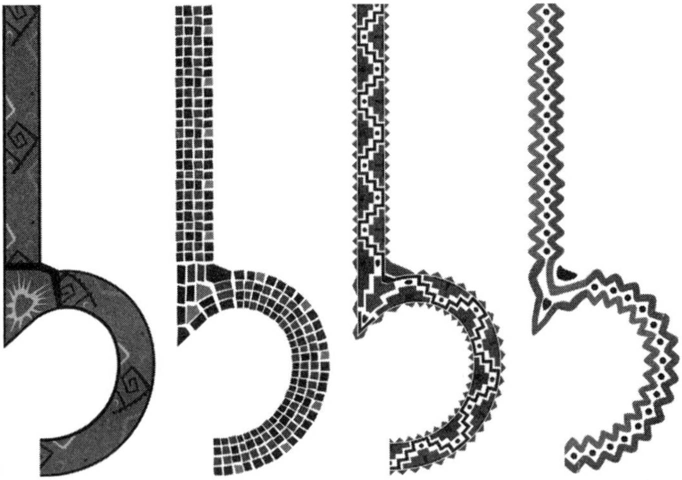

Figure 9.13 : Un échantillon de formes de motif.

Créer le motif de la forme

Si vous trouvez que la création d'une forme de motif est compliquée et peu intuitive, vous n'êtes pas le seul ; de nombreux essais sont nécessaires, tout particulièrement au début. La première étape consiste à créer les cinq éléments du dessin. Toutefois, avant de vous lancer, vous devez savoir quel est leur rôle. Double-cliquez sur une forme de motif dans le panneau Formes pour ouvrir la boîte de dialogue Options de forme de motif (voir Figure 9.14) C'est ici que vous spécifiez la place des dessins sur le tracé. Les formes de motif sont *sensibles au contexte* et savent reconnaître et choisir le dessin qui convient à chaque partie du tracé.

TRUC

Examinez les formes de motif existantes. La liste de motifs de la boîte de dialogue Options de forme de motif en propose un échantillon.

Définir les options d'une forme de motif

La boîte de dialogue Options de forme de motif semble plus compliquée qu'elle ne l'est en réalité. Double-cliquez sur une forme de motif dans le panneau Formes pour afficher ses nombreuses fonctions :

- **Nom.** D'accord, le nommage d'une forme n'est pas vraiment une fonction. Mais vous pouvez la nommer si vous en avez envie. Encore une fois, vous n'y serez que plus attaché. Vous comprendrez aussi pourquoi j'ai une larme émue lorsque j'entends le

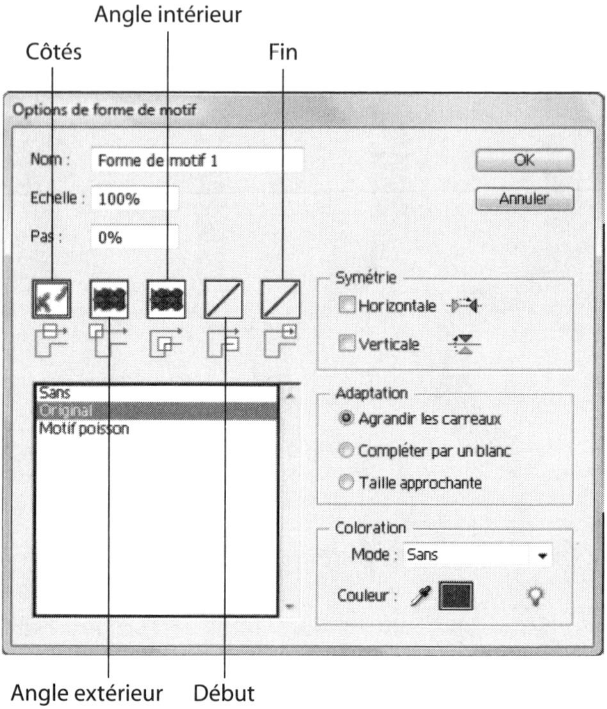

Figure 9.14 : Chaque motif de la forme sait où se placer sur un tracé et utilise le dessin correspondant.

prénom Hildegarde, du nom d'une superbe forme de motif que j'utilisais dans les années 1990…

- **Motifs.** Ces cases contiennent des représentations miniatures de chaque partie du motif. Un schéma illustre en dessous l'emplacement du motif sur le tracé. Cliquez sur une miniature pour la modifier en utilisant la liste de motifs.

- **Options de motif.** Cliquez sur ces options pour modifier vos motifs. Le paramètre Sans supprime le dessin du motif sélectionné. (L'option Original est déjà sélectionnée si vous avez ajouté vos propres dessins). Les autres options correspondent aux nuances de motif proposées dans le panneau Nuancier, ce qui vous permet d'utiliser des nuances de motif pour créer vos propres motifs.

- **Coloration et symétrie.** Pour plus d'informations sur ces options, reportez-vous à la section "Exercer votre imagination avec des formes artistiques" précédemment dans ce chapitre.

- **Échelle.** L'option Échelle permet d'agrandir ou de réduire les motifs qui s'étendent le long du tracé.
- **Pas.** Si vos motifs sont trop gros ou trop serrés, utilisez cette option pour augmenter la distance qui les sépare.
- **Adaptation.** Cette option détermine la manière dont les motifs se déforment pour s'intégrer au tracé. L'option Agrandir les carreaux est celle qui déforme le plus le dessin, écrasant ou dilatant le motif sous tous les angles pour l'adapter au tracé. L'option Compléter par un blanc ajoute un espace entre les motifs pour limiter autant que possible la distorsion. L'option Taille approchante ne fonctionne qu'avec un tracé rectangulaire.

Positionner le motif dans la forme

Une fois que vous avez créé vos dessins, vous devez réfléchir au rôle de chacun. Il peut être pratique de dessiner un schéma comme celui de la Figure 9.15 avec l'emplacement des cinq dessins (ici, j'ai tracé une ligne en pointillé dans Illustrator à l'aide de la fonction Pointillé puis j'ai disposé les différents motifs à leur emplacement). Utilisez ce schéma pour visualiser comment chaque élément va venir se placer aux différents points.

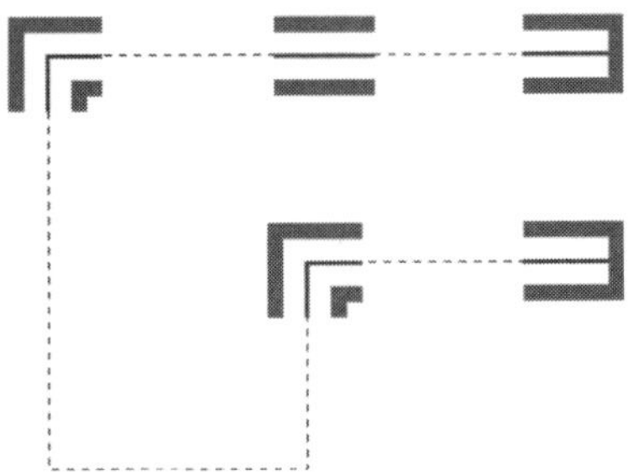

Figure 9.15 : Commencez par créer un schéma avec l'emplacement des cinq motifs.

À l'aide de ce schéma, créez cinq éléments qui correspondent aux emplacements sur le tracé. Il faut un peu d'entraînement pour savoir comment orienter chaque élément pour qu'il s'adapte à son emplacement. Les différences sont parfois subtiles (comme par exemple entre le dessin de départ et d'arrivée) ou évidentes (le dessin qui constitue un côté et les éléments d'angle), comme le montre la Figure 9.16.

Une fois tous les éléments réunis, vous voilà prêt à créer une forme de motif. En avant, artiste intrépide ! Suivez simplement ces étapes :

Figure 9.16 : De gauche à droite : Motif de début, côté, angle extérieur, angle intérieur et motif de fin.

1. **Sélectionnez le dessin à utiliser comme motif de côté et cliquez sur le bouton Nouvelle forme (qui ressemble à une feuille de papier) dans le panneau Formes.**

   La boîte de dialogue Nouvelle forme s'affiche.

2. **Cliquez sur l'option Nouvelle forme de motif puis cliquez sur OK.**

   La boîte de dialogue Options de forme de motif apparaît, avec le motif Côtés à la bonne position (pour vous rafraîchir la mémoire, voir Figure 9.14).

3. **Dans la boîte de dialogue, nommez la nouvelle forme puis cliquez sur OK.**

   La nouvelle forme de motif figure dans le panneau Formes ; voir Figure 9.17. (Ne vous souciez pas encore des autres options. J'y reviendrai plus tard).

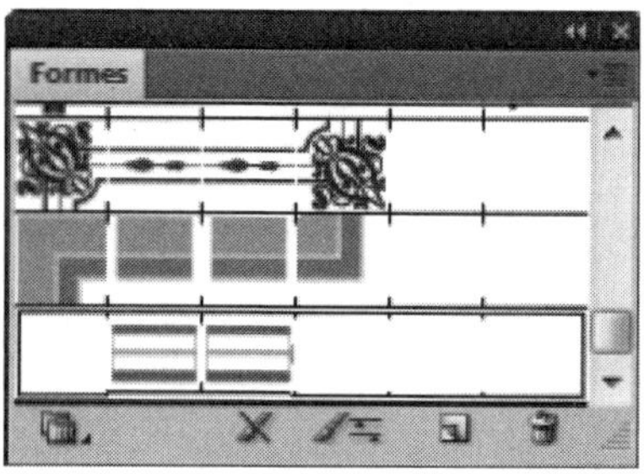

Figure 9.17 : La nouvelle forme de motif en attente des quatre autres éléments.

Voici comment les vrais artistes (concernés par l'esthétique) ajoutent le reste du motif à la forme, élément par élément :

1. **Sélectionnez le prochain motif et maintenez enfoncée la touche Option (Mac) ou Alt (Windows).**

2. **Faites glisser le dessin sur la forme de motif dans la case appropriée puis relâchez le bouton de la souris.**

TRUC

Vous savez que vous vous trouvez au-dessus d'une case lorsqu'un cadre noir apparaît. Mais comment savoir qu'il s'agit du bon emplacement ? Le panneau Formes ne fournit aucune indication. La boîte de dialogue Options de forme de motif fournit des info-bulles, mais le malheur veut que l'ordre des cases soit différent dans le panneau Formes. Le seul moyen d'ajouter une nouvelle forme consiste à maintenir enfoncée la touche Option/Alt et de la faire glisser sur la case du panneau Formes. Vous avez pourtant de la chance car vous pouvez vous servir des légendes de la Figure 9.18 comme d'un guide pour identifier les cases.

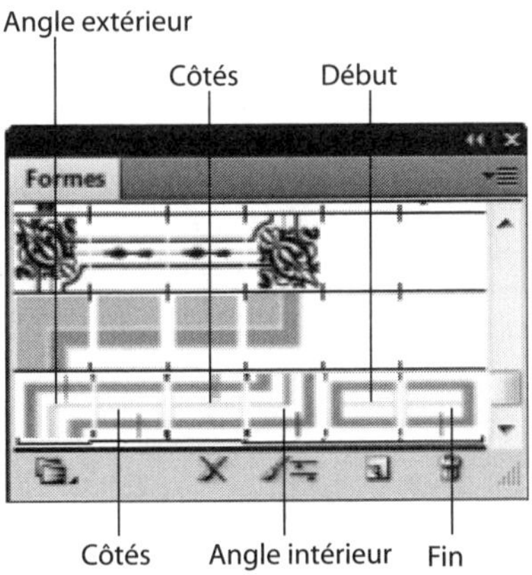

Figure 9.18 : La forme de motif avec toutes ses cases remplies.

ATTENTION !

Rien ne vous empêche de placer un élément d'angle dans une case destinée à accueillir un élément droit et vice versa. Vous risquez juste d'entacher votre réputation d'artiste. Veillez particulièrement à l'emplacement où vous déposez votre dessin lorsque vous créez une forme de motif, car le résultat peut être affligeant.

3. **La boîte de dialogue Options de forme de motif s'affiche avec le dessin à l'emplacement adéquat. Cliquez sur OK.**

   Ne vous souciez pas des autres options pour l'instant.

4. **Faites glisser tous les autres dessins à leur emplacement attitré.**

TRUC

Chaque fois que vous ajoutez un dessin, la boîte de dialogue Options de forme de motif s'affiche. Cliquez simplement sur OK et continuez.

Chapitre 10

Contours et fonds extrêmes

Dans ce chapitre :

- Créer des nuances et des ombres avec l'outil Filet.
- Obtenir une transparence partielle.
- Fusionner des couleurs.
- Donner du punch à vos graphiques.
- Créer des contours personnalisés.
- Utiliser des masques pour cacher des objets.

Affirmer qu'Illustrator vous permet de créer tout ce que vous pouvez imaginer n'est pas une exagération. Il suffit de savoir sur quels boutons cliquer pour que votre vision artistique se transforme en document. Ce chapitre explore toutes les possibilités des contours et des fonds, et vous montre comment créer le genre d'illustration qui nous laissera tous pantois.

Travailler avec des filets de dégradé

L'outil Filet vous permet de créer des effets de nuances et d'ombrage stupéfiants, et les filets de dégradés abolissent les limitations des dégradés (l'autre fonctionnalité Illustrator qui permet de fusionner des couleurs, voir le Chapitre 5). Un dégradé simple remplit une zone avec un mélange de couleurs radial ou linéaire. C'est tout. Un filet, quant à lui, n'est pas limité. Vous pouvez l'utiliser pour affecter des couleurs à certains tracés et points d'un objet. À l'intersection des lignes du filet, vous pouvez définir une couleur différente pour chaque ligne et pour chaque point. Ces couleurs se mélangeront avec celles des autres points. La Figure 10.1 présente un exemple de réalisation avec un filet de dégradés.

Figure 10.1 : La Vénus d'Illustrator a été entièrement coloriée avec l'outil Filet.

Elle peut sembler complexe, mais la difficulté réside plus dans l'aspect artistique que dans les détails techniques. Si l'outil Filet vous intimide, vous pouvez l'apprivoiser en commençant par ajouter un reflet à une forme simple, comme à la Figure 10.2. Ce faisant, vous serez en bonne voie pour maîtriser les filets, comme nous le verrons à la prochaine section.

Figure 10.2 : Utilisez l'outil Filet pour créer un reflet dans un tracé.

Ajouter un filet de dégradé manuellement

Pour ajouter un filet de dégradé à une forme simple, suivez ces étapes :

1. **Créez une forme par cliquer-glisser avec un outil de base (voir le Chapitre 4) et remplissez-la d'une couleur sombre.**

   N'importe quelle forme conviendra. Pour cet exemple, j'ai choisi une étoile que j'ai coloriée en bleu.

2. **Désélectionnez le tracé (choisir Sélection/Désélectionner).**

   La désélection permet de choisir une couleur différente pour l'outil Filet. Si l'objet reste sélectionné, sa couleur change si vous choisissez une autre couleur.

3. **Prenez une couleur claire comme couleur de fond.**

   Choisissez Fenêtre/Couleur pour afficher le panneau Couleur. Cliquez sur la case Fond et choisissez une couleur claire. (Les filets de dégradé n'utilisent que les couleurs de fond et ignorent celles des contours.)

4. **Sélectionnez l'outil Filet dans le panneau Outils et cliquez sur l'objet auquel appliquer le dégradé.**

   Deux lignes apparaissent comme par magie et se croisent à l'emplacement où vous avez cliqué. (Vous pouvez voir ce point d'intersection à la Figure 10.2, là où les lignes bleues convergent au milieu de l'étoile rouge). Cette intersection est le point de filet, et les tracés constituent le filet de dégradé. Le reflet apparaît au point d'intersection.

5. **Cliquez sur d'autres zones du tracé pour ajouter des reflets, en nombre illimité.**

Comme tout autre tracé, ceux qui forment le filet sont modifiables à volonté. Cliquez sur les points de filet avec l'outil Sélection directe et déplacez-les pour créer différents effets. La Figure 10.3 illustre différents effets obtenus en transformant un filet.

Automatisation

Vous pouvez automatiser le processus en cliquant sur l'objet voulu et en choisissant Objet/Créer un filet de dégradé. Illustrator fait de son mieux : il observe la forme de l'objet et détermine où placer les tracés pour obtenir un effet tridimensionnel. Vous pouvez même demander au filet de créer le dégradé à votre place.

Une fois la commande Créer un dégradé de filet sélectionnée, la boîte de dialogue du même nom s'affiche (voir Figure 10.4). Renseignez les champs, cliquez sur OK et la commande vous obéit. Voici la liste des options :

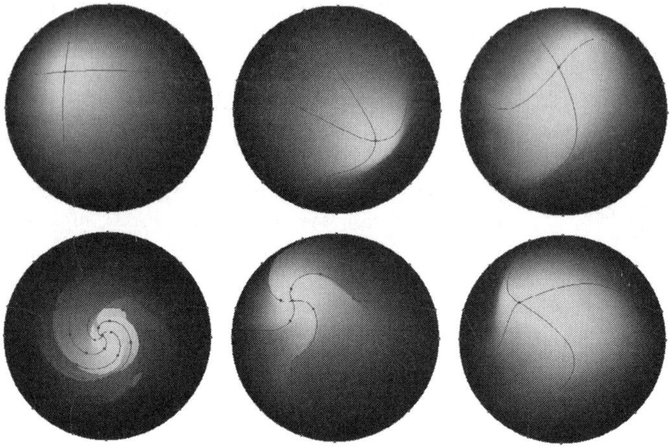

Figure 10.3 : Un même filet de dégradé une fois les points déplacés.

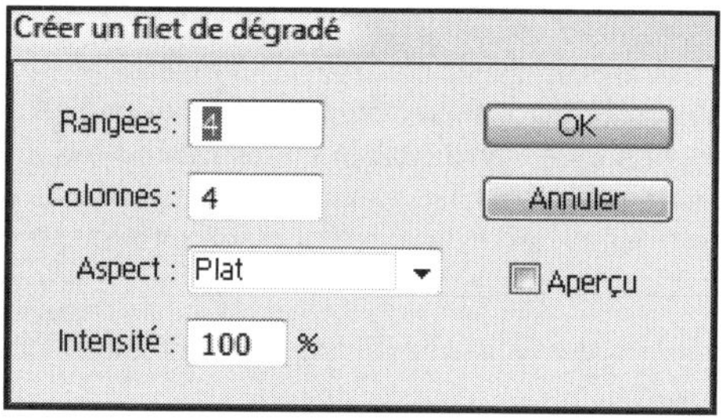

Figure 10.4 : La boîte de dialogue Créer un filet de dégradé

Rangées et **colonnes.** Ces options permettent de fixer le nombre de tracés que la commande crée. Plus les valeurs sont élevées, mieux vous contrôlez les couleurs de votre objet (et plus il devient complexe à modifier).

Aspect. Sélectionnez l'une des trois options. La Figure 10.5 illustre la différence entre les trois.

Vers le centre. Éclaircit les couleurs pour placer un reflet au centre : le graphisme semble avoir été tiré de l'extérieur.

Vers l'extérieur. Place le reflet sur les bords de l'objet : celui-ci semble tiré de l'intérieur.

Plat. Crée un filet et vous laisse changer les couleurs à votre convenance.

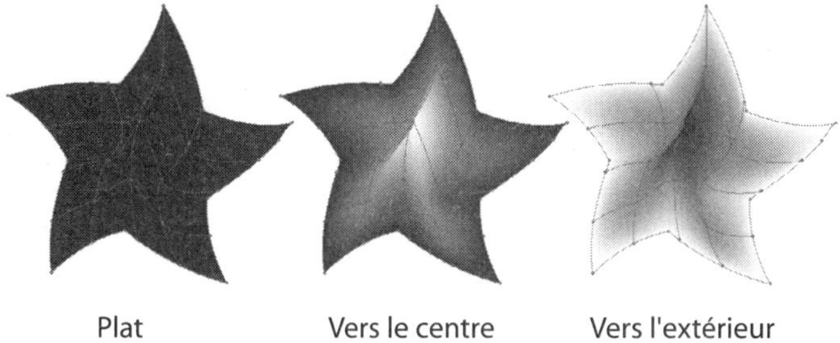

Figure 10.5 : Le même filet de dégradé : Plat, Vers l'extérieur et Vers le centre.

Intensité. Si vous sélectionnez Vers l'extérieur ou Vers le centre, ce paramètre détermine la quantité de blanc à ajouter pour obtenir l'effet 3-D.

Les deux images de droite de la Figure 10.5 sont des exemples de reflet appliqué au moyen de la fonction automatique d'Illustrator.

Créer des effets de biseau avec des filets

L'outil Filet peut servir à créer des objets biseautés. Les étapes suivantes illustrent une méthode très basique, mais pourtant très pratique, pour créer des biseaux :

1. **Créez un carré en choisissant l'outil Rectangle et en faisant glisser le pointeur dans le plan de travail. Remplissez-le d'une jolie couleur unie bien voyante, genre vert pomme ou rouge pompier.**

   N'importe quelle forme conviendrait, mais celle-ci est la plus simple.

2. **Choisissez l'outil Filet, cliquez dans l'angle supérieur gauche, puis de nouveau dans l'angle inférieur droit.**

   Le carré est partagé en neuf portions (voir Figure 10.6).

3. **Avec l'outil Sélection directe, tracez un rectangle de sélection autour des quatre points situés sur le bord supérieur du carré. Appuyez sur Maj et tracez un autre rectangle de sélection autour des trois points non sélectionnés sur le bord gauche.**

   Vous avez maintenant sept points sélectionnés autour de l'angle supérieur gauche, tous situés sur un bord.

4. **Choisissez Fenêtre/Couleur.**

   Le panneau Couleur s'affiche, comme le montre la Figure 10.7.

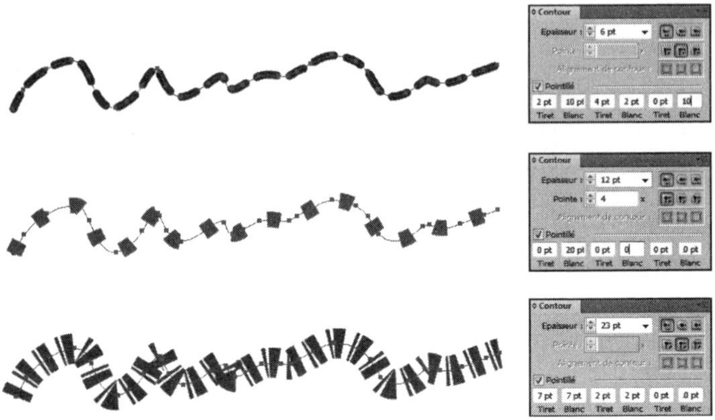

Figure 10.6 : Un carré après deux clics avec l'outil Filet.

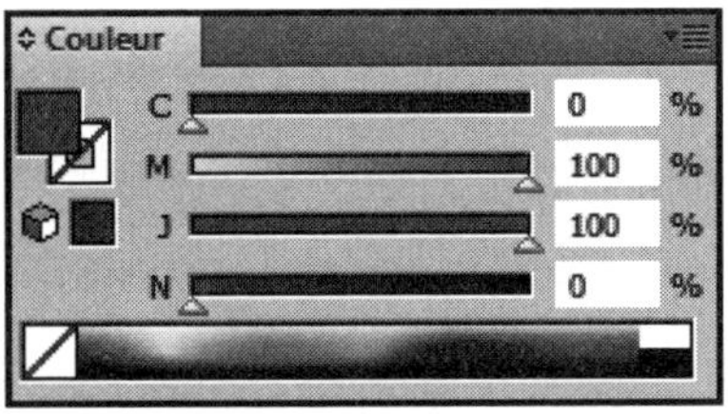

Figure 10.7 : Le panneau Couleur.

5. **En appuyant sur la touche Maj, faites glisser l'un des curseurs (triangles) à peu près à mi-chemin. Dans l'exemple de la Figure 10.7 où du rouge est sélectionné, vous pourriez choisir le curseur Magenta ou Jaune.**

   Si vous appuyez sur la touche Maj en même temps que vous faites glisser le curseur, vous "teintez" la couleur choisie à l'étape 1.

6. **Avec l'outil Sélection directe, tracez un rectangle de sélection autour des trois points les plus à droite sur le bord inférieur du carré. Appuyez sur Maj et tracez un autre rectangle de sélection autour des trois points médians sur le bord gauche.**

   Une fois ces points sélectionnés, vous êtes prêt à assombrir cette partie du carré.

7. **Faites glisser le curseur N pour assombrir le bord inférieur droit à votre convenance.**

   Le résultat ressemble à celui de la Figure 10.8.

Figure 10.8 : Le carré biseauté résultant.

Transparence partielle et fusion de couleurs

Par défaut, Illustrator crée des objets qui masquent ceux auxquels ils sont superposés. Toutefois, le panneau Transparence permet de remédier à cette situation. Grâce à l'option Opacité, vous pouvez estomper ces objets pour voir à travers. Il est également possible de fusionner les couleurs de deux graphismes (d'une multitude de manières) en utilisant un mode de fusion.

Le panneau Transparence présente une caractéristique puissante : tous les changements sont provisoires et vos tracés ne subissent aucune modification permanente en devenant transparents. Vous pouvez modifier l'opacité à volonté – et la supprimer au besoin – sans changer les données des tracés. Profitez de cette liberté pour manipuler et expérimenter les différentes opacités.

Estomper avec des attributs d'opacité

À la Figure 10.9, le symbole d'interdiction est estompé à 50 % et révèle partiellement le personnage du dessous.

Pour rendre un objet partiellement transparent :

1. **Sélectionnez le ou les objets à estomper.**

N'OUBLIEZ PAS

Quand vous sélectionnez plusieurs objets, ils prennent tous la même valeur d'opacité.

2. **Choisissez Fenêtre/Transparence.**

Figure 10.9 : Opacité d'origine (à gauche) et estompage à 50 (à droite).

Le panneau Transparence s'affiche, comme le montre la Figure 10.10.

Figure 10.10 : Le panneau Transparence.

3. **Dans le panneau Transparence, faites glisser le curseur Opacité jusqu'à ce qu'il affiche le pourcentage d'opacité voulu.**

   Quand vous relâchez le bouton de la souris, le tour est joué.

TRUC

Par défaut, la transparence s'applique à la fois au fond et au contour. Pour affecter des valeurs d'opacité différentes au fond et au contour, utilisez le panneau Aspect. Pour plus d'informations, reportez-vous au Chapitre 11.

Mathématiques amusantes : les modes de fusion

Les modes de fusion mélangent les couleurs de deux objets superposés en effectuant un calcul mathématique sur les valeurs qui les définissent. En conséquence, si l'objet du dessus est rouge, l'objet du dessous bleu et le mode de fusion positionné sur Produit, la valeur du rouge est multipliée par celle du bleu. La couleur résultante est ce que vous voyez à l'écran. D'autres modes reposent sur des calculs plus complexes. Mais que signifie bleu multiplié par rouge ? Ou jaune moins mauve ? Quel est le bruit d'une seule main qui applaudit ?

En bref, cela n'a aucune importance. Ce qui compte, c'est le résultat ! Essayez cette approche : sélectionnez l'objet au premier plan et choisissez un mode de fusion différent. Vous le trouverez dans le menu Mode de fusion du panneau Transparence (voir Figure 10.11).

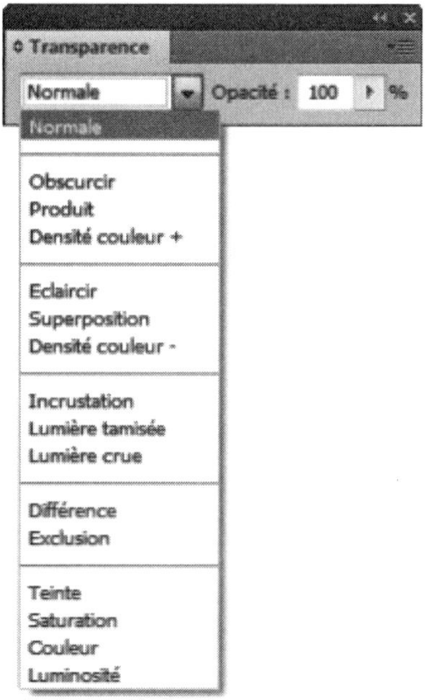

Figure 10.11 : Le menu Mode de fusion du panneau Transparence.

La Figure 10.12 illustre trois des seize modes de fusion possibles appliqués à la même image – et ils sont complètement modifiables. Essayez-en un : s'il ne vous convient pas, choisissez-en un autre dans le menu.

Figure 10.12 : Trois modes de fusion différents.

Comment fonctionnent les contours ?

Tous les tracés peuvent s'accompagner d'un contour. Dans Illustrator, un contour est une ligne placée sur un tracé. Les contours peuvent être dotés d'une épaisseur, d'une couleur et d'un motif quelconques.

Outre l'épaisseur et la couleur, vous pouvez leur conférer des attributs spéciaux, notamment l'aspect des angles, des extrémités et éventuellement des pointillés. Pour découvrir toutes les possibilités, observez le panneau Contour de la Figure 10.13. Choisissez Fenêtre/Contour, puis sélectionnez Afficher les options dans le menu du panneau. Pour modifier l'aspect d'un contour, sélectionnez un tracé et jouez avec les options du panneau Contour pour voir ce qu'il devient. Je ne dirai rien à personne.

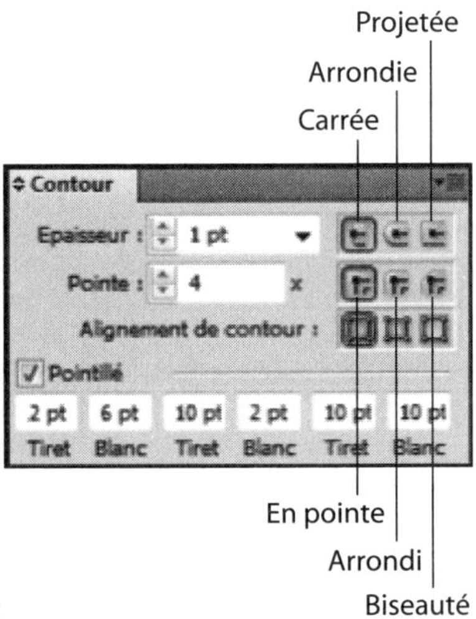

Figure 10.13 : Le panneau Contour affiche un jeu complet d'options.

Par défaut, les contours sont appliqués au centre d'un tracé, ce qui veut dire qu'ils risquent de déborder, surtout s'ils sont assez épais. En effet, le tracé parcourt exactement le milieu du contour. Pour plus d'informations sur les rapports entre tracés et contours, voir le Chapitre 5.

Extrémités, angles et tirets

La plupart du temps, les contours sont des lignes de couleur continues qui suivent un tracé, même si ceux-ci sont aussi sinueux que des spaghetti bien cuits. Mais ils peuvent également se présenter en pointillés. Vous pouvez modifier l'aspect de tous les traits en une seule opération. Il suffit de définir la forme du trait (l'unité de base d'un tracé ouvert) en choisissant la forme de ses extrémités et de ses sommets (ou angles).

Vous disposez de trois sortes de sommets et de trois sortes d'extrémités. En les associant aux combinaisons de motifs et d'épaisseurs quasi illimitées, vous constatez l'incroyable adaptabilité des contours. Pour accéder à ces options, choisissez Fenêtre/Contour. Dans le menu déroulant du panneau Contour, sélectionnez Afficher les options (voir Figure 10.13).

Extrémités

Définir la forme de l'extrémité des traits qui forment un tracé ouvert peut modifier radicalement son aspect. Imaginez par exemple une ligne en pointillés de 500 tirets. Imaginez ensuite que ces 500 tirets aient des extrémités identiques, comme dans l'une des formes de la Figure 10.14.

Figure 10.14 : Trois extrémités de tracé différentes.

Selon le paramètre Extrémité choisi, vous obtenez trois résultats très différents. Voici les options :

Extrémité carrée. L'extrémité du trait présente une coupure nette.

Extrémité arrondie. Le trait se prolonge au-delà du tracé (ou du tiret) par des extrémités semi-circulaires. (Le rayon de chaque demi-cercle est égal à la moitié de l'épaisseur du tracé).

Extrémité projetée. Le trait se prolonge au-delà du contour par des extrémités carrées (de longueur égale à la moitié de son épaisseur).

Pour modifier la forme des extrémités d'une ligne, sélectionnez-la et cliquez sur le type désiré dans le panneau Contour.

Sommets

Le panneau Contour propose trois types de sommets. La Figure 10.15 montre les tracés correspondants. Seul les sommets de droites sont affectés, pas les points d'inflexion (pour plus d'informations, voir le Chapitre 6). Les angles apparaissent pointus, arrondis ou biseautés.

Figure 10.15 : Trois angles différents (de gauche à droite) : Sommet en pointe, en arrondi et en biseau.

Selon le type d'angle choisi, vous obtenez trois résultats très différents. Voici les options :

Sommet en pointe. Dessine des angles externes pointus.

Sommet arrondi. Dessine des angles externes arrondis.

Sommet biseauté. Coupe l'angle en formant un biseau d'épaisseur égale à celle du reste du contour.

Tirets

Les tirets décomposent une ligne en segments répétitifs d'une longueur quelconque séparés par des blancs. Vous pouvez définir jusqu'à trois longueurs différentes de tirets et de blancs (voir Figure 10.16).

Les tirets vont de pair avec l'option Extrémité. (Quelle économie de travail !) Quel que soit le réglage choisi, il s'applique aux extrémités de tous les tirets, pas seulement à celles du tracé.

Pour créer une ligne en pointillés :

1. **Sélectionnez Pointillé dans le panneau Contour.**
2. **Définissez une taille de tiret dans la première case.**

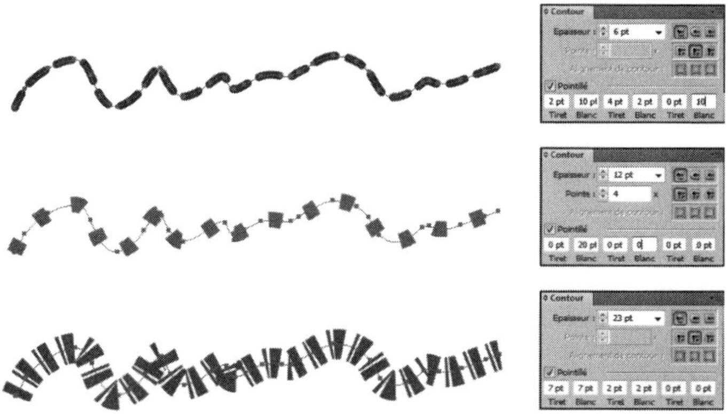

Figure 10.16 : Trois motifs de tiret et les paramètres utilisés pour les créer.

N'oubliez pas que les extrémités arrondies et projetées prolongent le trait de la moitié de son épaisseur en partant du centre. Si vous choisissez Extrémité projetée avec une longueur de tiret de 10 points (pt) et une épaisseur de contour de 20 pt, le tiret mesurera 30 pt.

TRUC

Choisissez Extrémité carrée si vous voulez des tirets d'une longueur précise qui ne varie pas avec l'épaisseur du trait. Si vous voulez une ligne formée de points, prenez une valeur de 0 pt. Cela forme des points de l'épaisseur du trait.

3. **Fixez la taille du blanc (la distance entre les extrémités des tirets) dans la deuxième case.**

Masques d'écrêtage

Malgré son nom barbare, le masque d'écrêtage est une fonctionnalité simple mais incroyablement pratique. En un mot, il sert à cacher des objets. Comme les effets et la transparence, il n'apporte aucune modification permanente aux données des tracés. Il en modifie l'aspect, mais une seule commande suffit pour le supprimer. Le tracé retrouve alors son apparence première.

Les masques d'écrêtage cachent les objets au moyen d'autres objets (voir Figure 10.17). L'objet au premier plan (le masque) devient complètement transparent tandis que les objets d'arrière-plan deviennent invisibles dans la limite du masque. Le nombre d'objets en arrière-plan n'a aucune importance. Seul l'objet au premier plan fonctionne comme masque. Le contour et le fond du masque n'ont pas d'importance non plus, puisqu'il va devenir transparent.

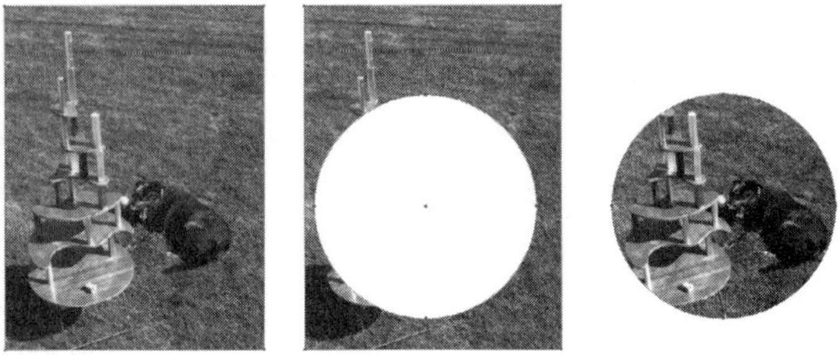

Figure 10.17 : L'original (à gauche), le masque (au milieu) et le résultat (à droite).

Les masques d'écrêtage vous permettent de "remplir" des objets avec d'autres objets. Vous obtenez ainsi des fonds surprenants.

Pour créer un masque d'écrêtage :

1. **Créez l'objet à utiliser comme masque.**

   La forme et la couleur sont indifférentes. Vous pouvez même utiliser du texte comme masque.

2. **Positionnez l'objet devant le ou les éléments que vous voulez masquer.**

3. **Sélectionnez l'objet et tous ceux que vous voulez rendre invisibles.**

   Pour sélectionner plusieurs objets, cliquez avec l'outil Sélection en appuyant sur la touche Maj.

4. **Choisissez Objet/Masque d'écrêtage/Créer.**

   L'objet servant de masque et tous ceux qui dépassent de ses limites disparaissent : seul reste visible ce qui se trouvait à l'intérieur du masque et qui était caché derrière.

Les éléments que vous ne voyez plus après application du masque n'ont pas réellement disparu : ils sont juste cachés. Vous pouvez les faire réapparaître en choisissant Objet/Masque d'écrêtage/Annuler. C'est parfois plus impressionnant que de tirer un lapin d'un chapeau !

Chapitre 11

Aspects et styles

Dans ce chapitre :

- Appliquer des effets spéciaux avec le menu Effet.
- Examiner le panneau Aspect.
- Ajouter des fonds et des contours.
- Combiner des paramètres d'effets pour créer de nouveaux effets.
- Créer un style.

Les effets (et la transparence) permettent de changer aisément l'aspect d'un dessin (sans modifier l'objet sous-jacent). Illustrator possède des dizaines d'effets qui vous confèrent un pouvoir et une souplesse capables de dépasser vos rêves les plus fous.

Dans ce chapitre, vous allez également découvrir le panneau Aspect, outil formidable pour percer le voile des illusions d'Illustrator (et donc en prendre le contrôle). Il recèle tous les secrets qui se cachent derrière votre illustration. Si telle était sa seule fonction, elle vaudrait déjà son poids en or. Mais ce n'est pas tout ! Vous découvrirez aussi comment modifier les attributs d'une illustration, comme changer des effets déjà appliqués ou les supprimer.

Le menu Effet

Le menu Effet (présenté à la Figure 11.1) contient un nombre incroyable d'éléments. Tous les effets appliqués sont *dynamiques*. Autrement dit, ils demeurent éditables jusqu'à ce que vous décidiez de les stabiliser. Les effets modifient l'apparence d'un objet, mais pas l'objet lui-même. Appliquer un effet revient donc à demander à l'objet de revêtir un costume particulier ou à modifier l'apparence du monde, comme si vous le regardiez à travers des verres teintés en rose. L'objet sous-jacent, lui, ne subit aucun changement permanent.

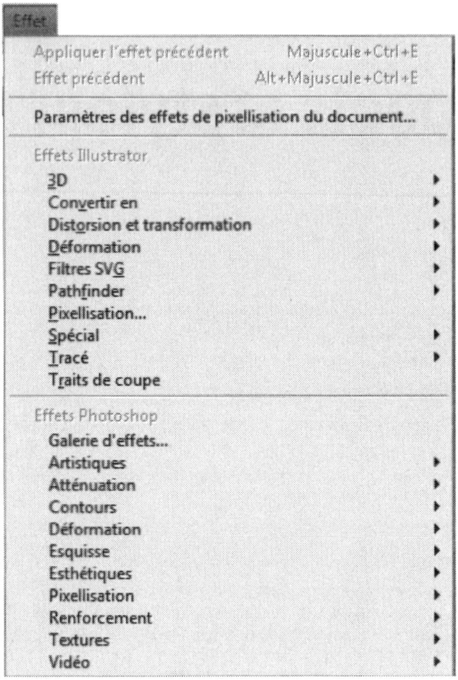

Figure 11.1 : Le menu Effet dans toute sa splendeur.

Appliquer des effets directs à des objets

La Figure 11.2 montre la différence entre une modification manuelle et un effet direct. À gauche, un tracé "contracté" manuellement par ajout et déplacement de points. À droite, le même tracé soumis à l'effet Esquisse. Le premier présente les points supplémentaires qu'il a fallu ajouter au tracé et leur déplacement. L'effet Contraction, qui se trouve dans le menu Effet, ne touche pas au tracé d'origine, qui paraît pourtant contracté.

Pour appliquer un effet à un tracé, suivez ces étapes :

1. **Sélectionnez un tracé à l'aide de l'outil de sélection de votre choix.**

2. **Choisissez un effet dans le menu Effet.**

   Par exemple, choisissez Effet/Distorsion et transformation/ Contraction et dilatation. La boîte de dialogue correspondant à cet effet s'affiche. Saisissez les valeurs de votre choix.

Figure 11.2 : À gauche, un tracé "esquissé" manuellement. À droite, le même tracé avec l'effet Esquisse.

Vous pouvez revenir en arrière à tout moment et modifier des paramètres si le résultat ne vous convient pas. (Si seulement c'était possible dans la vraie vie).

3. **Cliquez sur OK pour appliquer l'effet au tracé.**

Effets 3D

Techniquement, Illustrator est un logiciel bidimensionnel. Les éléments qu'il crée évoluent dans un espace en deux dimensions (du moins sous leur forme finale). Toutefois, parmi la multitude de commandes du menu Effet, se trouve l'effet 3D qui permet d'appliquer une extrusion, une révolution ou une rotation à des éléments dans un espace en trois dimensions. La Figure 11.3 présente la boîte de dialogue Options d'extrusion et de biseautage 3D contenant toutes sortes d'options 3D amusantes (et bien d'autres qui sont masquées) !

La description de toutes les options 3D dépasse la portée de ce livre. Brièvement, il suffit de sélectionner un tracé rempli d'une couleur unie, de choisir Effet/3D/Extrusion et biseautage, puis de manipuler les différents paramètres (assurez-vous que la case Aperçu est cochée). Vous verrez comme ces effets sont formidables. La Figure 11.4 présente un simple tracé sous sa forme originale à côté d'autres versions soumises à une extrusion, une révolution et une rotation dans un espace en trois dimensions.

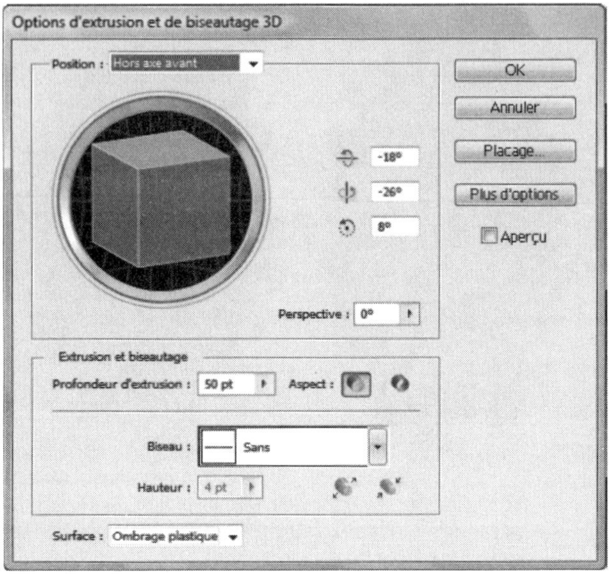

Figure 11.3 : La boîte de dialogue Options d'extrusion et de biseautage 3D présentée dans votre espace en deux dimensions.

Figure 11.4 : De gauche à droite : tracé d'origine, puis soumis à une extrusion, une révolution et une rotation.

Supprimer et modifier des effets

Pour modifier ou supprimer des effets, utilisez le panneau Aspect, (voir Figure 11.5). Ses fonctionnalités sont si impressionnantes que la majeure partie de ce chapitre lui est consacrée. Pour l'heure, nous allons nous en servir pour supprimer et modifier des effets.

Contre toute attente, la suppression d'un effet est extrêmement simple :

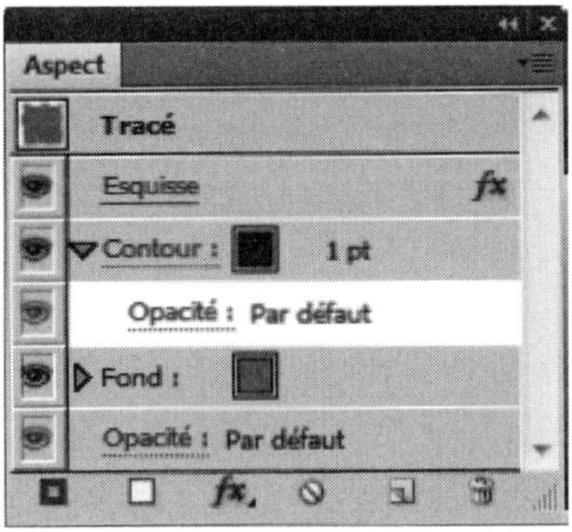

Figure 11.5 : Le tracé esquissé de la Figure 11.2 dans le panneau Aspect.

1. **Sélectionnez l'objet auquel est appliqué l'effet à supprimer (utilisez l'outil Sélection standard, sauf si c'est un objet groupé).**
2. **Si le panneau Aspect n'est pas visible (il l'est par défaut), choisissez Fenêtre/Aspect.**

   En haut du panneau Aspect, l'objet sélectionné est libellé Objet ou Tracé. Vous trouverez en dessous une liste indiquant le fond et le contour appliqués à l'objet ainsi que tous les effets.
3. **Cliquez sur l'effet à supprimer dans la liste.**
4. **Cliquez sur la corbeille dans l'angle inférieur droit du panneau.**

   L'effet disparaît et l'objet reprend sa forme d'origine.

TRUC

Pour modifier un effet, suivez les étapes précédentes mais double-cliquez sur l'effet dans le panneau Aspect au lieu de cliquer sur la corbeille. La boîte de dialogue de l'effet en question s'ouvre : modifiez les paramètres puis cliquez sur OK pour appliquer l'effet avec ces nouvelles valeurs.

Effets de pixellisation

Tous les effets ne sont pas applicables aux tracés vectoriels. C'est là que les effets de pixellisation entrent en jeu. (La pixellisation est le processus qui consiste à convertir des éléments en pixels ou d'ajouter une image bitmap à votre illustration). Ces effets transforment le dessin d'origine en pixels ou ajoutent de nouvelles images bitmap pour vous aider à obtenir l'effet recherché. Ceux qui figurent dans la deuxième section du menu Effet (à partir de la commande Artistiques), ainsi que Ombre portée, Contour progressif, Lueur interne, Lueur externe et Pixellisation, utilisent des pixels pour modifier l'apparence.

Vous contrôlez les divers attributs de ces effets de pixellisation en choisissant Effet/Paramètres des effets de pixellisation du document. La boîte de dialogue Paramètres des effets de pixellisation du document s'affiche (voir Figure 11.6).

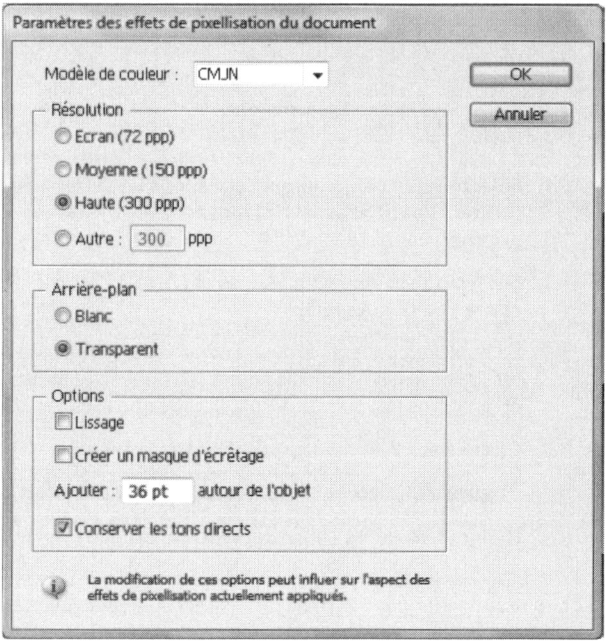

Figure 11.6 : La boîte de dialogue Paramètres des effets de pixellisation du document.

Voici les options que vous pouvez définir :

- **Modèle de couleur.** Ce paramètre détermine le modèle colorimétrique utilisé par l'image après conversion. Dans la mesure du possible, utilisez celui de votre image cible. Pour une image à imprimer en niveaux de gris, choisissez Niveaux de gris. Si l'image est destinée au Web, optez pour RVB. L'option Bitmap convertit l'image en noir et blanc. Il est toutefois conseillé d'éviter ce paramètre. Pour plus d'informations sur les différences entre les modèles CMJN et RVB, reportez-vous au Chapitre 1.
- **Résolution.** Ce paramètre définit la quantité d'informations que contient l'image pixellisée. Tout dépend de la finalité de celle-ci. Si elle est destinée au Web, choisissez 72 ppp (pixels par pouce).

Pour la plupart des imprimantes à jet d'encre, 150 ppp suffisent. Pour une impression à haute résolution, optez pour 300 ppp.

- **Arrière-plan.** Les images bitmap sont toujours rectangulaires. Si le dessin à pixelliser ne l'est pas, ajoutez un arrière-plan rectangulaire, qui peut être blanc ou transparent. Le blanc convient si le dessin est isolé, mais s'il se trouve devant d'autres objets, ils seront en partie masqués. Dans ce cas, choisissez le paramètre Transparent.
- **Options.** L'option Lisser ajoute un léger flou à la jonction des couleurs. Croyez-le ou non, ce paramètre améliore habituellement l'aspect de l'image. Bien entendu, les résultats varient d'un dessin à un autre et vous devez faire des essais. L'option Créer un masque d'écrêtage n'a d'importance que si vous avez sélectionné Blanc pour l'arrière-plan (voir le point précédent). Dans Illustrator, un *masque d'écrêtage* est un dessin spécial qui masque en partie d'autres dessins. Lorsque vous choisissez cette option, Illustrator ajoute un masque d'écrêtage pour cacher les parties blanches ajoutées pour créer le rectangle.
- **Ajouter.** Saisissez une valeur numérique dans ce champ pour ajouter de nouveaux pixels autour de l'objet, en cas de besoin. Sait-on jamais ! En cas de rupture de stock, cette option empêche que des objets, des ombres portées par exemple, ne soient tronqués.
- **Conserver les tons directs.** L'activation de cette case permet d'utiliser des tons directs dans votre document s'il contient de la transparence. Si vous employez un ton direct, veillez à ce qu'elle reste cochée.

Une fois vos paramètres sélectionnés, cliquez sur OK. Ils affecteront tous les effets en cours (ou à venir) reposant sur des pixels.

Le panneau Aspect

Le panneau Aspect, illustré dans la Figure 11.7, dissèque votre dessin et permet d'expliquer son apparence. Pour l'afficher, choisissez Fenêtre/Aspect. À l'ouverture, il révèle un trésor d'informations sur les options. Au minimum, il contient les paramètres Fond, Contour et Opacité. Sous une forme plus complexe, il peut afficher d'autres fonds et contours, les effets qui leur sont appliqués (et ceux de l'objet lui-même).

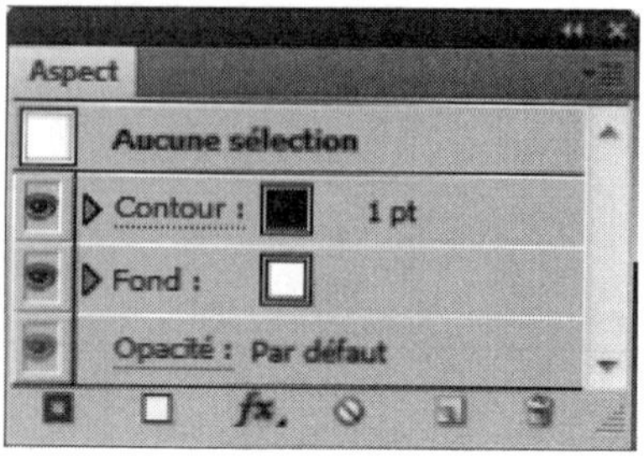

Figure 11.7 : Le panneau Aspect.

Toutes ces informations sont loin d'être aussi complexes que votre déclaration de revenus. En effet, tout au long de la création de votre dessin, elles sont venues s'ajouter petit à petit dans ce panneau. Chaque fois que vous définissez une option qui modifie l'apparence de votre objet (comme le fond, le contour ou la transparence), Illustrator l'inscrit dans ce panneau.

Le panneau Aspect enregistre scrupuleusement et en permanence toutes ces informations, même lorsqu'il n'est pas affiché. (Heureusement qu'il n'enregistre pas tout ce qui a trait aux apparences, comme ce peignoir très chic que vous portez en ce moment).

Déchiffrer le panneau Aspect

Le panneau Aspect, (voir Figure 11.8), rassemble des informations sur un objet donné. Qu'est-ce à dire ? Est-ce vraiment important ? C'est ce que nous allons voir maintenant.

Pour décrypter toutes les informations du panneau Aspect, passez en revue cette liste de fonctionnalités :

- **Cible.** Cette fonctionnalité identifie le type de dessin auquel se rapportent les informations du panneau. : Les termes Objet ou Tracé signifient que les informations s'y rapportant s'appliquent à un unique objet sélectionné. Lorsque vous sélectionnez un groupe ou un calque, la cible indique Groupe ou Calque. Si vous avez sélectionné du texte, c'est le mot Texte qui s'affiche. La sélection cible figure toujours en haut de la liste. Une petite image en miniature représente l'aspect du dessin.
- **Effets globaux.** Ces effets s'appliquent de la même manière à l'ensemble de l'objet et en affectent tous les aspects. Dès que vous appliquez des paramètres d'effets ou de transparence (comme décrit précédemment dans ce chapitre) sans utiliser le panneau Aspect, vous appliquez des effets globaux. Même s'il

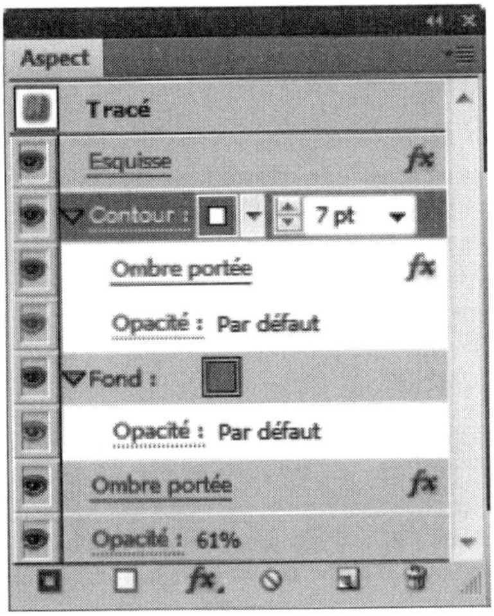

Figure 11.8 : Le panneau Aspect affiche des informations sur l'objet, notamment son fond et son contour.

s'agit des premiers attributs appliqués, ils figurent toujours en bas de la liste.

TRUC

La manière dont les éléments se présentent dans ce panneau permet de distinguer les effets globaux des autres. Les effets globaux s'alignent sous les attributs de contour et de fond. Les effets qui s'appliquent à un tracé donné figurent sous la liste correspondant à ce tracé. Dans la Figure 11.8, l'effet global est défini à Esquisse.

- **Contours.** Les objets ne peuvent s'habiller de plusieurs contours que si vous les ajoutez *via* le panneau Aspect. (Voir la section "Ajouter des fonds et des contours" plus loin dans ce chapitre). En conséquence, le premier contour qui figure en haut de la liste est habituellement celui que l'on retrouve dans le panneau Outils. La cible peut également contenir plusieurs contours, tous présents dans le panneau. Vous pouvez appliquer des effets à des contours précis. La Figure 11.8 illustre un seul contour d'une épaisseur de 6 points. Pour plus d'informations sur les contours, reportez-vous au Chapitre 5.
- **Effets de contour et de fond.** Les effets peuvent s'appliquer directement aux contours et aux fonds au lieu de l'objet, du groupe ou du calque complet. Dans cette figure, une ombre portée est appliquée directement au fond.
- **Opacité des contours et des fonds.** Chaque contour ou fond peut être soumis à divers paramètres de transparence. Ici, l'opacité du fond est définie à 61%.

- **Fond.** Chaque objet (groupe ou calque) peut avoir plusieurs fonds (comme plusieurs contours). Il est également possible de lui appliquer plusieurs effets.
- **Visibilité.** Chaque ligne du panneau Aspect s'accompagne d'un œil. Utilisez-le pour masquer une ligne d'informations concernant l'objet sélectionné ou l'objet lui-même. Supposons que vous travailliez avec un objet doté de trois contours et que vous souhaitiez visualiser la couleur de celui du milieu. Problème : le contour extérieur le recouvre ! Il suffit de cliquer sur l'œil en regard du premier contour, qui disparaîtra tant que vous travaillerez sur celui du milieu.
- **Opacité.** Cette fonctionnalité correspond au degré de transparence de l'objet, groupe ou calque dans son ensemble. Dans la Figure 11.8, l'opacité est définie à 61 %, ce qui signifie que tout l'objet est estompé à 61 %. Si vous n'appliquez aucun paramètre de transparence, la mention Opacité : Par défaut s'affiche. Pour plus d'informations sur le panneau Transparence, reportez-vous au Chapitre 10.

La liste du panneau Aspect indique de haut en bas l'ordre des éléments du premier plan à l'arrière-plan. Les contours et les fonds situés en haut du panneau s'affichent dans le dessin devant ceux du bas. Quant aux effets, ils s'alignent de haut en bas en fonction de leur ordre d'application sur le dessin.

Ajouter des fonds et des contours

Lorsque vous appliquez un autre fond ou contour à un objet sans avoir recours au panneau Aspect, il remplace tout fond ou contour existant. Vous n'aurez pas pour autant à faire des choix cornéliens ! Dans le panneau Aspect, vous pouvez ajouter autant de fonds et de contours que vous le souhaitez, comme le montre la Figure 11.9, ce qui multiplie les possibilités. Par exemple, vous pouvez attribuer à un tracé trois contours de couleurs différentes pour obtenir des rayures. Sinon, il est possible de superposer un fond à motif à un fond uni. Le panneau Aspect est présenté en regard de cette figure pour que vous voyiez exactement comment il se construit.

Suivez ces étapes pour appliquer un fond et un contour supplémentaire à un objet :

1. **Créez un objet avec une couleur de fond et un contour épais.**

   Dans cet exemple, j'ai dessiné un beau ruban très simple à l'aide de l'outil Plume. (Pour plus d'informations sur l'outil Plume,

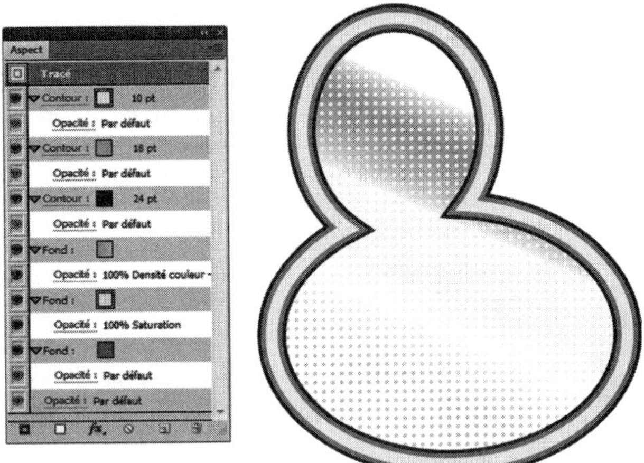

Figure 11.9 : Plusieurs fonds et contours appliqués à un objet.

reportez-vous au Chapitre 7.) Je l'ai rempli avec une couleur unie en cliquant sur la case Fond du panneau Outils, puis en réglant les curseurs dans le panneau Couleur. Ensuite, j'ai ajouté un contour noir de 24 points en cliquant sur la case Contour dans le panneau Outils, puis en cliquant sur le noir dans le panneau Nuancier. Enfin, j'ai choisi la valeur 24 points dans le panneau Contour. (Pour plus d'informations sur les fonds et les contours, voir Chapitre 5.)

2. **Dans le menu déroulant du panneau Aspect, choisissez la commande Ajouter un nouveau fond ou cliquez sur la case blanche en bas à gauche du panneau.**

TRUC

Illustrator ajoute un nouveau fond, mais vous ne voyez aucune différence car il est identique au premier. Toutefois, il est placé en surbrillance dans le panneau Aspect : dès que vous sélectionnez un nouveau fond dans le panneau Couleur ou Nuancier, vous ne voyez plus que le nouveau fond par-dessus l'ancien.

3. **Avec le nouveau fond toujours sélectionné dans le panneau Aspect, remplacez-le par un motif figurant dans le panneau Nuancier.**

Choisissez le motif de votre choix, géométrique par exemple, dans le panneau Nuancier. Cliquez ensuite sur le lien Opacité sous ce fond et définissez le mode de fusion à Saturation.

TRUC

Le nom du motif apparaît dans une infobulle lorsque vous survolez le motif avec la souris.

4. **Choisissez la commande Ajouter un nouveau fond dans le menu déroulant du panneau Aspect ou cliquez sur la case blanche en bas à gauche du panneau.**

   Illustrator ajoute un autre fond par-dessus le deuxième que vous venez de créer. Le nouveau fond sélectionné, remplacez-le par un dégradé en le sélectionnant dans le panneau Dégradé. Cliquez ensuite sur le lien Opacité sous ce fond et définissez le mode de fusion à Densité couleur.

5. **Dans le menu déroulant du panneau Aspect, choisissez la commande Ajouter un nouveau contour ou cliquez sur la case bordée de noir en bas à gauche du panneau.**

   Un contour apparaît par-dessus celui d'origine. Tout comme pour la couleur de fond ajoutée, le nouveau contour utilise les paramètres du contour précédent. Vous ne voyez donc encore aucune différence.

6. **Dans le panneau Couleur, remplacez la couleur du nouveau contour par du vert et définissez l'épaisseur du contour à 18 points (pt).**

7. **Dans le menu déroulant du panneau Aspect, choisissez la commande Ajouter un nouveau contour ou cliquez sur la case bordée de noir en bas à gauche du panneau.**

   Un nouveau contour apparaît par-dessus le deuxième. Remplacez la couleur du contour par du jaune et définissez l'épaisseur à 10 points.

Une fois les contours et les fonds ajoutés, il est possible de les déplacer. Il suffit de les sélectionner dans le panneau Aspect et de les faire glisser vers le haut ou vers le bas. Pendant le glissement, une ligne noire s'affiche dans le panneau et vous indique l'emplacement du contour ou du fond une fois que vous aurez relâché le bouton de la souris.

Changer l'aspect des groupes et des calques

Pour modifier l'aspect d'un groupe en ajoutant un effet, suivez ces étapes :

1. **Cliquez sur un groupe avec l'outil Sélection.**

2. **Ajoutez un effet au groupe.**

   N'importe quel effet convient. Quant à moi, je choisirais Effet/Atténuation/Flou gaussien. Dans la boîte de dialogue qui s'affiche, définissez un Rayon de 5 pixels puis cliquez sur OK.

Tous les objets du groupe deviennent flous en un clin d'œil.

J'ai appliqué un Flou gaussien à la figure qui suit. Le panneau (une image insérée) et le tracé d'origine ont été groupés et l'effet leur a été appliqué : nous obtenons le résultat de la Figure 11.10.

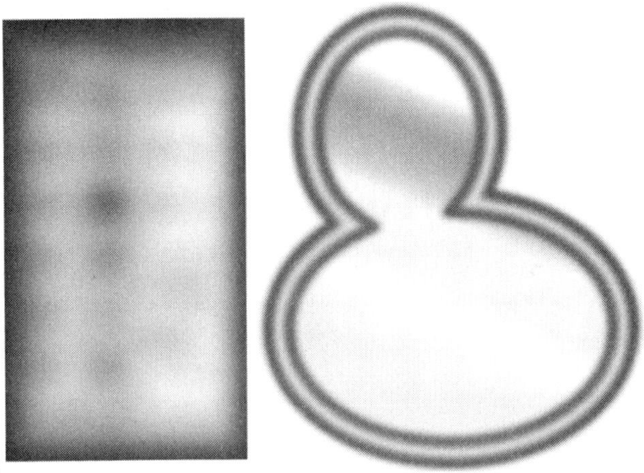

Figure 11.10 : Tout est clair. Besoin de lunettes ?

Par ailleurs, le ciblage d'un calque pour appliquer un effet est une pratique plus inhabituelle, car il vous faut utiliser le panneau Calque pour "sélectionner" d'abord un calque, comme dans la Figure 11.11.

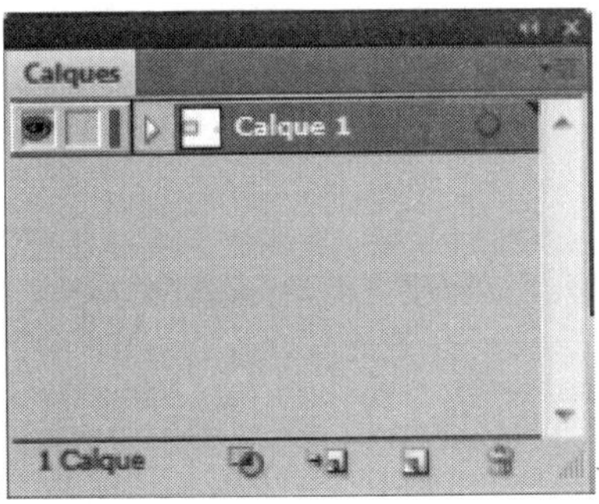

Figure 11.11 : Ciblage d'un calque pour appliquer un effet.

Les calques servent à organiser et à structurer l'organisation des objets dans votre document. (Le Chapitre 13 est entièrement consacré aux calques). Chaque fois que vous ajoutez un objet à un calque, l'aspect de cet objet change pour adopter les paramètres du calque. Si cet objet est déplacé vers un autre calque avec d'autres paramètres d'aspect, l'objet change encore d'aspect.

Pour cibler et appliquer un effet à un calque, suivez ces étapes :

1. **Choisissez Fenêtre/Calques.**

   Le panneau Calques s'ouvre (voir Figure 11.11).

2. **Dans le panneau Calques, cliquez sur le bouton Cliquer pour cibler et faire glisser pour déplacer l'aspect, en regard du calque qui contient l'aspect que vous souhaitez modifier.**

   Ce bouton correspond au cercle situé à droite du nom du calque. Cliquez sur ce cercle pour cibler le calque afin que vos changements s'y appliquent.

3. **Ajoutez un effet au calque.**

   Dans cet exemple, choisissez Effet/Spécial/Contour progressif. La boîte de dialogue Contour progressif s'ouvre. Définissez le rayon à 5, puis cliquez sur OK. Tous les objets du calque prennent un contour progressif (voir Figure 11.12).

Figure 11.12 : Le texte "Contour progressif" a été placé sur son propre calque auquel nous avons appliqué l'effet Contour progressif.

Appliquer des effets aux contours et aux fonds

Les effets s'appliquent habituellement à l'objet tout entier. Sachez toutefois qu'il est possible d'appliquer un effet au contour ou au fond. Il n'existe aucune interaction dans les modifications, comme le montre la Figure 11.13.

Pour appliquer un effet au contour ou au fond uniquement, suivez ces étapes :

1. **Cliquez sur un objet avec l'outil Sélection.**

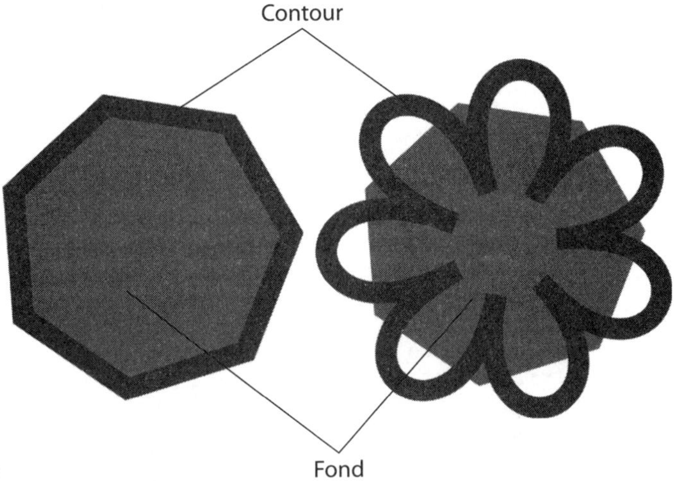

Figure 11.13 : Application de l'effet Contraction et dilatation au contour mais pas au fond.

2. **Choisissez Fenêtre/Aspect pour ouvrir le panneau correspondant.**

3. **Dans le panneau Aspect, sélectionnez le contour ou le fond auquel vous souhaitez appliquer l'effet.**

   Dans cet exemple, sélectionnez le contour.

4. **Choisissez un effet dans le menu Effet.**

   Dans cet exemple, nous avons choisi Effet/Distorsion et Transformation/Contraction et dilatation. La boîte de dialogue Contraction et dilatation s'ouvre. Faites glisser le curseur vers la gauche (Contraction) ou vers la droite (Dilatation). L'effet s'applique au tracé et vient prendre la place qui lui revient dans le panneau Aspect.

Si vous observez votre dessin, vous constatez que seul le contour a été contracté (ou dilaté). Pour appliquer un effet uniquement au fond, suivez ces étapes en choisissant un fond au lieu d'un contour.

Régler les paramètres

Tous les effets appliqués à un objet, un groupe ou un calque peuvent être modifiés. Pour retoucher un effet, double-cliquez sur son nom dans le panneau Aspect. La boîte de dialogue de l'effet s'ouvre, ce qui vous permet de modifier les valeurs en cours. Si la boîte de dialogue contient une case Aperçu, cochez-la pour observer vos changements en temps réel !

Ne tentez pas de modifier un effet en le sélectionnant de nouveau dans le menu Effet. Vous appliqueriez le même effet une deuxième fois au même tracé. Double-cliquez sur l'effet dans le panneau Aspect.

Supprimer des aspects

Si des aspects vous ennuient (votre illustration est trop complexe et aurait besoin d'un nettoyage, ou bien l'accumulation d'effets ralentit l'impression ou l'affichage), vous disposez de trois moyens pour les supprimer. Vous pouvez supprimer un attribut à la fois, supprimer tout l'aspect à l'exception des attributs de base ou tout jeter d'un coup. Voici comment accomplir chacune de ces tâches :

- **Pour supprimer un effet, un paramètre de transparence, un contour ou un fond :** sélectionnez l'attribut à éliminer dans le panneau Aspect puis cliquez sur l'icône de la corbeille dans l'angle inférieur droit du panneau.
- **Pour supprimer tous les effets, et tous les attributs de fond, de contour et de transparence supplémentaires :** choisissez Réduire à l'aspect de base dans le menu déroulant du panneau Aspect. Cette action supprime tous les attributs d'aspect sauf le contour et le fond et redéfinit le paramètre de transparence Par défaut à un mode de fusion normal et le paramètre d'opacité à 100 %. (Pour plus d'informations sur les modes de fusion et les paramètres d'opacité, voir le Chapitre 10).
- **Pour tout effacer :** pour faire table rase et conserver un tracé sans fonds ou contours, cliquez sur le bouton Effacer l'aspect (le cercle barré au milieu du panneau).

Fixer les effets dynamiques

Pour fixer définitivement tous les effets, choisissez Objet/Décomposer l'aspect. L'objet se décompose, une façon bien peu intuitive de dire qu'il est simplifié. Tous les paramètres définis dans le panneau Aspect ne sont que des aperçus qui n'ont pas encore été appliqués au dessin. Chaque fois que vous effectuez un changement, l'aspect doit être entièrement recalculé. La décomposition de l'objet applique tous les effets de façon permanente, ce qui évite de nouveaux calculs. Le dessin est plus simple mais perd également en évolutivité. La Figure 11.14 illustre la différence entre des objets provisoires et permanents.

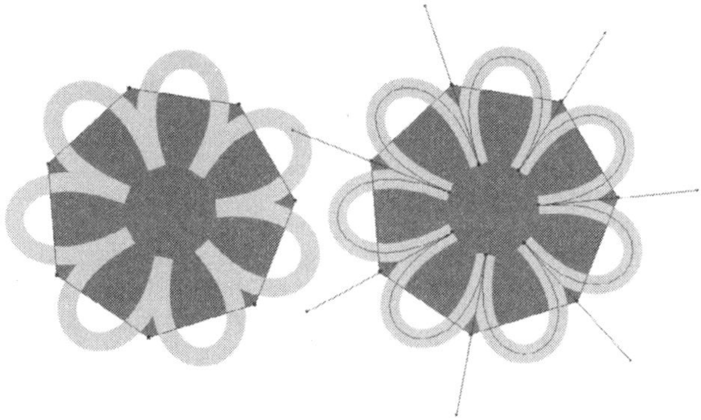

Figure 11.14 : Un effet provisoire (à gauche) et après application de la commande Décomposer l'aspect (à droite).

Styles

Les *styles* sont des collections de couleurs, de paramètres de transparence, des effets, des fonds et des contours supplémentaires qui s'appliquent à un tracé, un groupe ou un calque. Pensez à toutes les informations présentes dans le panneau Aspect. Si vous les enregistrez pour les appliquer à d'autres objets (sans devoir tout redéfinir), vous gagnerez alors un temps précieux. C'est là tout l'intérêt des styles.

Par ailleurs, toute mise à jour d'un style modifie tous les objets auxquels il s'applique. Par exemple, si vous appliquez un style avec un fond rouge et un contour noir à un tracé, puis que vous l'actualisez en définissant un fond orange, l'objet prend aussitôt un fond orange et un contour noir.

Appliquer des styles à des objets

Illustrator est livré avec une belle collection de styles stockés dans le panneau Styles graphiques ainsi qu'une multitude de bibliothèques (voir Figure 11.16) prêtes à l'emploi d'un simple clic.

Pour appliquer un style à un objet, suivez ces étapes :

1. **Sélectionnez un objet.**
2. **Choisissez Fenêtre/Styles graphiques.**

   Le panneau Styles graphiques s'affiche. La Figure 11.15 présente des styles issus de la bibliothèque Style graphique par défaut ainsi que d'autres styles provenant d'autres bibliothèques livrées avec Illustrator.

Figure 11.15 : Exemples de styles.

3. **Cliquez sur la case d'un style dans le panneau Styles graphiques.**

   Tous les attributs de style s'appliquent automatiquement à l'objet sélectionné.

Créer et modifier des styles

Vous pouvez créer un style à partir de n'importe quel objet sélectionné dans le document. Il est également possible de créer un style basé sur les paramètres en cours du panneau Aspect. (Le panneau Aspect contient les paramètres du dernier objet sélectionné, même s'il ne l'est plus).

1. **Sélectionnez un objet (ou non).**

Si vous ne sélectionnez pas de tracé, le style adopte les paramètres actuels du panneau Aspect.

2. **Choisissez Fenêtre/Styles graphiques.**

   Le panneau Styles graphiques apparaît (voir Figure 11.16).

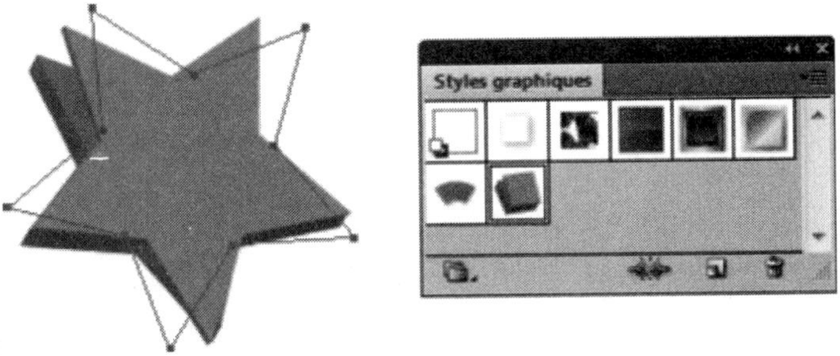

Figure 11.16 : Le panneau Styles graphiques.

3. **Cliquez sur le bouton Nouveau style (celui du milieu en bas à droite du panneau) ou faites glisser simplement votre objet vers un emplacement vide du panneau Styles graphiques.**

   Une représentation miniature du nouveau style s'affiche dans le panneau Styles graphiques.

Il existe plusieurs méthodes pour modifier un style existant. Quelle que soit celle retenue, Illustrator actualise automatiquement tous les objets soumis à ce style pour leur appliquer les nouveaux attributs. Pour modifier un style existant, la méthode classique consiste à le redéfinir.

Une fois que vous avez appliqué un style à un objet, cliquez sur le bouton Rompre le lien au style graphique du panneau Styles graphiques pour éviter qu'Illustrator n'actualise l'objet avec le nouveau style si vous redéfinissez le style existant.

Pour redéfinir un style existant, suivez ces étapes :

1. **Créez une forme de base et appliquez-lui un style.**

   Dans cet exemple, j'ai créé un triangle en utilisant l'outil Trait. J'ai ensuite choisi Fenêtre/Styles graphiques et j'ai appliqué le style Herbe au triangle en sélectionnant ce style dans le panneau Styles graphiques.

2. **Modifiez l'objet sélectionné comme vous le feriez pour créer un nouvel aspect.**

Changez le fond et le contour et/ou ajoutez des effets. Dans ce cas, j'ai choisi une couleur de fond plus foncée et ajouté deux contours de couleurs différentes au triangle grâce à la commande Ajouter un nouveau contour située dans le menu déroulant du panneau Aspect (voir la section "Ajouter des fonds et des contours" dans ce chapitre).

3. **Une fois que les changements vous conviennent, ouvrez le panneau Aspect en choisissant Fenêtre/Aspect. Avec l'objet modifié toujours sélectionné, choisissez Redéfinir le style graphique dans le menu déroulant du panneau Aspect (voir Figure 11.17.**

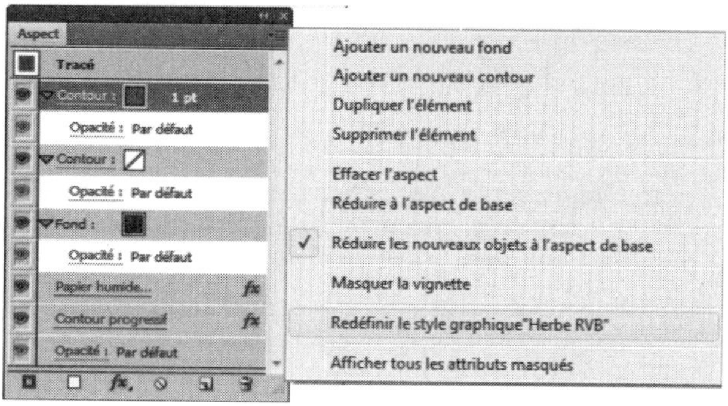

Figure 11.17 : Redéfinition d'un style existant.

Même si vous remplacez un style, vous devez passer par le panneau Aspect. Cherchez la logique ! Comme le nom du style que j'ai modifié dans cet exemple était *Herbe*, on peut voir dans le menu *Redéfinir le style graphique Herbe*. Le menu reprend le nom attribué au style.

Illustrator répercute le changement apporté au style dans le panneau Styles graphiques, et actualise tous les objets du document auxquels ce style s'applique.

Différence entre styles graphiques et styles de texte

Les styles graphiques d'Illustrator diffèrent de ses styles de texte (que nous traiterons au Chapitre 15). Les *styles graphiques* spécifient des attributs graphiques, comme une couleur de fond, de contour, une transparence, des contours et des fonds supplémentaires et des effets. Les styles de texte (de type Caractère et Paragraphe) spécifient des attributs de texte, comme une police, un corps, un interlignage, un alignement et d'autres paramètres du panneau Caractère et Paragraphe.

Les styles graphiques d'Illustrator ne permettent pas d'enregistrer des attributs de texte, comme les polices et les alignements. Toutefois, vous pouvez appliquer des styles graphiques à du texte ou à des objets texte, mais il ne s'agit pas d'attributs de texte.

Appliquer des styles graphiques à du texte

Illustrator voit dans le texte l'*image* des lettres et des nombres et c'est à cette image qu'il applique un style graphique, comme le montre la Figure 11.18.

Figure 11.18 : Texte avant (en haut) et après application d'un style graphique (en bas).

Pour appliquer un style graphique à du texte, suivez ces étapes :

1. **Sélectionnez le texte en utilisant l'outil Sélection.**
2. **Affichez le panneau Styles graphiques en choisissant Fenêtre/ Styles graphiques.**
3. **Cliquez sur une vignette du panneau Styles graphiques pour appliquer ce style au texte.**

   Illustrator applique le style graphique que vous avez sélectionné à l'objet texte.

Troisième partie

Dompter les tracés

Dans cette partie...

Vous commencez sans doute à penser qu'Illustrator est beaucoup plus facile que ce que vos amis amateurs de pixels vous avaient fait croire. Et avec autant de possibilités, qui voudrait se limiter aux pixels, de toutes façons ? Mais chut ! Restez discret et continuez à les époustoufler avec vos nouvelles compétences. Cette partie va encore vous donner de nouvelles armes.

Chapitre 12

Transformations en tous genres

Dans ce chapitre :

- Comprendre le fonctionnement des transformations.
- Utiliser les outils Mise à l'échelle, Rotation, Miroir et Déformation.
- Déplacer et modifier des objets et des portions d'objets.

Plusieurs techniques permettent de modifier les dessins créés avec Illustrator. Dans ce chapitre, vous découvrirez l'emploi des nombreux outils qu'Illustrator vous offre pour transformer vos graphismes à votre guise. Pour des transformations encore plus extrêmes, reportez-vous au Chapitre 13.

Les cinq piliers de la transformation

Vous pouvez opérer cinq transformations fondamentales sur les tracés : déplacement, mise à l'échelle, rotation, miroir et déformation. Chacune d'elles est associée à un outil et une boîte de dialogue. En fait, le déplacement correspond à trois outils, en comptant toutes les flèches (chacune servant à déplacer des sélections).

La clé consiste à sélectionner d'abord ce que vous voulez changer, puis à appliquer la transformation. Choisissez l'outil Sélection pour transformer un objet entier (Majuscule-clic pour transformer plusieurs objets simultanément) ou l'outil Sélection directe pour ne modifier que quelques points à la fois.

Déplacement

Illustrator vous permet de déplacer facilement des objets en cliquant dessus et en les faisant glisser avec l'une des flèches de sélection. La Figure 12.1 donne un exemple de déplacement d'un objet. L'illustration d'origine (à gauche) a été modifiée (à droite) en déplaçant un personnage dans le ciel. (Tout à coup, il semble défier les lois de la gravité.)

Figure 12.1 : L'illustration d'origine (à gauche) modifiée (à droite) avec l'outil Sélection.

Il est possible de déplacer une sélection d'une distance spécifique. Supposons que vous dessiniez une fleur (ou une herbe si votre technique n'est pas encore au point) et que vous vouliez la déplacer d'exactement deux centimètres vers la droite.

Pour spécifier cette valeur :

1. **Sélectionnez l'objet et choisissez Objet/Transformation/Déplacement.**

   La boîte de dialogue Déplacement s'affiche (voir Figure 12.2).

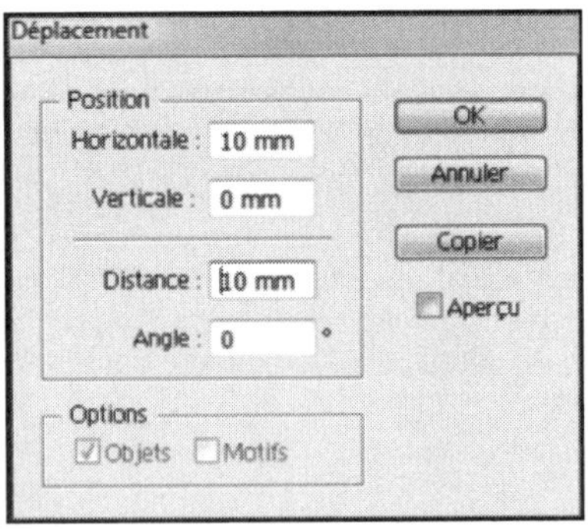

Figure 12.2 : La boîte de dialogue Déplacement.

Vous pouvez également double-cliquer sur l'un des trois outils en forme de flèche pour y accéder.

2. **Dans le champ Distance, tapez la valeur souhaitée, en l'occurrence 2 cm.**

3. **Tapez 0 dans le champ Angle.**

   Spécifier un angle de 0° garantit que l'objet se déplace directement vers la droite, sans monter ni descendre. Conservez les autres paramètres par défaut.

4. **Cliquez sur OK pour quitter la boîte de dialogue.**

N'OUBLIEZ PAS

Indiquez l'unité de mesure appropriée avec ces abréviations : **in** pour les pouces (*inches*), **p** pour les picas, **pt** pour les points, **cm** pour les centimètres, **mm** pour les millimètres et **px** pour les pixels.

Mise à l'échelle

Dans Illustrator, un objet agrandi ou réduit est *mis à l'échelle*. Une fois l'objet entouré d'un rectangle de sélection, vous disposez d'un outil Mise à l'échelle, de la boîte de dialogue correspondante et d'une commande du même nom. Mais ce n'est pas tout : il est également possible de modifier ses proportions, par exemple en doublant sa hauteur tout en conservant la largeur d'origine. La Figure 12.3 présente un exemple de mise à l'échelle d'un objet.

Figure 12.3 : L'illustration d'origine (à gauche) réduite (au centre) et agrandie (à droite).

TRUC

La technique la plus simple ne fait pas appel à l'outil Mise à l'échelle, mais au cadre qui apparaît autour des objets sélectionnés avec l'outil Sélection. En effet, il vous permet de modifier la taille et l'orientation des objets. Pour agrandir ou réduire un objet, cliquez sur les poignées et faites-les glisser.

Si vous appuyez en même temps sur la touche Maj, les proportions du rectangle de sélection (et donc de l'objet) sont conservées. C'est généralement une bonne chose, car cela l'empêche de grossir ou de maigrir exagérément.

TRUC

L'emploi simultané de la touche Maj et d'un grand nombre d'outils impose une contrainte à l'objet sélectionné. Par exemple, avec l'outil Rotation, la touche Maj limite la rotation à des multiples de 45 degrés.

Le rectangle de sélection est un outil intéressant, mais aucun pro ne l'utilisera jamais, préférant la méthode "dure" (grâce à laquelle il pourra montrer son habilité et son talent). L'outil Mise à l'échelle est de toute évidence plus difficile d'emploi, mais il offre toutes sortes de possibilités que le cadre de sélection ne possède pas, comme redimensionner un objet à partir d'un point d'origine ou spécifier des valeurs précises et copier tout en redimensionnant. Vous trouverez ces trésors enfouis en double-cliquant sur l'outil Mise à l'échelle dans le panneau Outils.

Comme l'a dit Yoda, "N'essaie pas. Fais-le ou ne le fais pas". Mais la galaxie n'est pas en péril, et vous pouvez essayer la technique illustrée à la Figure 12.4. Celle-ci représente l'illustration d'origine (à gauche), l'aperçu qui se forme quand vous faites glisser l'outil Mise à l'échelle (au centre) et l'image redimensionnée (à droite).

Figure 12.4 : Image d'origine (à gauche), aperçu du résultat (au centre) et image finale (à droite).

Pour redimensionner un dessin à l'aide de l'outil Mise à l'échelle :

1. **Sélectionnez le dessin avec l'outil Sélection.**

2. **Choisissez l'outil Mise à l'échelle.**

Son icône est censée représenter une boîte redimensionnée.

3. **Cliquez dans un angle et faites glisser l'outil.**

   Par défaut, la mise à l'échelle part du centre de la sélection. Lorsque vous faites glisser le pointeur, un aperçu en bleu clair apparaît et vous indique la taille et la forme de votre graphisme une fois le bouton de la souris relâché.

   Faites glisser vers l'extérieur pour l'agrandir et vers le centre pour le réduire.

4. **Relâchez le bouton quand le dessin a la taille voulue.**

   La mise à l'échelle est réalisée.

Rotation

Faire décrire des cercles à un dessin est une bonne façon d'égayer un après-midi. Il m'arrive de rester là à cliquer-glisser tout en regardant l'objet pivoter à l'écran. C'est fascinant et je ne m'en lasse pas.

Pour faire pivoter un objet, vous pouvez manipuler la double flèche coudée qui apparaît lorsque vous approchez l'outil Sélection d'une poignée du cadre de sélection, ou bien utiliser l'outil Rotation. Á l'instar de l'outil Mise à l'échelle, ce dernier permet de définir le point d'origine (le point autour duquel le dessin pivote). Un double- clic sur l'icône de l'outil permet également de spécifier un angle précis. La Figure 12.5 montre une illustration avant et après rotation.

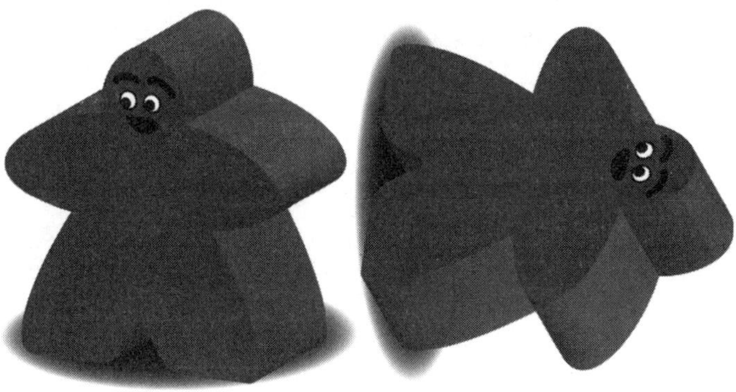

Figure 12.5 : Le dessin d'origine (à gauche) et après rotation (à droite).

Miroir

Grâce à l'outil Miroir, vous pouvez faire pivoter une sélection autour d'un axe et créer une image symétrique. La Figure 12.6 présente deux images symétriques selon un angle de 90 °.

Figure 12.6 : Création d'une symétrie avec l'outil Miroir.

Pour créer un objet symétrique avec l'outil Miroir :

1. **Sélectionnez le dessin à inverser.**

2. **Choisissez l'outil Miroir dans le panneau Outils.**
3. **Appuyez sur la touche Maj et maintenez-la enfoncée. (Vous la relâcherez après le bouton de la souris à l'étape 5.)**

   La touche Maj contraint l'angle à des multiples de 45 °, ce qui facilite l'obtention d'une réflexion horizontale.

4. **Cliquez sur le bord droit du dessin et faites glisser le pointeur vers la gauche.**
5. **Relâchez le bouton de la souris (puis la touche Maj) une fois le dessin "retourné".**

Mais ce n'est pas tout ! Si vous double-cliquez sur l'outil Miroir, vous obtenez en prime la boîte de dialogue correspondante (voir Figure 12.7). Voici ses options :

- **Horizontal.** Fait pivoter l'image sur l'axe horizontal : le haut se retrouve en bas.

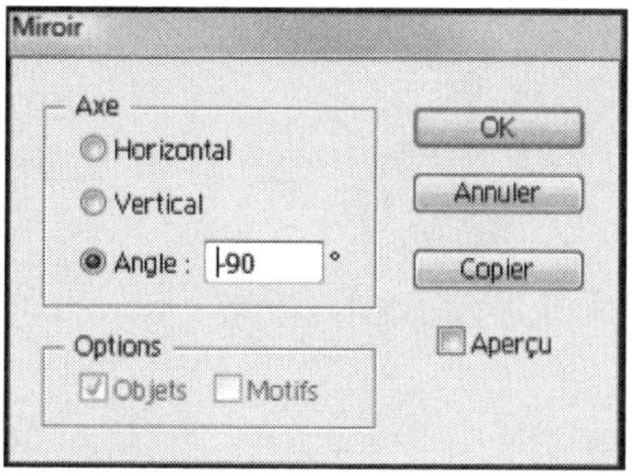

Figure 12.7 : La boîte de dialogue Miroir.

- **Vertical.** Fait pivoter l'image sur l'axe vertical : la droite se retrouve à gauche.
- **Angle.** L'image pivote selon l'angle spécifié.

Déformation

Appelée *inclinaison* par la plupart des programmes, la déformation sert souvent à créer des ombres portées (également nommées ombres en perspective, comme celle que vous projetez au sol par une journée ensoleillée) ou des réflexions (comme le reflet d'un bosquet d'automne dans un lac).

Pour utiliser l'outil Déformation :

1. **Sélectionnez le dessin à déformer.**

2. **Choisissez l'outil Déformation dans le panneau Outils.**

   Il est caché derrière l'outil Mise à l'échelle : cliquez sur ce dernier et l'outil Déformation apparaît.

3. **Cliquez une fois au bord du dessin à déformer.**

   Cela fixe le point d'origine et facilite la manipulation de l'outil.

4. **Faites glisser l'outil Déformation.**

   Le dessin se *déforme*, ou se distord, et s'incline (voir la Figure 12.8).

Aller plus loin avec les transformations

Toutes ces possibilités sont déjà assez étonnantes. Mais ce qui est vraiment surprenant, c'est la foule de petits plus qu'Illustrator propose

Figure 12.8 : Le dessin d'origine (à gauche) et après déformation (à droite).

pour faciliter et accélérer les transformations. Les sections suivantes expliquent comment utiliser ces extras. En voici la liste :

- **Utiliser le panneau Transformation.** Ce panneau rassemble toutes les transformations en un même endroit facilement accessible et vous permet de les appliquer en saisissant des valeurs numériques.
- **Copier en transformant.** Fait pivoter une copie de votre travail.
- **Transformer chaque objet séparément.** La boîte de dialogue Transformation répartie permet d'appliquer des transformations aux objets individuels et non globalement.
- **Répéter la dernière transformation.** Répétez une transformation indéfiniment, à l'aide d'une simple commande (ou d'une pression sur une touche).
- **Transformer une portion de tracé.** Sélectionnez juste quelques points pour déplacer, mettre à l'échelle, faire pivoter, renverser ou déformer des portions de tracé. (Cette fonctionnalité est particulièrement utile pour faire une coupe à l'iroquoise à une chenille.)

Le panneau Transformation

Le panneau Transformation (voir Figure 12.9) est le supermarché idéal pour tous vos besoins de transformation. Vous y accédez en choisissant Fenêtre/Transformation. Il est très efficace, à condition que les calculs ne vous rebutent pas.

En saisissant des valeurs dans les différents champs, vous pouvez déplacer, redimensionner, faire pivoter et déformer des objets. Son menu possède des options pour créer des symétries (horizontales ou verticales), mettre à l'échelle des contours et des effets, et transformer l'objet, le motif ou les deux. Les champs L et H (largeur et hauteur) acceptent des *mesures absolues* (spécifiées en pouces, centimètres,

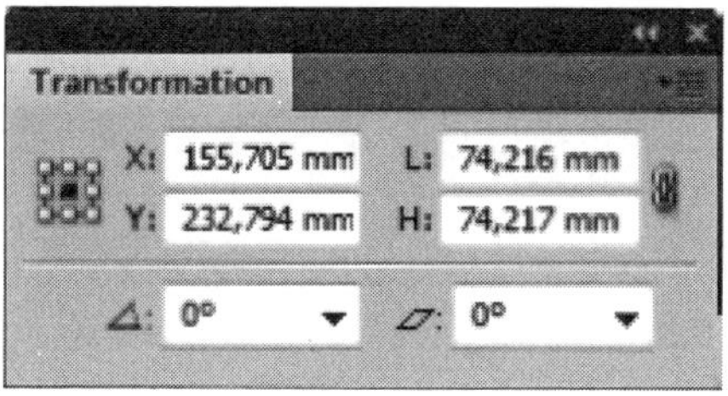

Figure 12.9 : Le panneau Transformation dans toute sa splendeur.

etc.) ou des *mesures relatives* (définies en pourcentages). Il suffit de taper après le nombre les abréviations correspondantes – **in** pour les pouces, **cm** pour les centimètres... ou % pour les pourcentages. Il est également possible de spécifier les angles de rotation et de déformation en degrés dans les deux cases du bas (ou de choisir une valeur prédéfinie dans les listes déroulantes).

Si vous êtes fâché avec les chiffres, réjouissez-vous ! Le panneau Transformation se charge de tous les calculs à votre place ! Supposons que vous vouliez réduire la largeur d'un objet à un tiers, il suffit de taper **/3** après la valeur actuelle dans le champ de texte **L**, et le tour est joué.

Copier en transformant

Les cinq fonctions de transformation d'Illustrator permettent également de copier des objets. Pour accomplir ce prodige, Illustrator applique la transformation à une copie de la sélection, exactement comme si vous aviez copié-collé l'objet directement sur l'original puis que vous l'ayez transformé, et cela en une seule étape.

Quand vous utilisez les outils de transformation, appuyez sur Alt (Windows) ou Option (Mac) pour copier votre sélection pendant la transformation. Appuyez sur la touche après avoir commencé à faire glisser le pointeur (pas avant) et maintenez-la enfoncée tant que vous n'avez pas relâché le bouton de la souris. Illustrator duplique la sélection.

La Figure 12.10 présente un exemple de texte modifié avec l'outil Déformation plus la touche Alt (Option sur Mac). Ici, j'ai incliné et copié le texte avec l'outil Déformation, puis j'ai rempli la copie avec un dégradé. Le résultat est une ombre portée qui apparaît devant l'original (qu'Illustrator traite comme un objet).

Si vous passez par une boîte de dialogue, cliquez sur le bouton Copier au lieu de OK pour créer une *copie transformée* de l'objet. L'image d'origine demeure inchangée.

Figure 12.10 : Création d'une ombre portée avec l'outil Déformation.

Transformation répartie

La boîte de dialogue Transformation répartie (voir Figure 12.11), accessible via Objet/Transformation/Transformation répartie, a deux fonctions. Tout d'abord, elle regroupe la plupart des transformations dans une seule interface. Ensuite, elle applique ces transformations séparément à chaque objet sélectionné et non globalement.

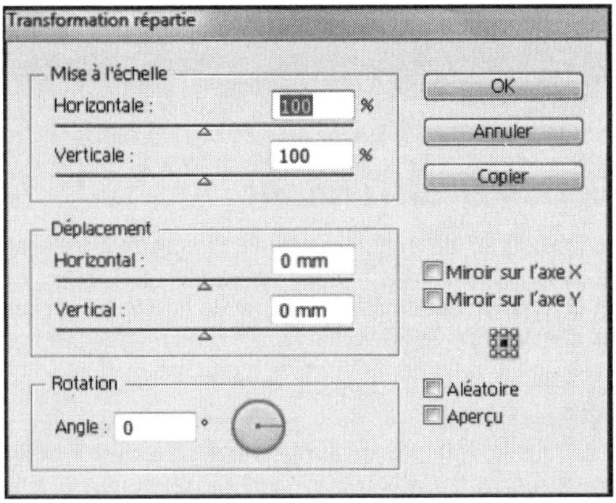

Figure 12.11 : La boîte de dialogue Transformation répartie.

Curieusement, cette approche produit un effet très différent de celui qu'aurait obtenu une transformation globale. La Figure 12.12 montre le résultat d'une rotation ordinaire comparé à celui d'une rotation réalisée par l'intermédiaire de la boîte de dialogue Transformation répartie. (Ne dites pas que vous n'avez pas été prévenu.)

Répéter une transformation

Après avoir transformé un objet, vous pouvez répéter l'opération en choisissant Objet/Transformation/Répéter la transformation.

Figure 12.12 : L'illustration d'origine (à gauche), tournée avec l'outil Rotation (au centre) et avec la boîte de dialogue Transformation répartie (à droite).

Le raccourci clavier correspondant est Ctrl+D (Windows) ou ⌘+D (Mac). Que vous ayez utilisé un outil, un panneau ou une boîte de dialogue, cette commande mémorise les paramètres de la dernière transformation et les applique à la sélection en cours. Vous pouvez même désélectionner un objet, en sélectionner un autre et imposer la même transformation à la nouvelle sélection.

La commande Répéter la transformation fonctionne également avec les copies de sélections, comme le montre la Figure 12.13. Ici, les petits objets au pourtour du cercle ont été créés avec cette fonction, par rotation d'une copie autour du centre par incréments de 18 degrés.

Figure 12.13 : Répétition d'une transformation sur une sélection.

Transformations partielles

Si vous ne sélectionnez qu'une portion de tracé, vous pouvez lui appliquer les cinq transformations de base, exactement comme pour un objet. Le résultat peut être tout à fait banal (si vous ne déplacez que quelques points) ou carrément inattendu (si par exemple vous redimensionnez ou déformez des segments), comme le montre la Figure 12.14.

Figure 12.14 : Déplacement et mise à l'échelle d'une portion de tracé.

Voici comment sélectionner, déplacer et redimensionner *quelques points* d'un tracé (avec des résultats intéressants) :

1. **Avec l'outil Sélection directe, sélectionnez une portion de tracé.**

   Un rectangle de sélection apparaît, et seuls les points qu'il englobe sont sélectionnés.

2. **Avec l'outil Sélection directe toujours activé, cliquez sur un point sélectionné et faites-le glisser.**

   Tous les autres points sélectionnés suivent le mouvement. Veillez bien à cliquer directement sur un point sélectionné. Sinon, vous risquez de perdre la sélection et de sélectionner un autre objet.

3. **Relâchez le bouton de la souris, choisissez l'outil Mise à l'échelle, cliquez sur le même point qu'à l'étape 2 et faites glisser le pointeur.**

   Un glissement vers le centre de la sélection rapproche les points, tandis qu'un glissement vers l'extérieur les écarte.

TRUC

Ne cliquez pas trop près du milieu des points, sous peine qu'ils ne deviennent difficiles à contrôler.

Chapitre 13

Aux frontières du réel

Dans ce chapitre :

- Appliquer des distorsions inhabituelles à un dessin.
- Utiliser les outils de fluidité.
- Manipuler les enveloppes.

Les transformations peuvent réellement métamorphoser vos réalisations. Dans ce chapitre, je vais vous conduire dans un univers un peu décalé. Les choses vont vous paraître étranges, mais pas de panique !

Suivez-moi dans le monde ésotérique des distorsions et des outils de fluidité. Apprêtez-vous à vous gondoler et tâchez de ne pas trop vous contracter en chemin.

Appliquer des effets de distorsion

Dans cette section, vous allez découvrir les fameuses distorsions d'Illustrator qui se trouvent dans le menu Effet. Méfiez-vous de ces effets car, comme les miroirs déformants, ils peuvent transformer une belle image qui vous a demandé beaucoup de mal en paysage bizarroïde et surnaturel. Mais c'est peut-être l'effet que vous recherchez...

Contraction et dilatation

Non, il ne s'agit pas d'une indigestion par fortes chaleurs. L'effet Contraction et dilatation, accessible lorsque vous choisissez Effet/Distorsion et transformation/Contraction et dilatation, comprime ou gonfle les tracés en rapprochant ou en éloignant les points d'ancrage et les poignées les uns des autres. La Figure 13.1 illustre du texte contracté et dilaté.

Figure 13.1 : Effet Contraction et dilatation. À vous de trouver qui est qui.

Esquisse et Griffonnage

Pour donner à votre dessin un aspect négligé, les effets Esquisse et Griffonnage sont vos meilleurs atouts. (Choisissez Effet/Distorsion et transformation/Esquisse ou Effet/Spécial/Griffonnage.) L'effet Esquisse ajoute des points d'ancrage supplémentaires à vos tracés et les déplace de manière à imiter l'effet d'un trait tracé d'une main tremblante. Utilisez l'effet Griffonnage pour déplacer des points d'ancrage et des poignées existants, pour donner l'impression d'un dessin griffonné à la hâte. L'intérêt de ces filtres est la part de hasard qu'ils introduisent et qui donne plus de naturel au graphisme. Comme le montre la Figure 13.2, l'application de ces effets à un dessin existant donne des résultats uniques, comme s'il avait été réalisé à la main.

Zigzag

L'effet Zigzag ajoute des points d'ancrage à votre dessin, puis en déplace un sur deux pour donner un effet en dent de scie. Même si cela semble contradictoire, faites-moi confiance. Voyez les résultats de l'effet Zigzag dans la Figure 13.3. Pour accéder à cet effet, choisissez Effet/Distorsion et transformation/Zigzag.

Distorsion manuelle

Avec l'effet Distorsion manuelle (Effet/Distorsion et transformation/Distorsion manuelle), vous entourez l'objet d'un rectangle et manipulez les poignées pour le déformer. Il s'agit d'une déformation, sans toutes les courbes. L'effet Distorsion manuelle est assez pratique pour créer du texte sur le mode du générique de la Guerre des étoiles (voir Figure 13.4) ou d'autres perspectives forcées.

Figure 13.2 : Le dessin de gauche est esquissé à droite pour donner l'impression d'avoir été dessiné à la main.

Figure 13.3 : Utilisez l'effet Zigzag pour créer des effets plus effrayants.

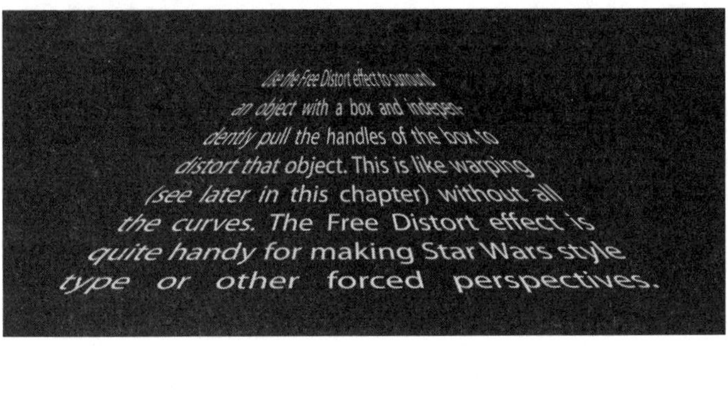

Figure 13.4 : Avec l'effet Distorsion manuelle, votre texte peut sembler se perdre à l'arrière-plan.

Torsion

L'effet Torsion (Effet/Distorsion et transformation/Torsion) tord votre objet en fonction de la valeur saisie dans le champ Angle de la boîte de dialogue Torsion. C'est comme si vous tordiez l'extérieur du dessin sans faire pivoter l'intérieur (voir Figure 13.5).

Figure 13.5 : L'effet Torsion peut tordre des phrases.

Déformations

Pour appliquer une déformation, sélectionnez votre dessin, choisissez Effet/Déformation puis choisissez une déformation dans le sous-menu. À l'instar d'autres effets, les déformations modifient l'aspect de l'objet sans altérer l'objet lui-même, comme le montre la Figure 13.6.

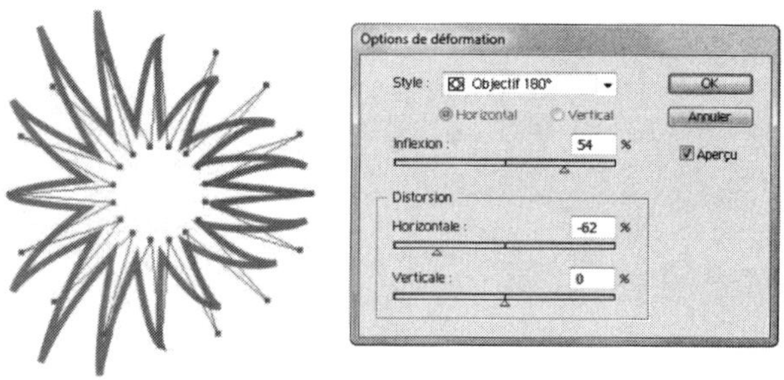

Figure 13.6 : L'étoile apparaît déformée, mais sa structure sous-jacente demeure intacte.

Cerises sur le gâteau

Voici quelques astuces croustillantes :

Modifier un effet. Cliquez sur le nom de l'effet souligné dans le panneau Aspect (Fenêtre/Aspect).

Réutiliser un effet personnalisé. Enregistrez l'effet en tant que style pour pouvoir ensuite l'appliquer à d'autres objets. Pour plus d'informations sur les styles, reportez-vous au Chapitre 11.

Modifier l'objet d'origine. Choisissez l'outil Sélection directe et manipulez les points d'ancrage de l'objet.

Modifier du texte. Retouchez le texte sans changer l'effet.

Sélectionner du texte déformé. Choisissez Affichage/Repères commentés. Avec les repères commentés, la sélection devient un jeu d'enfant. S'ils ne sont pas actifs, choisissez Affichage/Tracé, qui affiche le texte d'origine, sans effets.

Créer des dessins avec les outils de fluidité

Le niveau de distorsions suivant est si amusant à manipuler que vous ne finirez jamais aucun travail. Comme il s'agit en partie d'outils et comme ils n'affectent qu'une petite partie de votre dessin à la fois, vous passerez certainement des heures à fignoler et à déformer votre œuvre.

Outils de fluidité

Les outils de fluidité d'Illustrator appliquent en toute simplicité des distorsions à des objets directement sur votre page. Autrement dit, vous n'êtes pas confiné à une boîte de dialogue équipée de curseurs, comme c'est le cas pour les effets de distorsion décrits précédemment dans la section "Appliquer des effets de distorsion". Les outils de fluidité vous offrent toute liberté pour étirer, distordre et dévaster votre image à loisir en vous abandonnant à votre créativité.

Pour accomplir ce rituel, sélectionnez d'abord votre dessin puis l'outil de torture de votre choix dans le panneau Outils. (Vous le trouverez dans la case de l'outil Déformation). La Figure 13.7 offre un aperçu de chaque type d'outil de fluidité assorti de son nom.

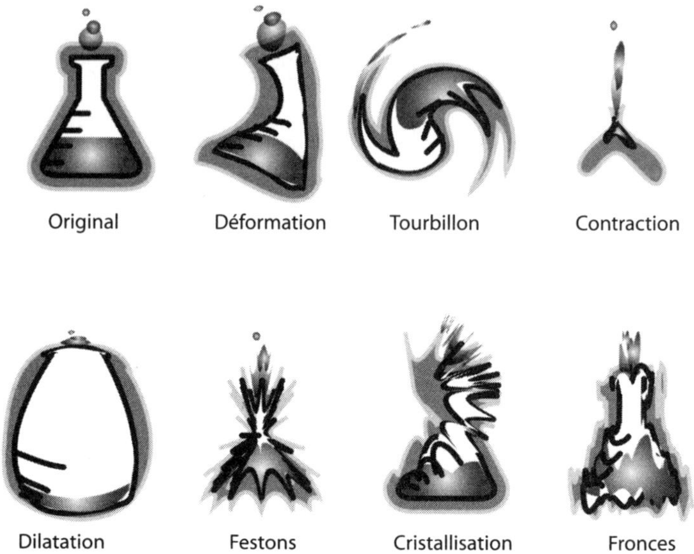

Figure 13.7 : Le dessin d'origine (en haut à gauche) et après application de chaque outil de fluidité.

Voici les outils de fluidité et comment les utiliser pour en tirer le meilleur parti. Cliquez sur l'outil de votre choix et suivez ces instructions. Reportez-vous à la Figure 13.7 pour mettre en correspondance outil et effet.

Déformation. Faites glisser la souris pour pousser les pixels – ils se déplacent avec votre pointeur.

Tourbillon. Faites glisser et maintenez enfoncé le bouton de la souris pour faire pivoter les pixels. Plus vous appuyez longtemps et plus le tourbillon est important.

Contraction. Maintenez enfoncé le bouton de la souris pour déplacer les pixels vers le centre avec votre pointeur. Plus vous appuyez longtemps et plus la contraction est marquée.

Dilatation. Maintenez enfoncé le bouton de la souris pour déplacer les pixels vers l'extérieur avec votre pointeur. Plus vous appuyez longtemps et plus la dilatation est forte.

Festons. Faites glisser et maintenez le bouton de la souris enfoncé pour créer une bordure arrondie, festonnée. Plus vous appuyez longtemps et plus les festons sont denses.

Cristallisation. Faites glisser et maintenez le bouton de la souris enfoncé pour créer une bordure hérissée. Plus vous appuyez longtemps et plus l'effet hérissé est prononcé.

Fronces. Faites glisser et maintenez le bouton de la souris enfoncé pour créer une bordure tremblotante et accidentée. Vous avez sans doute compris que plus vous maintenez le bouton de la souris enfoncé, et plus l'effet de fronces sera important.

L'utilisation d'une tablette graphique avec les outils de fluidité permet de contrôler encore mieux leurs effets.

Options de fluidité

Chaque outil de fluidité possède une boîte de dialogue Options (la Figure 13.8 montre celle de l'outil Déformation) qui contrôle ses paramètres. Pour y accéder, double-cliquez sur un outil de fluidité dans le panneau Outils. Bien que je conseille de tester les outils pour mieux comprendre comment ils fonctionnent, passez en revue cette liste pour obtenir des conseils sur les différents paramètres qui affectent leur comportement.

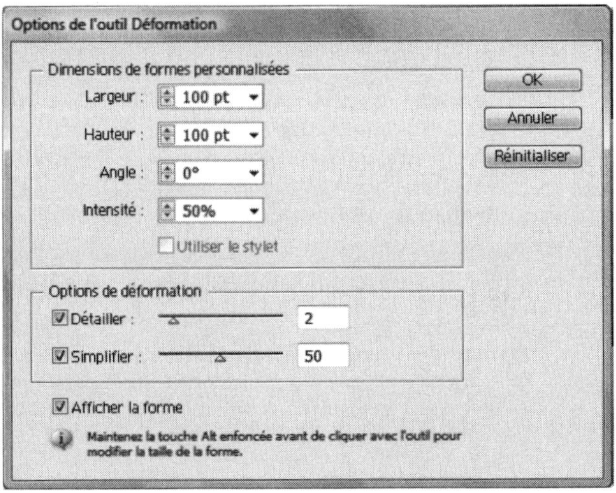

Figure 13.8 : La boîte de dialogue Options de l'outil Déformation.

Options de forme personnalisée. Utilisez ces trois options pour définir la taille de la forme, son angle et son intensité.

- **Dimensions de formes personnalisées.** Sélectionnez la taille de votre forme dans une plage allant de 1 à 1 000 points (pt). Définissez indépendamment la largeur et la hauteur pour créer des formes ovales.

Maintenez enfoncée la touche Alt (Option pour MacOS) avant de cliquer avec un outil de fluidité pour modifier la taille de la forme à la volée.

- **Angle.** Spécifiez l'angle de votre forme ovale à l'aide de valeurs allant de 360 à 360 °.
- **Intensité.** Définissez l'intensité de votre forme dans une plage allant de 0 à 100 %. Plus ce pourcentage est élevé et plus l'effet de l'outil sera important (ou intense).

Utiliser le stylet. Heureux propriétaires d'une tablette graphique, cochez cette case pour exercer plus de contrôle sur ces effets.

Options des outils Déformation/Tourbillon/Contraction/Dilatation. Utilisez ces options pour définir des points d'ancrage et améliorer la netteté des bords.

- **Détailler.** Choisissez cette option pour définir combien de points d'ancrage supplémentaires ajouter au tracé. Plus la valeur est élevée (10 au maximum), plus il y aura de points d'ancrage.
- **Simplifier.** Cochez cette case pour éliminer les points d'ancrage inutiles, qui ne font pas partie de la forme et ont été ajoutés après définition d'une valeur élevée dans l'option Détailler. Plus la valeur de Simplifier est élevée et plus les bords sont nets.

Vitesse du tourbillon. Un vrai rêve de danseuse. Plus cette valeur est élevée, plus le tourbillon tourne vite et plus il est enroulé.

Options des outils Festons/Cristallisation/Fronces. Outre les options liées aux dimensions de formes personnalisées et Détailler, ces trois derniers outils offrent quelques options supplémentaires.

- **Complexité.** Plus cette valeur est élevée (1-15) et plus de points d'ancrage sont ajoutés à l'objet pendant la distorsion.
- **La forme agit sur les points d'ancrage.** Utilisez cette option pour appliquer la distorsion aux points d'ancrage.
- **La forme agit sur les poignées des tangentes entrantes.** Utilisez cette option pour appliquer la distorsion aux premières poignées directionnelles de la courbe de Bézier.

- **La forme agit sur les poignées des tangentes sortantes.** Utilisez cette option pour appliquer la distorsion aux deuxièmes poignées directionnelles de la courbe de Bézier.

Je recommande de conserver l'option Afficher la forme activée afin de visualiser la forme à sa taille réelle pendant que vous travaillez plutôt que l'icône d'une cible. ***Note :*** Les options Horizontales et Verticales n'apparaissent que dans la boîte de dialogue Options de l'outil Fronces. Saisissez un pourcentage entre 0 et 100 % pour définir si les fronces s'étirent vers le haut, vers le bas, sur les côtés ou entre les deux.

Pour déformer du texte provisoire à l'aide des outils de fluidité, vous devez d'abord appliquer un effet Filet d'enveloppe (voir l'astuce suivante). Même si les outils de fluidité sont formidables, utilisez-les avec parcimonie sur du texte car celui-ci doit rester lisible. Pour plus d'informations sur la création et la manipulation de texte, reportez-vous au Chapitre 15.

Manipuler les enveloppes

L'enveloppement est l'une des fonctionnalités les plus puissantes d'Illustrator. Aussi amusante que fascinante, elle peut s'appliquer à n'importe quel élément de votre document – objets vectoriels, texte, images bitmaps, filets de dégradé, motifs et bien d'autres.

Il existe trois façons d'appliquer une distorsion d'enveloppe à votre dessin : d'après une déformation, un filet ou un tracé. Vous opterez pour l'une ou l'autre solution selon le type d'effet recherché.

D'après une déformation

Pour créer une distorsion d'enveloppe à l'aide d'une déformation, suivez ces étapes :

1. **Sélectionnez votre dessin à l'aide d'un outil de sélection.**

   Il peut s'agir d'un tracé vectoriel, d'un bitmap ou même de texte.

2. **Choisissez Objet/Distorsion de l'enveloppe/Créer d'après une déformation.**

   La boîte de dialogue Options de déformation s'affiche, avec une pléthore d'options.

3. **Choisissez le style voulu dans le menu déroulant.**

Chacun des 15 styles s'accompagne d'une icône qui vous donne une indication visuelle de l'effet de déformation. Cochez la case Aperçu pour visualiser les résultats.

Notez comment la grille de l'outil Enveloppe apparaît sur le dessin.

4. **Dans la boîte de dialogue Options de déformation, cochez la case Horizontal ou Vertical (si elle est disponible et si vous souhaitez modifier les proportions de la déformation) et réglez les curseurs Inflexion et Distorsion.**

   Dans mon exemple, j'ai sélectionné l'option Horizontal et j'ai augmenté l'option Inflexion à 100 %. Réglez les pourcentages des options Horizontal et Vertical pour incliner le style vers la gauche, la droite, le haut ou le bas. Le positionnement du curseur Inflexion à l'une des extrémités de l'échelle intensifie l'effet.

5. **Cliquez sur OK et admirez le résultat.**

   Regardez la distorsion de la Figure 13.9 et observez comment l'image et le texte sont déformés. Pour peaufiner une image, cliquez sur votre tracé d'enveloppe avec l'outil Sélection directe. Choisissez un point d'ancrage sur le tracé et faites-le glisser pour ajuster le tracé d'enveloppe. Votre dessin se déforme pour s'adapter à la nouvelle enveloppe.

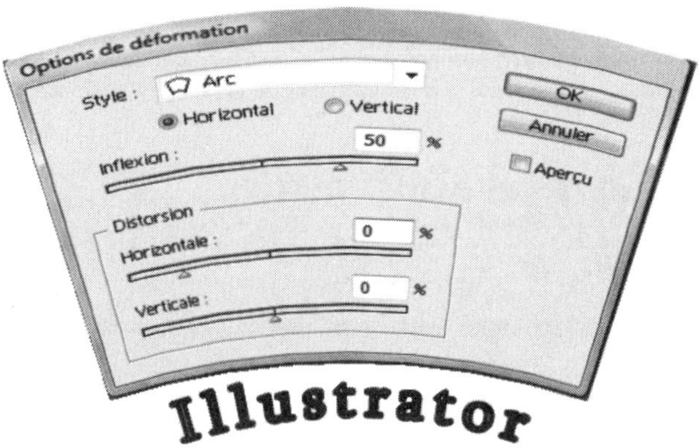

Figure 13.9 : Distorsion du texte et de la boîte de dialogue Options de déformation.

D'après un filet

La commande Objet/Distorsion de l'enveloppe/Créer d'après un filet applique une grille d'un nombre de rangées et de colonnes données à votre dessin. Sélectionnez les points du filet avec l'outil Sélection directe pour déformer le dessin sous-jacent. Pour observer la distorsion Filet d'enveloppe à l'œuvre, reportez-vous à la Figure 13.10.

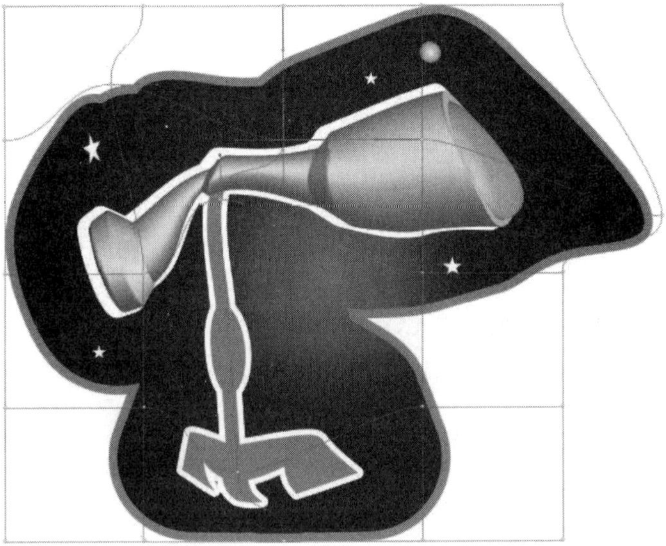

Figure 13.10 : Utilisez une distorsion Filet d'enveloppe pour déformer votre image en manipulant des points sur une grille.

TRUC

Vous pouvez ajouter des points d'ancrage supplémentaires sur la grille du filet avec l'outil Filet. Pour plus d'informations sur l'outil Filet, reportez-vous au Chapitre 11.

D'après un tracé

La dernière méthode permet d'utiliser n'importe quel tracé comme enveloppe de distorsion. Cela peut s'avérer très pratique si vous créez par exemple des logos car objets, images numérisées et texte peuvent tous s'agencer harmonieusement dans une forme donnée, comme un ovale. Suivez ces étapes pour savoir comment utiliser un tracé comme enveloppe :

1. **Créez un tracé à utiliser comme enveloppe et placez-le par-dessus votre dessin.**

N'OUBLIEZ PAS

Le tracé d'enveloppe doit correspondre à l'objet au premier plan.

Dans la Figure 13.11, une forme de tache est placée devant le texte.

2. **Sélectionnez le tracé et l'objet (du texte dans cet exemple) avec l'outil Sélection et choisissez Objet/Distorsion de l'enveloppe/Créer d'après l'objet au premier plan.**

   Votre objet est déformé et s'incorpore au tracé, comme le montre la Figure 13.11.

Figure 13.11 : Piégé dans une forme.

Voici d'autres informations utiles concernant les enveloppes :

Modifier les éléments au sein de l'enveloppe plutôt que l'enveloppe elle-même. Sélectionnez votre enveloppe et choisissez Objet/Distorsion de l'enveloppe/Modifier le contenu. Transformez votre dessin à votre guise – changez la couleur, le texte, etc.

Supprimer l'enveloppe. Choisissez Objet/Distorsion de l'enveloppe/Annuler.

Appliquer l'enveloppe de façon permanente. Choisissez Objet/Distorsion de l'enveloppe/Décomposer. L'aspect de votre dessin ne change pas mais vous ne pouvez plus modifier le contenu ni supprimer l'enveloppe.

Appliquer des déformations d'enveloppe à des dégradés linéaires, des fonds à motif ou des attributs d'aspect. Vous devez sélectionner ces options dans la boîte de dialogue Options de l'enveloppe (Objet/Distorsion de l'enveloppe/Options de l'enveloppe).

Chapitre 14

Organisation

Dans ce chapitre :

- Organiser et empiler des images.
- Utiliser le panneau Calques.
- Modifier l'ordre d'empilement des objets avec le panneau Calques.
- Nommer des objets, des groupes et des calques.
- Organiser les dessins en groupes.
- Travailler avec des repères.
- Aligner des objets.

Pour bien comprendre la relation entre les objets d'Illustrator, imaginez-les comme des formes découpées dans du papier. Dans ce chapitre, nous allons d'abord traiter l'empilement des objets – le fait de les afficher au premier plan ou à l'arrière-plan – et nous verrons comment gérer cet empilement aussi simplement que possible. Une autre section détaillera le placement de précision et l'alignement des objets.

Empiler des dessins

Avec une logique implacable, Illustrator superpose les objets en plaçant au premier plan tout nouvel objet tracé, inséré ou collé. Vous obtenez donc une pile de dessins.

Ordre d'empilement

Illustrator traite les objets à l'écran comme s'il s'agissait de cartes à jouer sagement empilées sur une table (ou pas si sagement, comme le montre la Figure 14.1). (Imaginez-vous près d'une table où sont disposées les cartes. Vous ne pouvez voir que celle qui se trouve en haut du paquet). L'*ordre d'empilement* correspond à l'ordre des objets dans la pile. Cet ordre dépend du moment où les objets sont créés ou insérés dans le document, sauf si vous le modifiez à l'aide de la commande Objet/Disposition. (Vous en saurez plus sur les commandes du menu Disposition dans la section à venir "Changer l'ordre d'empilement des objets"). Le premier objet créé vient se placer en bas de la pile. Dans Illustrator, cela s'appelle l'*arrière-plan*. L'objet suivant se superpose à cet objet et l'objet le plus récent se place au-dessus de tous les autres. Cette dernière position correspond au *premier plan*.

Figure 14.1 : Agencements résultant d'une modification de l'ordre d'empilement des objets.

La Figure 14.2 illustre une pile de cartes vue d'en haut et une vue latérale imaginaire de cette même pile.

Même si deux objets se présentent visuellement côte à côte et ne se superposent pas, pour Illustrator, il existe toujours un objet de

Figure 14.2 : Vue d'en haut (à gauche) et vue latérale (à droite).

premier plan, comme si chaque objet était dessiné sur un transparent. C'est seulement lorsque vous superposez un objet à un autre que vous avez connaissance de l'ordre d'empilement. C'est le seul moment où vous avez besoin de vous en soucier, puisqu'il n'intervient que dans le cas où des objets se superposent. Lorsque des objets ne se chevauchent pas correctement, servez-vous des commandes Disposition pour modifier l'ordre d'empilement, comme cela l'explique la prochaine section.

Changer l'ordre d'empilement des objets

Illustrator propose cinq commandes pour changer l'ordre d'empilement des objets :

- **Objet/Disposition/Premier plan.** Cette commande amène le dessin sélectionné en haut de la pile dans le calque sur lequel vous travaillez (nous parlerons des calques plus loin dans cette section) en le plaçant devant les autres objets.
- **Objet/Disposition/Arrière-plan.** Cette commande déplace le dessin sélectionné en bas de la pile dans le calque sur lequel vous travaillez en le plaçant derrière les autres objets.
- **Objet/Disposition/En avant.** Cette commande déplace d'un cran en avant le dessin sélectionné (c'est-à-dire vers le haut de la pile).
- **Objet/Disposition/En arrière.** Cette commande déplace d'un cran en arrière le dessin sélectionné (c'est-à-dire vers le bas de la pile).

- **Objet/Disposition/Envoyer vers le calque sélectionné.** Cette commande déplace le dessin sélectionné du calque où il se trouve vers celui qui est sélectionné dans le panneau Calques. Pour plus d'informations sur les calques, reportez-vous à la section "Utiliser le panneau Calques" plus loin dans ce chapitre.

Gérer les objets

Même si les commandes de déplacement des objets semblent assez souples de prime abord, elles ne conviennent que dans la mesure où vous travaillez avec un nombre d'objets limités. Dès que vous commencez à créer des dessins comptant des dizaines (voire des centaines) d'objets, elles atteignent leurs limites. Par exemple, essayez donc de faire passer un objet du niveau 94 au niveau 63 ! Sans compter la difficulté insurmontable de sélectionner un objet parmi une centaine.

C'est là que le panneau Calques entre en jeu. Non seulement il vous permet d'organiser votre travail, mais il vous offre davantage de souplesse pour intervenir sur l'ordre d'empilement. Vous disposez également d'un grand pouvoir sur les calques, comme la faculté de les masquer ou de les verrouiller de sorte à les laisser affichés sans risquer de les modifier ou de les dupliquer dans un autre document. Cette souplesse est indispensable pour travailler avec des illustrations complexes.

Utiliser le panneau Calques

Le panneau Calques (voir Figure 14.3) offre toutes les fonctions nécessaires à votre organisation. Vous pouvez répartir votre dessin en calques, sous-calques et sous-calques de ces sous-calques, puis afficher, masquer, sélectionner, réorganiser ou supprimer autant de calques et de sous-calques que voulu.

Vignettes

Les vignettes du panneau Calques représentent les objets présents sur chaque calque. Un clic sur le cercle de la colonne Cible (à droite de chaque calque) permet de sélectionner rapidement tout le contenu d'un calque et de lui appliquer des attributs de transparence et des effets, comme nous l'avons vu au Chapitre 10.

TRUC

Si la vignette vous paraît trop petite, choisissez l'option Options de panneau dans le menu déroulant du panneau Calques. La taille de la vignette se définit en terme de taille de rangée. Cochez la case Petite,

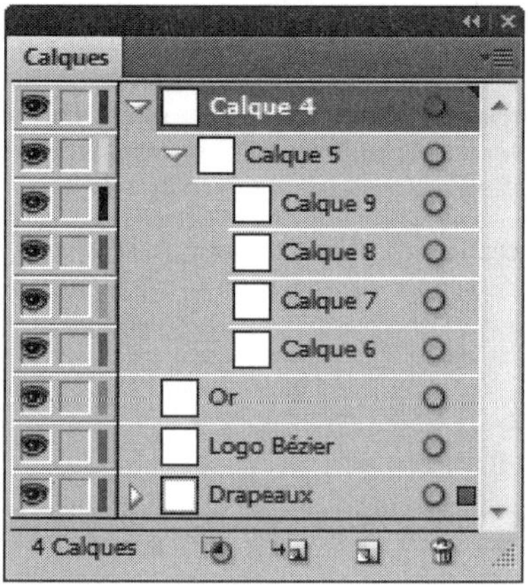

Figure 14.3 : Le panneau Calques avec plusieurs calques.

Moyenne (par défaut) ou Grande ou saisissez une valeur en pixels dans le champ Autre.

Organisation du panneau Calques

Si vous n'avez encore jamais ouvert le panneau Calques, vous serez surpris de découvrir que vous travaillez avec des calques depuis longtemps. Dès que vous créez un nouveau document, Illustrator crée automatiquement un calque contenant votre dessin.

Pour vous familiariser avec le panneau Calques, une bonne méthode consiste à décomposer une illustration existante en plusieurs calques, comme dans la Figure 14.4.

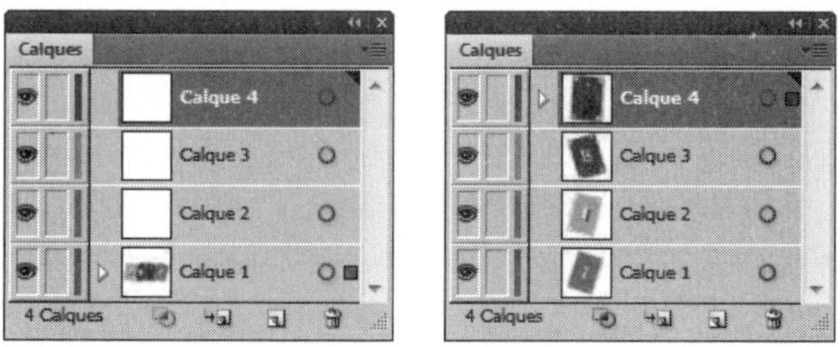

Figure 14.4 : Placer un contenu existant sur plusieurs calques.

Pour répartir les éléments d'une illustration sur plusieurs calques, suivez ces étapes :

1. **Choisissez comment vous allez organiser votre illustration.**

Vous pouvez la scinder en éléments similaires, selon leur type : texte, images bitmap, dessins vectoriels et arrière-plan.

2. **Créez les calques supplémentaires nécessaires en cliquant sur le bouton Nouveau calque. Répétez l'opération pour chaque calque.**

   Le bouton Nouveau calque correspond au troisième bouton du bas en partant de la gauche ; il ressemble à une feuille de papier cornée. Vous pouvez également choisir l'option Nouveau calque dans le menu déroulant du panneau Calques.

3. **Avec l'outil Sélection, sélectionnez les éléments graphiques à déplacer vers un calque vide.**

   Après sélection du contenu, un petit carré apparaît à droite du calque contenant les éléments sélectionnés.

4. **Pour déplacer le contenu vers un autre calque, cliquez et faites glisser le petit carré vers le haut ou vers le bas du panneau Calques.**

   Lorsque vous relâchez le bouton de la souris, le contenu a déjà changé de calque. Aucun changement apparent n'est visible dans le dessin, mais ce déplacement vers un nouveau calque remplace la couleur du contour de la sélection (ces petits carrés et ces lignes qui matérialisent les points et les tracés dès que vous sélectionnez un élément avec un outil de sélection) par celle du contour de sélection du nouveau calque. C'est une vraie aubaine. La Figure 14.5 présente un document (avec des objets sélectionnés) à côté du panneau Calques correspondant à ce document. Remarquez comment la couleur des tracés et/ou des points des objets de chaque calque a la même couleur que leurs calques correspondants dans le panneau Calques.

5. **Répétez les deux étapes précédentes jusqu'à ce que tout le contenu soit placé sur les calques appropriés.**

Modifier l'ordre d'empilement des calques

Comme pour les objets, il existe un ordre d'empilement des calques, indiqué dans le panneau Calques. Le contenu des calques au bas du panneau s'affiche derrière celui des calques du haut. Pour modifier l'ordre d'empilement d'un calque, cliquez sur son nom ou sa vignette et faites-le glisser vers le haut ou vers le bas dans le panneau. Pendant le glissement, une barre noire apparaît entre les calques pour signaler sa position une fois le bouton de la souris relâché. Lorsque vous avez

Figure 14.5 : Sur chaque calque, les tracés et les points des objets sont de la même couleur que le calque sur lequel ils se trouvent.

trouvé la position qui vous convient, relâchez le bouton de la souris. Le calque et tout son contenu viennent occuper cette position.

Verrouiller, déverrouiller, afficher et masquer

Vous pouvez verrouiller des calques en cliquant sur le bouton Activer/Désactiver le verrouillage (le carré adjacent à l'icône d'un œil, qui est vide lorsque le calque est déverrouillé et contient un petit cadenas lorsqu'il est verrouillé). Si un calque est déverrouillé, un clic sur ce bouton verrouille le calque. À l'inverse, si un calque est verrouillé, un clic sur ce bouton le déverrouille.

Lorsqu'un calque est verrouillé, vous pouvez voir son contenu mais pas le sélectionner ni le modifier. Si vous essayez de sélectionner un élément sur un calque verrouillé, vous ne sélectionnez que l'objet sous-jacent. Une fois que vous vous serez familiarisé avec ce fonctionnement, vous apprécierez les calques, notamment pour cette possibilité de préserver leur contenu de toute modification accidentelle.

À gauche du bouton Activer/Désactiver le verrouillage, se trouve le bouton Activer/Désactiver l'affichage (avec l'icône d'un œil). Pourquoi masquer une partie du travail ? Par sécurité, tout simplement. Ce bouton ne se contente pas de masquer le contenu du calque, mais il le protège de toute modification accidentelle. Il permet également de créer plusieurs versions du contenu en affichant et en masquant divers éléments. (Comme l'exemple des arbres avec leur feuillage saisonnier).

Les calques masqués sont toujours verrouillés. Dans le cas contraire, vous risqueriez de modifier leur contenu par mégarde, justement parce que vous ne les voyez pas.

Copier des calques

Il est possible de copier un calque – avec tout son contenu – en le sélectionnant et en le faisant glisser sur le bouton Nouveau calque situé en bas du panneau. Cette technique permet de créer plusieurs versions d'un dessin. Vous pouvez ainsi dupliquer un élément plusieurs fois, puis changer son aspect dans chaque calque. Il suffit ensuite d'afficher et de masquer les calques pour comparer les différentes versions.

Pour créer un nouveau sous-calque (un calque dans un calque), cliquez sur le bouton Nouveau sous-calque situé en bas du panneau Calques (le deuxième bouton en partant de la gauche) ou sélectionnez l'option Nouveau sous-calque dans le panneau Calques du menu déroulant.

Afficher des objets et des groupes

Lorsque vous cliquez sur le petit triangle situé devant la vignette du calque, vous obtenez un panorama complet des groupes et des objets qu'il contient, comme le montre la Figure 14.6.

Figure 14.6 : Afficher le contenu d'un calque.

Options des calques, des groupes et des objets

Illustrator permet d'attribuer un nom à chaque calque, groupe et objet. Si vous ne les nommez pas, ils conservent leurs noms par défaut (comme <tracé> et Calque 1). Nommer les calques est très utile pour localiser des objets (ces minuscules vignettes sont souvent illisibles).

Pour modifier le nom d'un calque, d'un groupe ou d'un objet, double-cliquez dessus dans le panneau Calques. La boîte de dialogue Options de calque s'affiche, comme dans la Figure 14.7.

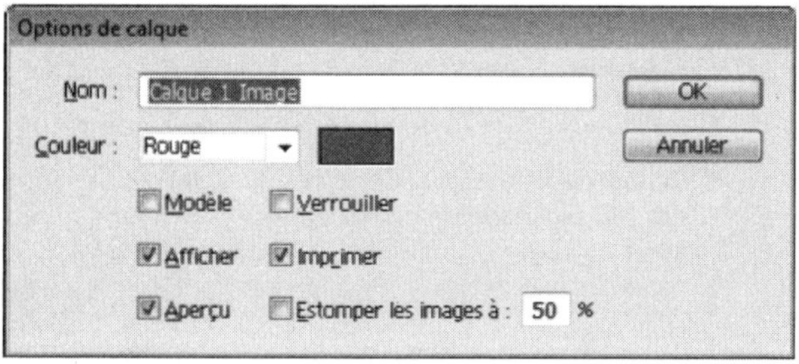

Figure 14.7 : La boîte de dialogue Options de calque.

La boîte de dialogue Options de calque offre plusieurs options :

- **Nom.** Utilisez ce champ de texte pour saisir un nom de calque descriptif.
- **Couleur.** Définissez la couleur du cadre de sélection. Cette option ne modifie aucune couleur dans le dessin mais n'agit que sur celle qui sert à repérer les éléments sélectionnés.
- **Modèle.** Cochez cette case pour attribuer au calque des caractéristiques spéciales ainsi qu'un ensemble de comportements uniques (ce qui indique que le calque est un modèle) :

  Le calque est automatiquement verrouillé : rien ne peut être ni sélectionné, ni modifié.

  Par défaut, les images bitmap sont estompées, ce qui vous permet de mieux vous concentrer sur vos propres dessins tout en visualisant le modèle. Le calque peut ainsi servir de papier-calque virtuel. Il est toutefois possible de décocher cette option si vous le souhaitez.

  TRUC

  Le nom des modèles est en italique afin de mieux les repérer dans le panneau Calques.

Les calques de type modèle ne s'impriment pas et ne s'intègrent pas au document enregistré avec la commande Enregistrer pour le Web et les périphériques.

Vous pouvez créer une autre version d'un dessin et insérer l'original dans un calque de type modèle où il n'entre plus dans la composition tout en restant visible.

- **Verrouiller et Afficher.** Ces options ont la même fonction que les boutons Activer/Désactiver l'affichage et Activer/Désactiver le verrouillage dans le panneau Calques.
- **Aperçu.** Cochez cette case pour visualiser votre travail en mode Aperçu. Si vous la décochez, le contenu du calque sélectionné apparaît en mode Tracés ; tous les autres éléments du document restent en mode Aperçu.
- **Imprimer.** Cette option autorise ou non l'impression du calque.
- **Estomper les images.** Cette option permet d'estomper les images bitmap selon un pourcentage d'opacité. Elles vous serviront alors de guide pendant la création de votre tracé.

Intérêt des groupes

Le groupement d'objets permet d'organiser un dessin car il attribue à plusieurs objets une sorte d'adresse commune. Si vous cliquez sur un groupe avec l'outil Sélection, vous sélectionnez automatiquement tous ses objets.

Pour créer un groupe d'objets, sélectionnez ceux que vous souhaitez intégrer à un groupe puis choisissez Objet/Associer. Aucun changement physique n'est visible dans le dessin, mais tous les objets du groupe se sélectionnent ensemble (à condition d'utiliser l'outil Sélection).

N'OUBLIEZ PAS

La principale différence entre les calques et les groupes est que le groupement organise des objets *en fonction de leurs relations avec d'autres objets* et non selon leur position au sein d'un calque. L'appartenance à un groupe implique aussi de se conformer à ses règles. En voici quelques unes :

- **Les objets groupés doivent se trouver sur le même calque.** Pour ce faire, sélectionnez deux objets dans des calques différents et associez-les. Les objets du bas viennent rejoindre ceux placés sur le calque du haut.

- **Les groupes peuvent être groupés.** Pour ce faire, sélectionnez deux ou plusieurs groupes et choisissez Objet/Associer. Si vous avez deux groupes nommés *Équipe de football* et *Supporters* par exemple, vous pouvez les grouper dans un autre groupe nommé *Stade*.
- **Les objets groupés peuvent être dissociés.** Pour ce faire, sélectionnez le groupe et choisissez Objet/Dissocier.

Pour plus d'informations sur la sélection de groupes, reportez-vous au Chapitre 6.

Aligner

Illustrator offre plusieurs solutions pour aligner des objets aussi précisément que possible. Au lieu de vous en remettre au hasard, vous pouvez vous assurer que tout est parfaitement aligné. Il existe tant de méthodes pour aligner des éléments que vous n'avez pas besoin de toutes les connaître. Choisissez celle qui vous convient le mieux.

Illustrator propose deux fonctions mystérieuses difficiles à trouver et à utiliser, mais qui en valent la peine :

- **Magnétisme du point.** Cette fonction (accessible depuis le menu Affichage/Magnétisme du point) attire le pointeur sur un point d'ancrage (sur un tracé) dès que vous vous en approchez. Elle permet d'accoler les objets les uns aux autres.
- **Restriction avec la touche Maj.** Après avoir effectué votre sélection, maintenez enfoncée la touche Maj pour limiter le mouvement des objets à un angle de 0,45 ou 90 ° (et tous les multiples de 45).

  N'OUBLIEZ PAS

  Pour bouger des objets dans les contraintes imposées par la touche Maj, appuyez sur cette touche après avoir effectué la sélection et maintenez la pression tant que vous n'avez pas relâché le bouton de la souris. Si vous appuyez sur la touche Maj avant d'effectuer la sélection, vous ajoutez celle-ci à tout ce que vous avez déjà sélectionné. Si vous relâchez la touche Maj avant le bouton de la souris, elle n'a plus aucun effet et l'objet bouge sans contraintes.

Repères intelligents

Et si Illustrator pouvait lire dans vos pensées ? De la science-fiction ? Peut-être. Mais ce programme est suffisamment intelligent pour reconnaître ce que vous voulez aligner, à condition que vous ayez activé les

Repères commentés (en choisissant Affichage/Repères commentés). Ces petits repères s'affichent dans votre document et vous permettent d'aligner les objets de toutes sortes de façons.

Voici comment ils fonctionnent. Lorsque la fonction Repères commentés est activée, elle surveille votre travail. Quand le pointeur un objet, des repères s'affichent à partir des points, vous indiquent leur alignement et mettent en surbrillance les tracés des objets. Attention : une fois que vous les aurez vus à l'œuvre, vous risquez de ne plus pouvoir vous en passer. La Figure 14.8 montre le surlignement d'un tracé lorsque le pointeur le survole. Dans cet exemple, le pointeur est passé au-dessus de l'objet col, qui prend alors la couleur rouge de son calque car les repères commentés sont activés.

Figure 14.8 : Utilisation des repères commentés.

Repères de règle

Vous pouvez créer vos propres repères en faisant glisser le pointeur depuis la règle vers le document. Ces repères fonctionnent comme les lignes d'une grille. Vous pouvez les utiliser où bon vous semble pour aligner des objets horizontalement ou verticalement, sans surcharger votre écran du quadrillage que vous auriez obtenu si vous aviez choisi Affichage/Afficher la grille.

Contrairement aux repères commentés, les repères personnalisés n'affichent aucune information. Ce sont de simples lignes qui apparaissent derrière le document et servent de points de référence, comme les lignes bleues de la Figure 14.9. Lorsque Affichage/Magnétisme de la grille est activé, les objets s'alignent aussi sur les repères (même si la grille n'est pas affichée).

Figure 14.9 : Des repères (les lignes bleues) ont été utilisées pour aligner des objets au moment de leur positionnement.

Vous pouvez définir autant de repères que nécessaire. Pour déplacer un repère, choisissez Affichage/Repères/Verrouiller les repères puis désactivez cette option. Cliquez et faites glisser le repère vers son nouvel emplacement. Il est également possible de le supprimer en le sélectionnant et en appuyant sur la touche Suppr. Vous pouvez donc personnaliser vos repères pour les positionner avec précision et répondre ainsi à vos besoins.

Verrouillez vos repères après les avoir déplacés en choisissant Affichage/Repères/Verrouiller les repères et activez cette option.

Tracés et repères

Vous pouvez convertir n'importe quel tracé en repère en le sélectionnant et en choisissant Affichage/Repères/Créer les repères. Ainsi, des cercles, des carrés, des vagues ou un logo peuvent servir de repère. Il est également possible de convertir tout repère en tracé (même les repères de règle) en le sélectionnant et en choisissant Affichage/Repères/Annuler les repères. Pour que cette manipulation fonctionne, les repères doivent être déverrouillés et sélectionnés.

Pour déplacer ou supprimer un seul repère, appuyez sur les touches Ctrl+Maj (Commande+Maj sur Mac) puis double-cliquez sur le repère pour le déverrouiller et le convertir en tracé (ensuite, appuyez simplement sur la touche Suppr pour le faire disparaître).

Pour effacer tous les repères d'un document, choisissez Affichage/Repères/Effacer les repères.

Le panneau Alignement

Le panneau Alignement d'Illustrator (voir Figure 14.10) permet d'aligner et de répartir les objets sélectionnés d'un simple clic. Pour l'ouvrir, choisissez Fenêtre/Alignement. Les petites images illustrent l'effet des boutons une fois cliqués.

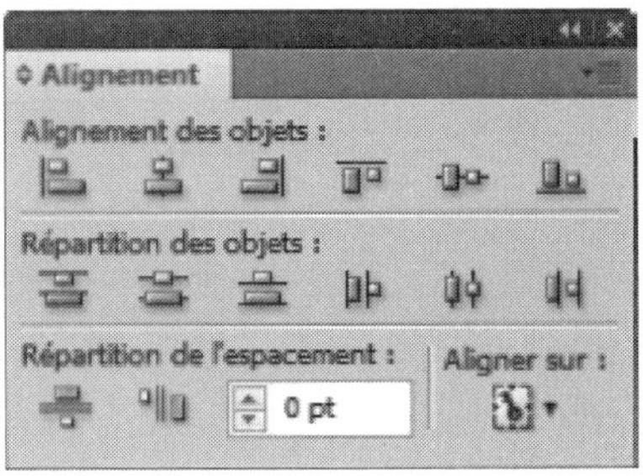

Figure 14.10 : Le panneau Alignement.

La première rangée de boutons aligne les objets horizontalement ou verticalement. Si vous alignez des objets horizontalement vers la gauche, Illustrator aligne les points les plus à gauche. Si vous centrez des objets horizontalement, Illustrator aligne le centre des objets.

Le résultat peut vous surprendre car la commande aligne les objets sur un point qui correspond à la position moyenne des objets. Par exemple, si vous alignez deux objets verticalement par leur centre, avec un objet à droite de la page et un autre à gauche, ils s'aligneront vers le centre de la page. Pour définir avec précision leur position, vous devrez sans doute cliquer dessus et les faire glisser avec l'outil Sélection. Pourtant, le panneau Alignement vous fera gagner du temps.

La deuxième rangée de boutons répartit les objets. Autrement dit, ces boutons déplacent les objets sélectionnés de sorte qu'ils soient à égale distance. L'option Répartition des objets prend les deux objets les plus éloignés et répartit les autres entre ces deux objets.

Le panneau Alignement est très pratique pour aligner et remettre de l'ordre parmi des objets créés dans Illustrator. Si le désordre règne, le panneau Alignement vous aide à aligner les objets de votre document jusqu'au résultat optimal.

Les boutons du panneau Alignement vous semblent peut-être familiers, et vous avez raison. Vous retrouverez la plupart d'entre eux dans le panneau de contrôle situé en haut de l'écran (voir Figure 14.11). Dans la majorité des cas, il suffit de cliquer sur le bouton dont vous avez besoin sans jamais ouvrir le panneau Alignement.

Figure 14.11 : Les boutons Alignement du panneau de contrôle.

Quatrième partie

Texte, impression et fichiers

"Il me semble que j'ajouterais un peu de jaune soufre et que j'appliquerais un joli reflet rouge à ce feu d'enfer."

Dans cette partie...

Une image vaut mieux qu'un long discours. Mais si vous créez ce discours dans Illustrator, chaque mot – non, chaque lettre – est une œuvre d'art. En conséquence, une phrase vaut 17 milliards de mots (environ, je n'ai pas de calculette sous la main.)

Dans cette partie, vous allez maîtriser la création de texte, et vous allez révéler l'expert qui dormait en vous en matière d'impression.

Chapitre 15

Manipuler du texte

Dans ce chapitre :

- Découvrir les multiples fonctions de texte d'Illustrator.
- Choisir les polices à bon escient.
- Espacer les lignes.
- Espacer les caractères.
- Déformer le texte.

Ce chapitre présente les fonctions de base du texte dans Illustrator. (Si vous connaissez bien Microsoft Word ou un autre logiciel de traitement de texte, la terminologie vous est sans doute déjà familière.) Nous verrons d'abord comment localiser les commandes et étudierons la manière dont Illustrator procède. Enfin, nous apprendrons à tirer le meilleur parti de ses fonctions, et à faire d'Illustrator un super traitement de texte susceptible de réaliser pratiquement tout ce que vous pouvez imaginer.

Un traitement de texte venu d'ailleurs

Si les capacités typographiques d'Illustrator vous apparaissent comme celles d'un super traitement de texte, vous n'êtes pas loin du compte : ses utilisateurs mentionnent souvent à quel point elles sont étonnantes. Ses fonctions de base (polices, taille et alignement) sont analogues à celles de la plupart des logiciels. Illustrator offre également des fonctionnalités avancées, notamment la possibilité de sauvegarder des fichiers dans les quatre formats les plus répandus (PDF, EPS, GIF et JPEG). Mais ce qui différencie Illustrator, c'est la possibilité de faire des merveilles avec du texte et de les employer pratiquement partout.

Accéder aux fonctions de texte

Les fonctions de texte d'Illustrator sont regroupées dans deux endroits : le menu Texte et les panneaux Caractère, Paragraphe, Styles de caractère, Styles de paragraphes et OpenType. Toutefois, 95 % des fonctions indispensables résident dans les panneaux Caractère et Paragraphe (voir Figure 15.1). Ces deux panneaux sont des incontournables pour les utilisateurs d'Illustrator, raison pour laquelle nous les approfondirons plus loin dans ce chapitre. Pour l'instant, signalons que les outils Texte du panneau Outils sont tout aussi importants. La section suivante explique pourquoi.

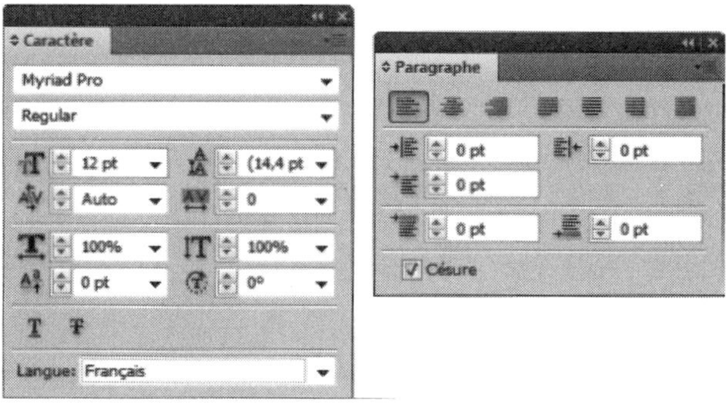

Figure 15.1 : Les panneaux Caractère et Paragraphe.

Les outils Texte

L'outil Texte standard suffit pour créer du texte, mais il est incapable à lui seul de le modifier.

Pour créer du texte avec l'outil Texte :

1. **Choisissez l'outil Texte (l'icône en Forme de T) dans le panneau Outils.**
2. **Cliquez à l'emplacement où vous souhaitez que le texte commence.**

   Un point d'insertion clignotant apparaît. (Si vous faites glisser accidentellement le pointeur en même temps, vous créez un bloc de texte. Pour plus d'informations, voir la série d'étapes suivante.)
3. **Tapez le texte.**

Ce processus est la façon la plus élémentaire de créer du texte. En réalité, vous venez de créer une seule *ligne de texte* sans *retour à la ligne automatique* (voir Figure 15.2). Vous devez appuyer sur la touche Entrée (Windows) ou Retour (Mac) pour aller à la ligne, sinon le texte que vous tapez se prolonge à l'infini.

Figure 15.2 : Une ligne de texte dans Illustrator.

Vous pouvez également créer un *bloc de texte* (un texte délimité par une forme fermée) avec l'outil Texte, comme celui de la Figure 15.3. Il suffit de procéder comme suit :

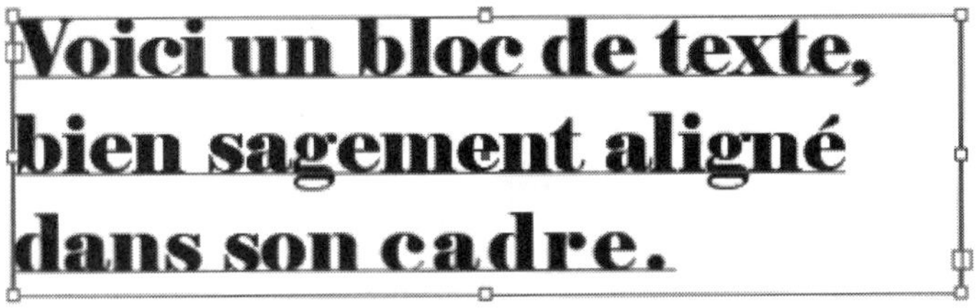

Figure 15.3 : Un bloc de texte dans Illustrator.

1. **Choisissez l'outil Texte dans le panneau Outils.**
2. **Cliquez et faites glisser le pointeur.**

   Vous tracez un cadre rectangulaire. Seule la zone délimitée par le rectangle peut accueillir du texte.

3. **Relâchez le bouton de la souris.**

   Un point d'insertion clignotant apparaît dans l'angle supérieur gauche.

4. **Commencez à taper.**

   Quand vous atteignez le bord droit du cadre, le texte passe à la ligne.

Dans les deux cas, vous avez créé un objet texte, que vous pouvez traiter comme tout autre objet Illustrator. (Quand vous le sélectionnez, le cadre et les points habituels apparaissent.)

Qu'il s'agisse d'une ligne de texte ou d'un bloc, vous pouvez toujours aller à la ligne en appuyant sur la touche Entrée (Windows) ou Retour (Mac).

Le panneau Caractère

C'est dans le panneau Caractère (choisissez Fenêtre/Texte/Caractère) que vous modifiez individuellement les caractères (lettres, nombres et ponctuation). La Figure 15.4 représente le panneau Caractère développé (toutes les options affichées) avec une légende. Les listes déroulantes jouxtant chaque champ de saisie permettent d'accéder rapidement aux valeurs les plus courantes.

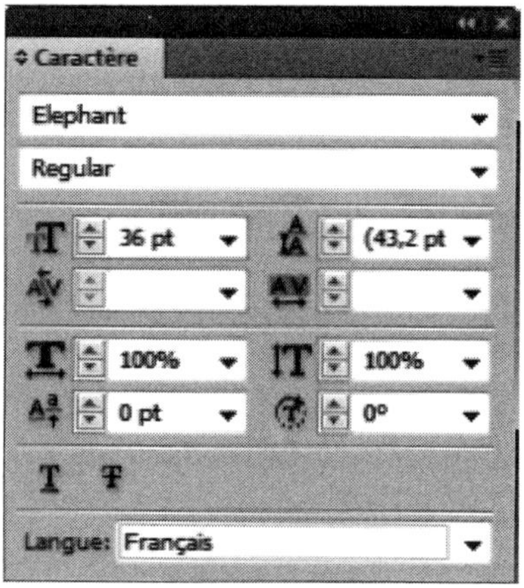

Figure 15.4 : Le panneau Caractère.

Pour modifier du texte, commencez par le sélectionner. Pour ce faire, trois techniques sont possibles :

- **Cliquez sur le texte avec l'outil Sélection standard.** Cette action sélectionne tout le texte contenu dans l'objet texte. Même s'il n'est pas en surbrillance (il est simplement souligné ou entouré d'un rectangle), vous pouvez toujours modifier sa police, sa taille et son alignement.
- **Cliquez sur l'outil Texte et faites-le glisser sur le texte que vous voulez sélectionner.** Ce faisant, un cadre noir apparaît derrière pour indiquer qu'il est sélectionné. Seul le texte sur fond noir sera modifié.

Si vous cliquez-glissez trop loin du texte cible, vous créez un nouveau bloc de texte au lieu de sélectionner.

TRUC

Observez bien le pointeur de l'outil Texte : il vous indique toujours le comportement qu'il va adopter. Quand il est sur le point de créer un nouveau bloc de texte, il est entouré d'un rectangle en pointillé. S'il est au bon endroit pour sélectionner du texte, ce rectangle disparaît. Pour opérer une sélection, ne cliquez-glissez que lorsque le curseur en I apparaît, sans rectangle autour.

- Double-cliquez ou triple-cliquez avec l'outil Texte. Un double clic sur un mot sélectionne le mot entier. Un triple clic sélectionne l'ensemble du paragraphe contenant le mot.

Le panneau Paragraphe

Le panneau Paragraphe (voir Figure 15.5) sert à effectuer des modifications qui affecteront des paragraphes entiers. Si cette fonction est nouvelle pour vous, préparez-vous à quelques difficultés. Pour afficher le panneau, choisissez Fenêtre/Texte/Paragraphe. C'est là que les choses se compliquent.

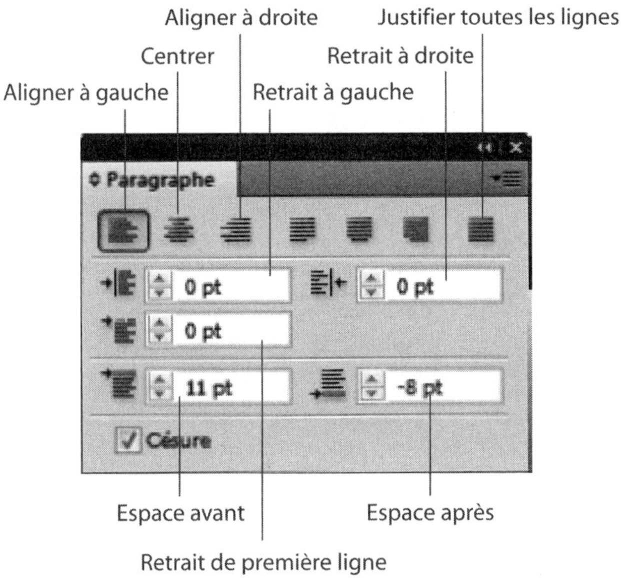

Figure 15.5 : Le panneau Paragraphe.

Pour Illustrator, un paragraphe se compose du texte contenu entre deux retours chariot, généralement matérialisés par le caractère ¶. Même si vous ne tapez qu'une seule lettre et que vous appuyez sur

Entrée (Windows) ou Retour (Mac), Illustrator considère ces deux caractères comme des paragraphes distincts.

Bienvenue au pays de la typographie

Même si Illustrator semble nouveau et différent, il décrit le texte dans un langage enraciné dans des siècles de tradition. Si certains termes peuvent vous sembler étranges, soyez certain que vous auriez pu les employer avec les contemporains de Gutenberg.

Polices et familles de polices

Les *polices*, également appelées *fontes*, sont des jeux complets de caractères (lettres, chiffres et symboles), présentant un aspect homogène. La Figure 15.6 en présente un certain nombre.

Figure 15.6 : Plusieurs polices différentes.

Pour changer de police dans Illustrator, rien de plus facile :

1. **Sélectionnez le texte à modifier avec l'outil Texte ou un outil de sélection.**
2. **Choisissez Fenêtre/Texte/Caractère.**

Le panneau Caractère s'affiche. Le nom de famille de la police courante apparaît dans le premier champ de texte du panneau. Il est doté à droite d'un triangle pointant vers le bas.

3. **Cliquez sur ce triangle.**

Une liste déroulante vous présente toutes les polices installées sur votre ordinateur (voir Figure 15.7).

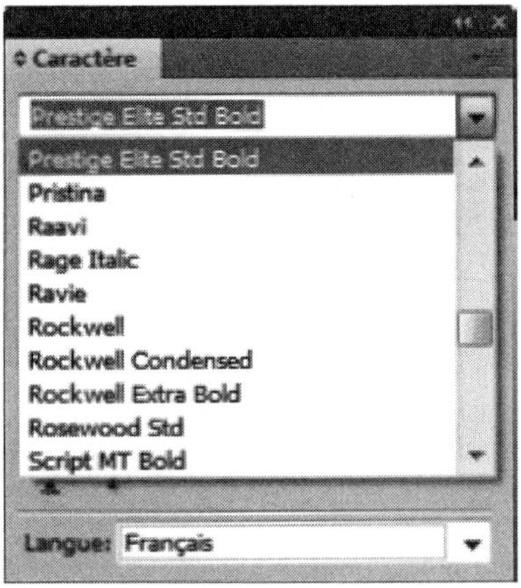

Figure 15.7 : La liste des polices dans le panneau Caractère.

4. **Choisissez une police dans la liste et cliquez sur son nom.**

Quand vous relâchez le bouton de la souris, le texte sélectionné est modifié.

Choisissez un style dans la liste déroulante du champ Style de police du panneau Caractère. Vous y accéderez également en choisissant Texte/Police : les différentes versions des polices apparaissent dans les sous-menus de la liste principale. La Figure 15.8 présente un exemple de trois styles de la famille Myriad Pro, qui figurent tous dans le sous-menu de la police Myriad Pro. Les variantes d'une même famille partagent le même aspect et se combinent harmonieusement.

Myriad Pro is nice.

Myriad Pro Black is better.

Myriad Pro Light Condensed Italic is wordy.

Figure 15.8 : Trois variantes de la famille Myriad Pro.

Serif et sans serif

Les polices se répartissent en deux catégories : *serif* et *sans serif*. Les lettres et les chiffres des polices dites serif ont un empattement à leurs extrémités, alors que ceux des polices sans serif n'en ont pas (on parle alors de caractères bâtons). La Figure 15.9 présente deux exemples de polices avec et sans empattement.

Figure 15.9 : Police serif (en haut) et sans serif (en bas).

Serif

Sans Serif

Pourquoi choisir serif ou sans serif ? Traditionnellement, les polices serif, plus lisibles, sont utilisées pour les passages de texte plutôt longs écrits en petits caractères. Les fontes sans serif sont plutôt employées pour les titres en gros caractères, parce qu'elles ressortent mieux. Toutefois, comme les utilisateurs disposent d'une gamme de polices de plus en plus vaste, le respect de cette règle tend à disparaître. Les livres et les magazines utilisent toujours des polices à empattement pour les longs passages, mais les exceptions se multiplient. Les polices sans serif sont souvent plus lisibles à l'écran car les petits empattements ne s'affichent pas très bien sur un moniteur à basse résolution.

TRUC

Pour obtenir un aperçu aussi fidèle que possible du texte à publier sur le Web, choisissez Affichage/Aperçu en pixels.

Le pire piège à éviter

En 1987, quand Illustrator et PageMaker sont entrés en scène, de nombreux utilisateurs dépourvus de fibre artistique se sont lancés dans la mise en page et le dessin. Subjugués par le vaste choix de polices, ils se sont laissé aller à toutes sortes de mélanges. Le résultat imprimé était souvent totalement dépourvu de professionnalisme : surchargé, brouillon et illisible. Récemment, la folie des polices a frappé de nouveau avec les pages Web. C'est pourquoi, je vous en supplie :

Ne mélangez pas trop de ***polices*** dans la même page comme dans cet `exemple`.

Mais que veut dire "trop" ? L'horrible exemple ci-dessus comprend cinq polices. Si les doigts d'une main ne vous suffisent pas pour compter les polices, c'est qu'il y en a trop. En règle générale, limitez-vous à trois (y compris les versions gras ou italique).

Corps, crénage et autres nombres mystérieux

Dans le monde de la typographie, les mesures foisonnent : corps, interlignage, hauteur d'œil, crénage, décalage, approche, échelle horizontale, échelle verticale, chasse et autres éléments qui font partie de l'univers secret des typographes. Tous ces chiffres ont un impact sur l'apparence de votre texte. Certaines mesures sont très importantes, d'autres beaucoup moins. Vous les découvrirez dans les sections suivantes. Vous apprendrez également à paramétrer ces options dans Illustrator. La Figure15.10 présente des exemples d'emploi du panneau Caractère sur différents blocs de texte.

Taille des caractères

La taille (ou corps) des caractères se mesure en *points*. Un point (pt) mesure 1/72 pouce (18 points = 1/4 de pouce). Voilà qui est facile. Ce qui l'est moins, c'est que le corps tient compte de la hauteur totale des lettres, ascendantes et descendantes comprises, pour l'ensemble d'une police. Les *descendantes*, ou jambages, sont les "queues" des lettres minuscules comme *g*, *j*, *p*, *q* et *y*. Les *ascendantes* sont les parties supérieures (ou hampes) des minuscules comme *d* et *k*, et les MAJUSCULES ont la hauteur de l'ascendante.

Certains mots comme *canon* (tout en minuscules, sans hampes ni jambages) ont l'air d'être dans un corps plus petit que d'autres, comme *Himalaya*. Mais il n'en est rien. Le corps se mesure entre le point le plus haut et le point le plus bas définis dans une police donnée. Même si le texte que vous tapez ne comprend ni ascendantes ni descendantes, la taille de police doit leur réserver suffisamment de place (voir Figure 15.11), pour le cas où des mots comme *Perlimpinpin* ou *syzygie* apparaîtraient dans la suite de la phrase.

Les choses se compliquent encore si vous mélangez plusieurs polices. Comme les ascendantes et les descendantes varient en hauteur d'une police à l'autre, elles peuvent donner l'impression de tailles différentes alors que la distance réelle entre le point le plus haut et le point le plus bas est identique.

TRUC

Par exemple, jetez un coup d'œil à l'affreux mélange de la section "Le pire piège à éviter". Toutes les lettres sont en corps 12.

Figure 15.10 : Paramètres du panneau Caractère pour différents blocs de texte.

Figure 15.11 : La taille de police alloue suffisamment d'espace pour toutes les ascendantes et descendantes possibles.

Vous pouvez définir la taille de la police dans le panneau Caractères, juste en dessous du champ Police. Choisissez une valeur dans la liste déroulante ou tapez directement un nombre et appuyez sur Entrée (Win) ou Retour (Mac).

Voici deux bonnes règles empiriques : les capitales occupent environ deux tiers de la hauteur du corps, alors que les minuscules sans hampe ni jambage en occupent environ la moitié. Ainsi, pour obtenir une lettre *a* de 72 points de haut, vous devez spécifier un corps de 144 points.

Interlignage

L'histoire de l'espacement entre les lignes, l'*interlignage*, est encore plus étrange. Cet espace ne se mesure pas entre les descendantes d'une ligne et les ascendantes de la ligne d'en dessous (ce qui serait logique), mais entre la ligne de base de la ligne en cours et celle de la ligne qui la précède. La *ligne de base* est la ligne sur laquelle reposent la plupart des lettres (celles qui n'ont pas de descendantes). La Figure 15.12 montre l'aspect de l'interlignage d'un paragraphe type.

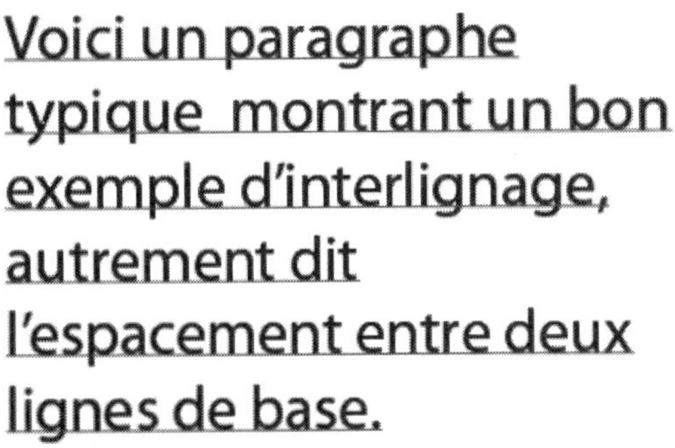

Figure 15.12 : L'interlignage est l'espacement entre deux lignes de base.

L'interligne se définit dans le champ situé à droite de celui du corps dans le panneau Caractère. Le nombre entre parenthèses correspond à la valeur automatique de l'interligne : 120 % du corps, arrondi au demi-point le plus proche.

TRUC

Si la valeur de l'interligne est égale à celle du corps, les descendantes d'une ligne touchent les ascendantes de la ligne du dessous. Dans la majorité des cas, c'est absolument déconseillé !

Espacement des caractères

Un autre élément à prendre en compte est l'espacement entre les caractères. Il présente deux aspects (comme faits exprès pour dérouter le novice) :

- L'**approche**, qui définit l'espacement dans une suite de caractères.
- Le **crénage**, qui définit l'espacement entre deux caractères donnés.

La Figure 15.13 met en évidence la différence entre les deux options.

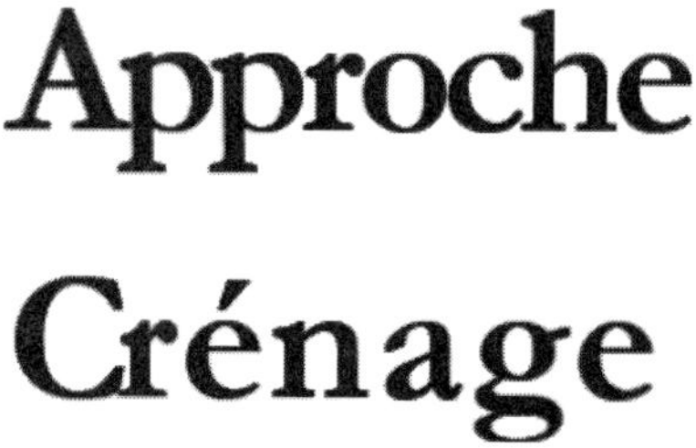

Figure 15.13 : Approche (en haut) et crénage (en bas, entre le C et le r).

Pour modifier le crénage, positionnez votre curseur entre les deux caractères à espacer ou à rapprocher. Pour modifier l'approche, sélectionnez une suite de caractères. Ensuite, renseignez le champ approprié dans le panneau Caractère (voir Figure 15.14).

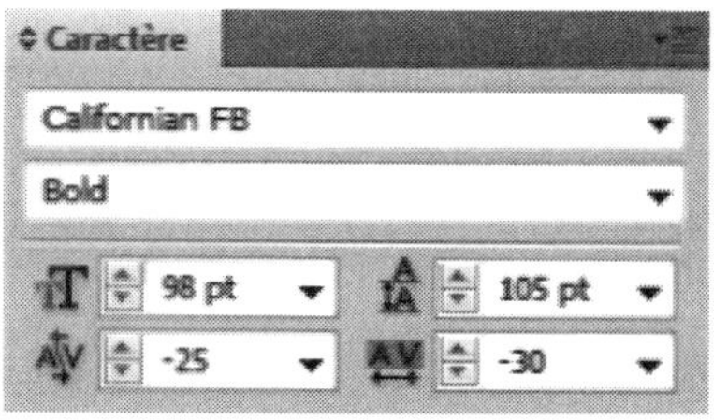

Figure 15.14 : Modification du crénage et de l'approche dans le panneau Caractère.

En général, vous pouvez conserver les valeurs par défaut. Toutefois, un court fragment de texte en gros caractères se présentera mieux si le crénage est un peu resserré. Il existe de nombreuses règles pour définir le crénage et l'approche, mais les meilleurs graphistes se fient à leur intuition. Si le texte est agréable à l'œil, c'est que les valeurs choisies sont correctes.

Échelles horizontale et verticale

Vous pouvez étirer votre texte en largeur et en hauteur. Pour ce faire, modifiez les valeurs des champs Échelle horizontale et Échelle verticale (voir Figure 15.15). Si ces champs n'apparaissent pas dans le panneau Caractère, double-cliquez dans sa barre de titre pour le développer.

Figure 15.15 : Échelle horizontale et Échelle verticale dans le panneau Caractère.

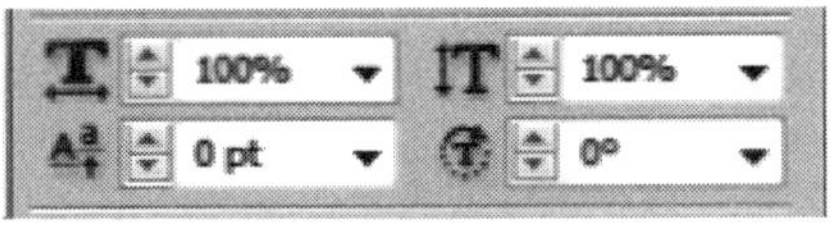

TRUC

En règle générale, ne modifiez pas ces options, sauf avec modération et dans des proportions raisonnables. L'étirement d'un texte produit un effet de distorsion qui nuit à la lisibilité (sans compter qu'il a tendance à irriter le concepteur de la police).

Décalage par rapport à la ligne de base

Si l'interlignage définit l'espacement entre les lignes, le décalage par rapport à la ligne de base contrôle la position verticale du texte. Modifiez-le dans le champ correspondant du panneau Caractère. Les nombres positifs décalent le texte sélectionné vers le haut et les nombres négatifs vers le bas. La Figure 15.16 présente un paragraphe dont un mot a été décalé.

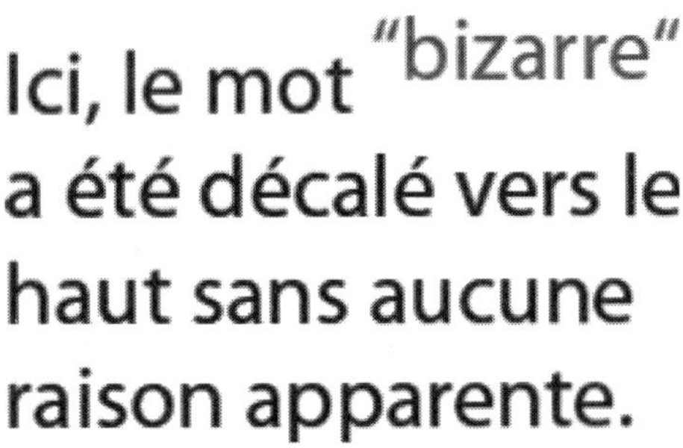

Figure 15.16 : Emploi d'un décalage dans un paragraphe.

Ajuster des paragraphes entiers

Le panneau Paragraphe propose des commandes qui modifient *tout* le texte d'un paragraphe d'un seul coup. Elles diffèrent beaucoup de celles du panneau Caractère. (La cohérence gâcherait le plaisir, non ?)

Changer l'alignement d'un paragraphe

La partie supérieure du panneau Paragraphe contient sept boutons qui spécifient l'alignement des paragraphes. Un minuscule dessin vous indique l'alignement généré. Pour connaître leur nom, positionnez le pointeur sur le bouton sans cliquer pour faire apparaître une infobulle.

Pour aligner un paragraphe, positionnez le curseur à l'intérieur avec l'outil Texte, puis cliquez sur le bouton voulu dans le panneau Paragraphe. Par défaut, les paragraphes sont alignés à gauche avec un bord droit en drapeau (irrégulier). Choisissez l'option Aligner à droite pour obtenir l'effet contraire (bord droit aligné, bord gauche en drapeau).

Essayez l'option Centrer : le milieu du texte est aligné, avec des bords irréguliers.

Trois options Justifier permettent d'obtenir des bords réguliers à droite et à gauche, sauf pour la dernière ligne si elle n'est pas pleine (auquel cas, elle sera alignée à gauche, alignée à droite ou centrée). Enfin, Justifier toutes les lignes aligne tout à gauche et à droite, y compris la dernière ligne. La Figure 15.17 présente différents exemples d'alignement.

Modifier l'espace autour d'un paragraphe

Le panneau Paragraphe d'Illustrator offre plusieurs options pour ajuster l'espace autour d'un paragraphe, plus une pour définir le retrait de première ligne (voir Figure 15.18).

Choisissez l'option Retrait à gauche pour modifier la position du bord gauche du paragraphe. Plus cette valeur est élevée, plus le paragraphe sera décalé à droite par rapport à la marge gauche.

L'option Retrait de 1ère ligne à gauche définit la position du début de la première ligne par rapport à la marge gauche. Un nombre négatif force la première ligne à dépasser à gauche, comme le montre la Figure 15.19. Saisissez un nombre positif pour repousser le début de la première ligne vers la droite.

On appelle paragraphe un segment de texte linéaire compris entre deux alinéas. Celui-ci est aligné à gauche.

On appelle paragraphe un segment de texte linéaire compris entre deux alinéas. Celui-ci est centré.

On appelle paragraphe un segment de texte linéaire compris entre deux alinéas. Celui-ci est aligné à droite.

On appelle paragraphe un segment de texte linéaire compris entre deux alinéas. Celui-ci est justifié, la dernière ligne alignée à gauche.

On appelle paragraphe un segment de texte linéaire compris entre deux alinéas. Celui-ci est justifié, la dernière ligne centrée.

On appelle paragraphe un segment de texte linéaire compris entre deux alinéas. Celui-ci est justifié, la dernière ligne alignée à droite.

On appelle paragraphe un segment de texte linéaire compris entre deux alinéas. Dans celui-ci toutes les lignes sont justifiées.

Figure 15.17 : Résultat de différents choix d'alignement du texte.

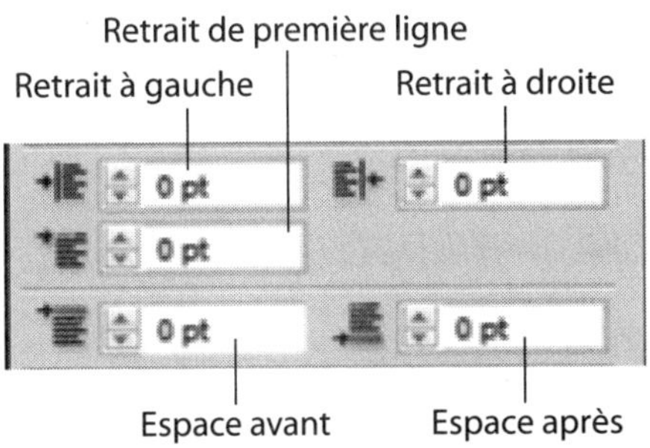

Figure 15.18 : Les commandes de modification de l'espacement des paragraphes.

Comme son nom l'indique, l'option Retrait à droite ajuste le bord droit du paragraphe. Plus cette valeur est élevée, plus la marge droite sera importante.

L'option Espace avant permet d'ajuster l'espace qui précède le paragraphe en cours. Si vous sélectionnez plusieurs paragraphes, la modification s'applique globalement.

Normalement ce paragraphe
devrait être simplement
aligné à gauche. Mais j'ai
saisi un nombre négatif
dans le champ Retrait de
1re ligne à gauche.

Figure 15.19 : Retrait négatif d'un paragraphe.

L'option Espace après ajuste l'espace qui suit le paragraphe en cours. Si vous sélectionnez plusieurs paragraphes, la modification s'applique globalement. Si vous saisissez une valeur pour Espace avant et Espace après, l'espace entre les paragraphes sera égal à la somme des deux.

Chapitre 16

Imprimer vos œuvres

Dans ce chapitre :

- Travailler en vue de l'impression.
- Adapter une image au format de la page.
- Imprimer des illustrations en noir et blanc.
- Imprimer des illustrations en couleur.
- Comprendre les séparations de couleurs.

Pour découvrir comment imprimer un document, lisez la section suivante. Si vous souhaitez savoir ce qui se cache derrière un processus d'impression, rendez-vous directement à la section "Ce que vous voyez est à peu près ce que vous obtenez". Sinon, pour accéder à la réalité pure et dure des paramètres de configuration de l'impression dans Illustrator (et à d'autres détails), passez à la section "Configurer votre page pour l'impression".

Impression rapide

Pour imprimer votre travail, choisissez Fichier/Imprimer. Dans la boîte de dialogue Imprimer qui s'affiche, appuyez sur Entrée (ou Retour sur Mac), ou cliquez sur le bouton Imprimer/OK. Vous disposez à présent d'une version imprimée de votre création. Le fait d'appuyer sur Entrée (ou Retour) sans régler aucune option lance l'impression *avec les paramètres par défaut*. Ceux-ci sont définis automatiquement à l'installation d'Illustrator et sont largement suffisants pour imprimer directement une illustration. Si vous n'obtenez pas les résultats voulus, vous devrez régler d'autres paramètres, que nous allons étudier dans ce chapitre.

Ce que vous voyez est ce que vous obtenez (ou presque)

Théoriquement, il est possible d'imprimer tout ce qui s'affiche à l'écran. De même, ce que vous imprimez ressemble de près à ce qui s'affiche. Notez que je n'ai pas employé le terme "exactement" en connaissance de cause. En voici les raisons :

- **Différences de résolution.** La résolution du moniteur est nettement inférieure à celle de l'imprimante. Vous obtiendrez donc de meilleurs résultats à l'impression qu'à l'écran.
- **Différences de lissage.** Par défaut, Illustrator lisse à l'écran les images et le texte (les points de jonction avec les couleurs s'estompent pour un meilleur rendu visuel). Les images imprimées ne sont pas lissées et sont bien nettes, sans flou sur les bords. La Figure 16.1 illustre les bords abrupts du Meeple à gauche, comparé à sa représentation agrandie et floutée. Notez que les bords pixélisés de l'image de droite sont lissés, ce qui adoucit les courbes du Meeple.

Figure 16.1 : Version imprimée bien nette du Meeple et sa représentation lissée à droite.

- **Différences de couleur.** Votre écran affiche les images en couleur en projetant de la lumière sur des carrés rouges, verts et bleus – les *pixels* – tandis que l'imprimante applique des points d'encre de couleur sur le papier. C'est pourquoi les résultats de l'affichage et de l'impression sont différents.

Configurer votre page pour l'impression

En des temps reculés, l'homme trimait sur des tables à dessin, au milieu des cutters et des flacons d'encre, pour créer des illustrations dans des odeurs nauséabondes de colle. Au début de ce nouveau millénaire, les ordinateurs ont définitivement remplacé ces instruments de torture. De nos jours, vous pouvez réaliser à la hâte un document dans Illustrator, garnir le bac de l'imprimante et en avant !

Impression rapide

Utilisez la boîte de dialogue Format de document (voir Figure 16.2) pour configurer votre page en vue de l'impression. Pour y accéder, choisissez Fichier/Format de document.

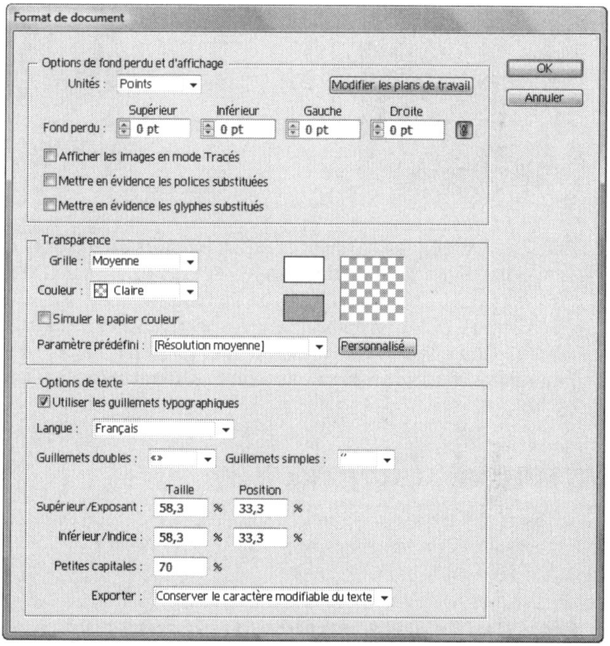

Figure 16.2 : La boîte de dialogue Format de document.

Pour imprimer un document, la méthode la plus simple consiste à choisir Fichier/Imprimer et à appuyer sur Entrée (Retour sur Mac) une fois que la boîte de dialogue Imprimer s'est affichée.

Changer la taille du plan de travail

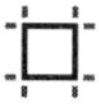

Pour modifier la taille de votre document, vous pouvez soit cliquer sur le bouton Modifier les plans de travail qui se trouve dans la boîte de dialogue Format de document, soit cliquer sur l'outil Plan de travail du panneau Outils. Quelle que soit la technique utilisée, votre écran se présente de façon inhabituelle, comme dans la Figure 16.3.

Figure 16.3 : Dans Illustrator, le paramétrage de la page donne un résultat visuel étrange.

Vous pouvez déplacer l'une des poignées présentes sur le bord de la page pour régler la taille de l'espace de travail, ou saisir des valeurs dans le panneau de contrôle, situé en haut de la zone de travail, dans les champs L et H, correspondant respectivement à la largeur et à la hauteur. Une fois les changements effectués, cliquez sur un autre outil du panneau Outils pour revenir à un écran normal.

Mécanisme de l'impression

Après vous être assuré que la taille de votre document est correcte, vous voilà prêt à imprimer votre œuvre sur papier.

Imprimer une épreuve composite

L'impression d'une épreuve composite revient à imprimer sur une feuille de papier ce qui apparaît à l'écran. C'est ce que vous faites en permanence. Si vous possédez une imprimante couleur, le résultat est très approchant de la version écran. Sur une imprimante en noir et blanc, vous obtenez une version en noir et blanc de ce qui se trouve à l'écran.

Il existe un autre type d'impression appelé *séparation des couleurs* qui consiste à sortir une feuille distincte (ou plutôt un film) pour chaque encre utilisée au moment de l'impression. Nous traiterons ce sujet en détail dans la section "Tout sur les séparations de couleurs".

Pour imprimer des épreuves composites, suivez ces étapes :

1. **Dans le menu Fichier, choisissez Imprimer.**

   La boîte de dialogue Imprimer s'affiche, comme dans la Figure 16.4.

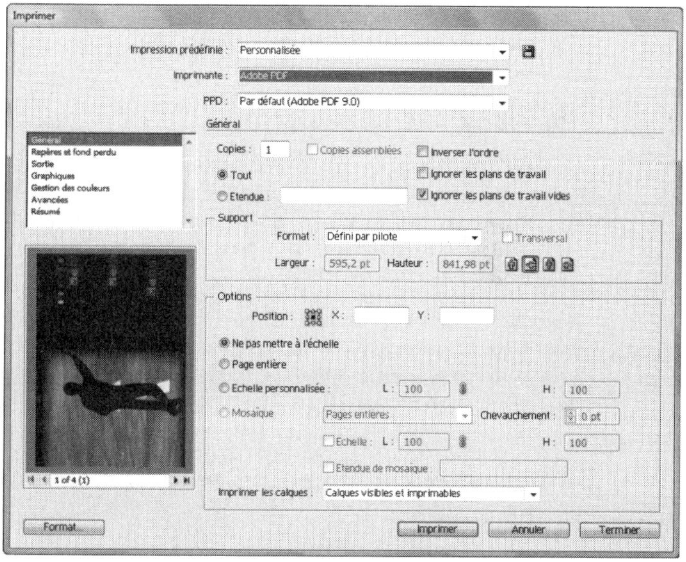

Figure 16.4 : La boîte de dialogue Imprimer.

2. **Sélectionnez les options d'impression appropriées (décrites à la section suivante "Principales options d'impression").**

3. **Cliquez sur Imprimer.**

Principales options d'impression

La boîte de dialogue Imprimer contient toutes sortes d'options, mais seules quelques-unes méritent que l'on s'y attarde. Par bonheur, les paramètres par défaut conviennent dans la plupart des cas (impression d'une seule copie par exemple). Voici toutefois des options de la boîte de dialogue Imprimer pour des situations plus spécifiques :

- **Imprimante.** Ce menu déroulant situé en haut de la boîte de dialogue Imprimer permet de sélectionner une imprimante. Si vous ne possédez qu'une seule imprimante, ce paramètre est toujours correct. Dans le cas contraire, vous contrôlez dans cette zone l'imprimante que vous utilisez et pouvez en changer si nécessaire.

- **Copies.** Cette option indique le nombre d'exemplaires que vous souhaitez imprimer, chacun sur une feuille distincte.
- **Étendue.** Cette option contrôle les plans de travail à imprimer (il s'agit bien de pages mais Illustrator préfère les appeler Plans de travail). Pour tout imprimer, gardez l'option Tout sélectionnée.

Tout sur les séparations de couleurs

L'impression des séparations produit une page par couleur d'encre utilisée dans un document. Les séparations de couleurs permettent de vérifier votre travail avant de l'envoyer chez l'imprimeur pour préparer le film ou les plaques. Si vous n'avez jamais affaire à un imprimeur, cette section ne vous concerne pas.

Je pourrais consacrer un livre entier à l'étude des séparations et à la recherche des informations indiquant d'éventuels problèmes, mais vous le trouveriez long et ennuyeux. Conseil d'ami : imprimez les séparations et restez-en là. La meilleure personne susceptible de vous renseigner est sans doute votre imprimeur. En fait, pour toute commande d'impression, de nombreux imprimeurs réclament une sortie laser des séparations qui leur indique que le fichier a été correctement préparé.

Le concept qui sous-tend l'impression des séparations à partir d'Illustrator est très simple. Comme l'impression en quadrichromie requiert plusieurs encres, appliquées une à une sur le papier par la presse, chaque encre possède sa propre plaque d'impression. Illustrator génère un film, une sortie papier ou même les plaques elles-mêmes, à raison d'un par couleur d'encre.

Traditionnellement, les images en quadrichromie utilisent quatre encres différentes (et donc quatre plaques) : cyan, magenta, jaune et noir (CMJN). Si votre document est configuré en mode CMJN, vous travaillez dans l'environnement idéal pour l'impression couleur. La Figure 16.5 présente une image composite et les quatre séparations utilisées pour la créer.

Séparations en noir et blanc

Les séparations ne s'impriment pas en couleur mais en noir et blanc. Peu importe pour la presse quelle couleur correspond à chaque

Figure 16.5 : L'image d'origine (au centre) et les quatre séparations.

plaque, car la couleur est définie par l'encre utilisée sur une plaque donnée.

Impression des séparations

La section Sortie de la boîte de dialogue Imprimer peut sembler intimidante à première vue (voir Figure 16.6). Mais pas de panique ! Commencez par créer le graphique à séparer (et sauvegardez tout changement avant de continuer). Suivez ensuite ces étapes pour configurer votre document en vue d'imprimer les séparations.

1. **Choisissez Fichier/Imprimer et cliquez sur Sortie dans la liste de gauche.**

   Les options de sortie de la boîte de dialogue Imprimer s'affichent.

2. **Choisissez Séparations (sur hôte) dans le menu déroulant Mode.**

   Les options d'encre du document sont activées.

3. **Vérifiez les paramètres Emulsion, Image et Résolution de l'imprimante.**

   Si vous n'êtes pas certain de leur réglage, conservez les paramètres par défaut et consultez votre imprimeur.

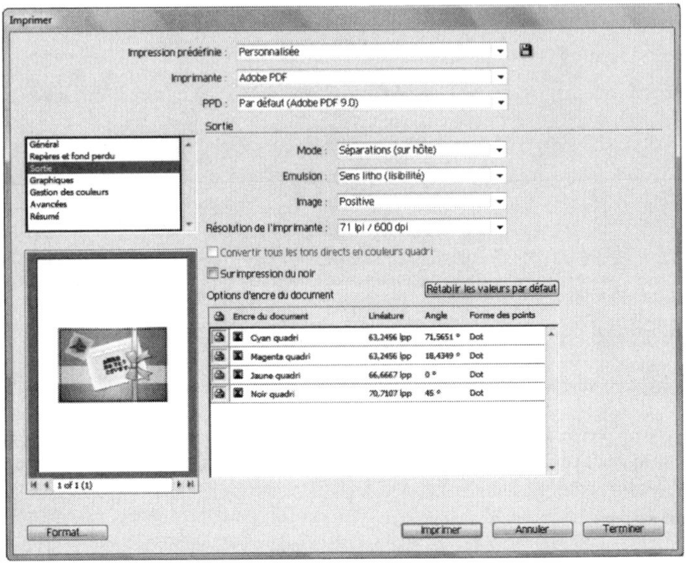

Figure 16.6 : Utilisez la section Sortie de la boîte de dialogue Imprimer pour imprimer les séparations.

4. **Cliquez sur l'icône à gauche de chaque couleur à imprimer.**
5. **Cliquez sur le bouton Imprimer une fois que tout est configuré.**

Si vous avez besoin de vous rafraîchir la mémoire au sujet des modes de couleur CMJN et RVB, reportez-vous au Chapitre 1.

Cinquième partie

Les dix commandements

"Oh ! Regardez comment le sergent Rodriguez a arrangé la tête de son suspect !"

Dans cette partie...

Vous êtes un peu tendu ? Qui ne le serait pas sachant qu'il reste si peu de sections à lire ?

Détendez-vous. Cette partie (les dix commandements) contient un chapitre bourré d'astuces qui vous aideront à devenir encore plus productif.

Chapitre 17

Dix astuces pour améliorer la productivité

Dans ce chapitre :

- Créer des ouvertures.
- Utiliser les effets Photoshop.
- Imprimer correctement les dégradés.
- Simplifier les images complexes.
- Masquer les éléments inutilisés.
- Utiliser les infobulles.
- Changer d'unité de mesure à volonté.
- Transférer des formes, des couleurs et des styles d'un document à l'autre.
- Importer des documents dans des documents dans des documents.
- Faciliter la sélection d'objets.

Si vous savez dessiner quelque chose, vous devez être capable de le représenter dans Illustrator. Le tout est de savoir *comment* procéder. Les habitués d'Illustrator connaissent des milliers de petites astuces qui accélèrent la production, évitent les tracas et les dépenses inutiles et, plus généralement, leur facilitent la vie. Un seul ouvrage ne saurait les contenir toutes, mais voici dix astuces simples pour mieux employer Illustrator.

Créer des ouvertures

Observez attentivement les deux cercles bleus de la Figure 17.1. Au centre du cercle de gauche, le trou est en réalité un cercle blanc qui dissimule l'arrière-plan. Pour Illustrator, le blanc est une couleur réellement "présente" qui cache tout ce qui trouve derrière. Dans le cercle de droite, le trou central est un vrai trou qui laisse entrevoir l'image recouverte par l'objet.

Figure 17.1 : Utilisez des tracés transparents pour créer des "trous".

Mais comment accomplir cet exploit ? Si vous définissez la couleur du petit cercle à Sans, lui seul devient transparent et révèle le cercle bleu auquel il se superpose. Le procédé ne fonctionne donc pas. L'astuce consiste à utiliser des tracés composés transparents. La commande Tracés transparents combine deux tracés ou plus de manière à créer à l'endroit où ils se chevauchent des ouvertures qui révèlent l'arrière-plan. Par parenthèse, c'est ainsi que sont créés les vides des lettres comme O et P : lorsque vous superposez du texte à un objet, ce dernier apparaît à travers.

Il suffit donc de combiner deux objets, l'un servant d'emporte-pièce pour découper un trou dans l'autre. Appliquez ensuite cette procédure (sans crainte de vous blesser) :

1. **Placez l'objet qui sera évidé devant celui où vous voulez percer un trou.**

Dans notre exemple, le cercle blanc découpera un trou dans le bleu.

2. **Sélectionnez les deux objets avec un outil de sélection.**
3. **Choisissez Objet/Tracé transparent/Créer.**

   L'intersection des deux objets devient totalement transparente : vous avez votre trou !

Pour que les tracés se comportent de nouveau "normalement", sélectionnez les objets et choisissez Objet/Tracé transparent/Annuler.

Vous pouvez obtenir le même résultat depuis le panneau Pathfinder en sélectionnant la commande Soustraction dans la section Modes de la forme. Pour plus d'informations, voir le Chapitre 4.

Utiliser des effets Photoshop dans Illustrator

Les effets Photoshop (accessibles dans la seconde partie du menu Effet d'Illustrator) sont toujours dynamiques : vous pouvez les modifier à tout moment. En outre, votre illustration et ses attributs restent modifiables à tout moment. Importée dans Photoshop, elle vous offrirait difficilement le même niveau d'évolutivité et de souplesse que dans Illustrator.

Le blanc n'est pas rien

Double négation mise à part, voici un petit truc qui vous fera réaliser d'importantes économies quand vous utiliserez des dégradés et des tons directs.

Si vous travaillez pour l'imprimerie ou que vous êtes aquarelliste, vous avez l'habitude de voir le blanc comme une *absence de couleur*. Dans la plupart des techniques d'impression classiques, spécifier la couleur "blanc" signifie *ne pas déposer d'encre* (ou de toner, ou quoi que ce soit d'autre) sur le papier. Il n'existe pas d'encre blanche, sauf dans de très rares cas (non, le Tip-ex ne compte pas). Le blanc que vous voyez dans les publications imprimées est celui du papier.

Pour que cette technique fonctionne, il faut une feuille de papier blanc, réelle et tangible. Pour éviter les pires ennuis, ne l'appliquez pas à une illustration destinée au Web. Elle est strictement réservée à l'impression.

Supposons que vous produisiez une publication en deux couleurs : une encre noire et un beau bleu Pantone 9344. Elle risque d'être un peu tristounette, mais votre budget est limité. Vous décidez alors de lui ajouter un peu de piment en employant des dégradés, que vous créez en mélangeant la nuance Pantone 9344 à du blanc (en supposant que blanc signifie "*pas d'encre*"). Malheureusement, Illustrator considère chaque nuance de dégradé comme une couleur CMJN entièrement nouvelle (voir le Chapitre 1). Résultat : l'ordinateur a besoin d'instructions beaucoup plus complexes que prévu.

D'accord, votre illustration a l'air parfaite. Mais, à votre insu, vous n'avez plus deux couleurs, mais cinq ! Habituellement, vous découvrez le problème quand le travail est déjà chez l'imprimeur, et vous devez payer des centaines d'euros supplémentaires pour une erreur passée totalement inaperçue.

L'astuce consiste à utiliser les mêmes couleurs Pantone pour toutes les étapes de dégradé (voir Figure 17.2). Il suffit de procéder comme suit :

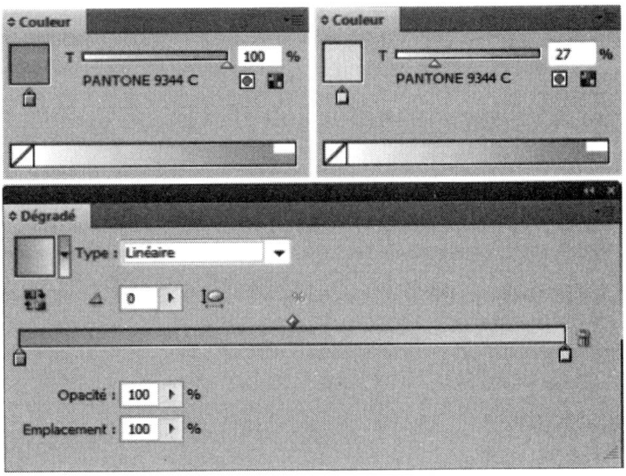

Figure 17.2 : La même couleur, à différents pourcentages définis dans le panneau Couleur.

1. **Choisissez Fenêtre/Dégradé de couleurs.**

   Le panneau Dégradé s'affiche.

2. **Choisissez Fenêtre/Bibliothèque de nuances/Catalogues de couleurs et une option Pantone (ou une autre bibliothèque de votre choix).**

   La bibliothèque choisie s'ouvre.

3. **Cliquez sur la couleur de votre choix dans la bibliothèque Pantone et faites-la glisser sur une étape de dégradé dans le panneau Dégradé.**

   Une *étape de dégradé* est l'icône qui ressemble à une petite maison. Elle représente une couleur.

   Recommencez jusqu'à ce que toutes les étapes soient de la même couleur.

   À ce stade, le dégradé est... uni. Pas vraiment un dégradé, n'est-ce pas ? Attendez un peu !

4. **Double-cliquez sur une étape de dégradé.**

   Le panneau Couleur s'ouvre avec la couleur Pantone définie à 100 %.

5. **Fixez la teinte à 27 %.**

   Vous obtenez un dégradé de tons directs à une seule encre qui exploite le "blanc" du papier, comme dans la bonne vieille technique traditionnelle. (Pour plus d'informations sur les tracés, voir le Chapitre 10.)

Simplifier en décomposant

Si vous avez empilé des effets sur une illustration, il est parfois difficile d'ajuster le résultat final. Si vous êtes absolument certain de ne jamais devoir revenir en arrière pour modifier le dessin d'origine, vous pouvez le *décomposer* en une image "traditionnelle", avec tous les éléments nécessaires pour générer l'apparence que vous voyez à l'écran.

La Figure 17.3 présente l'objet d'origine rempli d'un dégradé (en haut), décomposé en 20 objets (en bas à gauche) et final (en bas à droite). Pour décomposer un objet :

1. **Sélectionnez l'objet avec un outil de sélection.**

2. **Choisissez Objet/Décomposer.**

3. **Dans la boîte de dialogue Décomposer qui s'affiche, les cases à cocher permettent de décomposer le fond, le contour et l'objet (si vous avez sélectionné un dégradé de formes par exemple).**

   Cochez la case Fond pour décomposer le fond et simplifier les dégradés. Cochez Contour pour créer des formes personnalisées, Fond et Contour pour créer des motifs. Vous pouvez

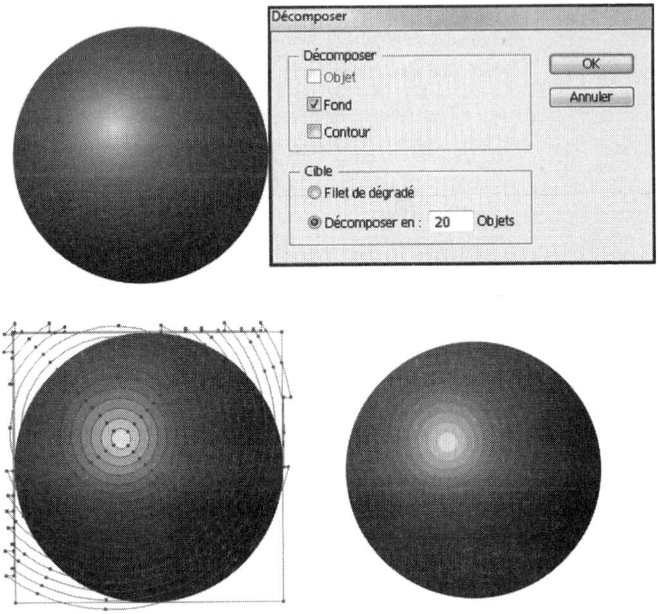

Figure 17.3 : Décomposition d'un objet rempli d'un dégradé de couleurs.

également spécifier si l'objet sera décomposé en filet de dégradé ou en objets discrets.

Cache-cache !

La possibilité de masquer des éléments peut améliorer considérablement votre productivité. Sinon, tous ces panneaux flottants et autres éléments d'interface vous empêcheraient de vous concentrer sur votre création.

Vous pouvez masquer tous les panneaux ouverts et le panneau Outils en appuyant sur la touche Tab (à moins que l'outil Texte ne soit actif et qu'un curseur clignote dans votre page, auquel cas vous insérez une tabulation dans votre document). Appuyez de nouveau sur Tab pour tout réafficher.

Si vous travaillez exclusivement pour le Web, masquez les plans de travail et les limites d'impression. Ils indiquent la taille de la page et la zone imprimable. Ces informations ne servent à rien si vous n'imprimez pas ! Choisissez Affichage/Masquer les plans de travail et Affichage/Masquer les limites d'impression pour les masquer.

Vous est-il déjà arrivé de créer un objet si complexe que, une fois que vous l'avez sélectionné, vous ne voyez même plus de quoi il s'agit, tant les lignes et les points qui s'affichent sont nombreux. Vous pouvez également les masquer sans désélectionner l'objet. Pour ce faire, choisissez Affichage/Masquer le cadre de sélection.

Vous pouvez tout masquer (y compris le bureau), à l'exception du document Illustrator, grâce au bouton Modifier le mode écran en bas du panneau Outils. Pour tout masquer sauf la barre de menu, choisissez Mode plein écran avec menus. (Sur PC comme sur Mac, vous pouvez basculer entre ces modes avec la touche F.) Pour ne voir que votre œuvre dans toute sa splendeur, choisissez Mode plein écran sans menus et appuyez sur la touche Tab. C'est ainsi que travaillent les professionnels : ils se servent des raccourcis clavier pour accéder aux outils et aux commandes.

Infobulles

Illustrator vous offre une fonctionnalité très pratique : les infobulles. Survolez un outil avec le pointeur un court instant : un petit texte s'affiche et vous indique sa fonction. Si l'outil est associé à un raccourci clavier, celui-ci figure entre parenthèses.

Bonne nouvelle : les infobulles ne sont pas limitées aux outils mais fonctionnent avec tous les éléments sur lesquels vous pouvez pointer. Survolez une case du panneau Nuancier ou une forme du panneau Formes : une infobulle vous indique son nom. Vous vous demandez quelle est la fonction d'une icône sibylline du panneau Pathfinder ? Une infobulle peut vous le dire.

Il y a tant de choses à mémoriser dans Illustrator que les infobulles vous seront d'une aide précieuse.

Choisissez Edition/Préférences/Général, et cochez ou décochez la case Afficher les info-bulles pour les afficher ou les masquer.

Changer d'unités de mesure à volonté

Avez-vous l'impression que les unités de mesure ne conviennent jamais à ce que vous faites ? Par exemple, elles sont toujours définies en points alors que vous voulez des millimètres. (Parfois, il est plus facile de travailler en centimètres.) Heureusement, Illustrator permet de les changer à la volée.

Pour voir les options, choisissez Affichage/Afficher les règles. Cliquez (bouton droit sous Windows, Ctrl-clic sur Mac) dans la règle du haut ou de gauche. Vous obtenez un menu déroulant qui affiche toutes les unités de mesure connues d'Illustrator. Sélectionnez celle qui vous intéresse : la modification s'applique immédiatement.

Vous pouvez repositionner les règles en cliquant sur le rectangle situé à leur point d'intersection (en haut à gauche). Pour réinitialiser le point d'origine, double-cliquez aû même endroit.

Toutefois, vous n'êtes pas obligé de changer d'unité de mesure pour en utiliser une autre. Dans tous les champs où vous pouvez spécifier une valeur (comme les options Hauteur et Largeur de la boîte de dialogue Rectangle), contentez-vous de saisir un nombre suivi de l'abréviation de l'unité souhaitée. (Si vous ne la connaissez pas, tapez son nom complet). Illustrator effectuera la conversion pour vous.

Vous voulez impressionner vos amis avec un super truc de pro ? Vous pouvez passer d'une unité à l'autre en appuyant sur Ctrl+Alt+Maj+U (⌘+Option+Maj+U sur un Mac). Si vous vous livrez à cette gymnastique, mieux vaut que les règles soient affichées.

Réutiliser les formes, les nuances et les bibliothèques

Avez-vous déjà vécu la situation suivante ? Vous avez sué sang et eau pour créer des formes personnalisées, de superbes couleurs et des effets exceptionnels. Vous les sauvegardez dans le panneau Styles pour découvrir ensuite qu'ils sont spécifiques au document dans lequel vous les avez créés. Et zut ! Pour éviter que cela ne se reproduise, vous pouvez transférer les nuances, les formes et les styles d'un document dans un autre document.

Pour les formes par exemple, choisissez Fenêtre/Bibliothèque de formes/Autre bibliothèque. Dans la boîte de dialogue Bibliothèque à ouvrir qui s'affiche, naviguez jusqu'au fichier qui contient les formes à ajouter dans le document en cours. Cliquez sur Ouvrir. Au lieu d'ouvrir le fichier, Illustrator ouvre le panneau Formes, avec les formes personnalisées prêtes à l'emploi. La procédure est la même pour partager des nuances ou des styles : choisissez Fenêtre/Bibliothèque de nuances/Autre bibliothèque ou Fenêtre/Bibliothèque de styles graphiques/Autre bibliothèque.

Méfiez-vous des poupées russes

Vous connaissez certainement les poupées russes. La première poupée est creuse : quand vous l'ouvrez, vous en trouvez une autre plus petite. Vous ouvrez celle-ci, qui en contient une autre, encore plus petite. Enfin, vous ouvrez la *dernière*...

Illustrator vous permet d'en créer l'équivalent numérique. Par exemple, vous importez une image Photoshop, la faites pivoter, ajoutez du texte et sauvegardez le tout au format Illustrator. Non content de votre exploit, vous créez un nouveau document Illustrator et importez l'illustration précédente (qui contient donc un fichier Photoshop) au moyen de la commande Fichier/Importer. Puis vous enregistrez ce nouveau fichier (un fichier Illustrator contenant un fichier Illustrator contenant un fichier Photoshop) au format EPS et vous l'importez dans un logiciel de mise en page. À présent, vous disposez d'un fichier Photoshop à quatre niveaux d'imbrication. (Vous suivez toujours ?)

Si rien ne vous empêche de créer une poupée russe virtuelle, vous allez avoir beaucoup de mal à modifier le fichier. Une meilleure solution consiste à ouvrir les fichiers Illustrator, et à les copier-coller dans un document au lieu de les importer, surtout si vous avez l'intention de les modifier.

Moralité : optez pour la simplicité et évitez plus de trois importations. Un fichier Photoshop importé dans un fichier Illustrator importé dans un fichier InDesign est largement préférable (avec un seul redimensionnement). Si vous arrivez à vous contenir, contentez-vous de deux fichiers. Pour transférer des données entre deux documents Illustrator, ouvrez-les deux fichiers et procédez par copier-coller au lieu de les importer.

Faciliter la sélection

Si vous travaillez avec du texte et des objets, vous éprouvez peut-être des difficultés à sélectionner un objet qui se cache derrière du texte. Quel que soit l'endroit où vous cliquez, vous sélectionnez toujours le texte et non l'objet. Ce phénomène est dû à l'activation de l'une des fonctionnalités les plus agaçantes d'Illustrator. Par défaut, le texte est automatiquement sélectionné quand on clique sur son fond, et non quand on clique directement sur les lettres ou sur le tracé.

Désactivez cette prétendue fonctionnalité en choisissant Edition/Préférences. Dans la boîte de dialogue Préférences, cochez la case Sélection d'objets texte par tracé uniquement et cliquez sur OK. Vous vous sentez déjà mieux. À partir de maintenant, le texte sera sélectionné si et seulement si vous cliquez sur sa ligne de base, car tel est votre choix.

Index

D

E

F

G

O

P

R

S

T

U

V

Z

CPI
Aubin Imprimeur

Achevé d'imprimer en juin 2009
N° d'impression L 73051
Dépôt légal juin 2009
Imprimé en France